DYSGU **CELF YNG NG**
TEACHING **ART IN WALES**

Golygwyd gan / Edited by
ALAN TORJUSSEN

Cyhoeddwyd ar y cyd â Chynhyrchiadau Alan Torjussen Cyf.
Published in association with Alan Torjussen Productions Ltd.

GWASG PRIFYSGOL CYMRU / UNIVERSITY OF WALES PRESS

Manylion Catalogio Cyhoeddi'r Llyfrgell Brydeinig
Mae cofnod catalogio'r gyfrol hon ar gael gan y Llyfrgell Brydeinig.

ISBN (llyfr) 0-7083-1348-5
   (cardiau) 0-7083-1390-6

Cyhoeddwyd gyda chymorth ariannol ACAC (Awdurdod Cwricwlwm ac Asesu Cymru)

Dyluniwyd gan Andy Dark
Cysodwyd gan Wasg Prifysgol Cymru
Argraffwyd yn Lloegr gan Wace Specialist Print, Burgess, Abingdon, Oxfordshire

British Library Cataloguing-in-Publication Data
A catalogue record for this book is available from the British Library.

ISBN (book) 0-7083-1348-5
   (cards) 0-7083-1390-6

Published with the financial assistance of ACAC (Curriculum and Assessment Authority for Wales)

Designed by Andy Dark
Typeset at the University of Wales Press
Printed in England by Wace Specialist Print, Burgess, Abingdon, Oxfordshire

CYNNWYS
CONTENTS

RHESTR O THEMÂU A GWEITHIAU CELF
LIST OF THEMES AND WORKS OF ART

Dynodir pob cerdyn A3 sy'n rhan o'r pecyn hwn gan rif mawr, a dynodir pob llun gan rif bach. Trefnir y delweddau yn ôl thema: mae pob cerdyn yn seiliedig ar thema ac ar bob un ceir hyd at bump o atgynyrchiadau o weithiau celf, crefft neu ddylunio o'r gorffennol a'r presennol. Rhoddir manylion am yr artistiaid a'u gwaith yn y llyfr hwn yn ôl trefn yr wyddor, gan ddechrau ar d.28.

Each A3 card in the accompanying set is identified by a large number, and each picture by a small number. Images are arranged under themes: each card has a theme and features up to five reproductions of works of art, craft and design from the past and the present. Details of the artists and their work appear in the book in alphabetical order, beginning on p.28.

1 ARDAL/LOCALITY
1 Hugh Hughes   *Pig Fair, Llanidloes*
2 Jack Jones   *Hafod Inn*
3 Ernest Zobole   *Painting About a Landscape*
4 Thomas Jones   *A Wall in Naples*
5 David Carpanini   *Blue Pied Hen*

2 ADEILADAU/BUILDINGS
1 Rex Whistler   *Murlun, Plas Newydd* (manylyn)/*Plas Newydd mural* (detail)
2 Rex Whistler   *Murlun, Plas Newydd* (manylyn)/*Plas Newydd mural* (detail)
3 Rex Whistler   *Murlun, Plas Newydd/Plas Newydd mural*
4 J. F. Mullock   *Newport, Monmouthshire*
5 Thomas Rathmell   *Newport*

3 ARFORDIR/COAST
1 Alfred Sisley   *La Falaise à Penarth*
2 John Davies   *Cardiff Bay*
3 Arthur Giardelli   *Freshwater West*
4 Donald McIntyre   *Anglesey Shore*
5 Jonah Jones   *Murlun Castle Hill/Castle Hill mural*

4 CEFN GWLAD/COUNTRYSIDE
1 Richard Wilson   *A View of Holt Bridge*
2 Peter Prendergast   *Cold Winter's Day, Nant Ffrancon Valley*
3 Ceri Richards   *Cycle of Nature*
4 Graham Sutherland   *Trees with G-Shaped Form 1*

5 CELFYDDYD GELTAIDD/CELTIC ART
1 Celfyddyd Geltaidd/Celtic art
   Casgliad Tal-y-llyn/Tal-y-llyn hoard
2 Celfyddyd Geltaidd/Celtic art
   Casgliad Llyn Cerrig Bach/Llyn Cerrig Bach hoard
3 John Meirion Morris   *Modron*
4 Glenys Cour   *Bowl of Golden Fruit*
5 Y Cyfnod Cristnogol Cynnar/Early Christian
   Croesau carreg/Stone crosses

Croes Geltaidd, 9fed–10fed ganrif, Amgueddfa Cerrig Margam. Cadw: Welsh Historic Monuments.

Celtic cross, ninth–tenth century, Margam Stones Museum. Cadw: Welsh Historic Monuments.

Noder: Gellid defnyddio deunydd o sawl cerdyn yn ffynhonnell delweddau ar gyfer themâu megis cerflunwaith, adeiladau, wynebau, gwisg ac yn y blaen. Rhai themâu posibl eraill y gellid eu datblygu trwy groesgyfeirio rhwng y cardiau yw: Fictoriana, ffigurau, tai, strydoedd, trefi, waliau, planhigion, carreg, pren, tywydd, siâp, patrwm ac ati.

Note: Images for themes such as sculpture, buildings, faces, costume, and so on, can be supplemented by material from other cards. Other possible themes which can be followed by cross-referencing images from different cards are: Victoriana, figures, houses, streets, towns, walls, plants, stone, wood, weather, shape, pattern, etc.

RHAGAIR
FOREWORD

Ivor James

Roedd cyflwyno Celf yn y Cwricwlwm Cenedlaethol (Cymru) yn Awst 1992 yn un o'r datblygiadau mwyaf arwyddocaol yn hanes addysg gelf yng Nghymru. Gyda'r pwyslais ar ddysgu am gelfyddyd yn ogystal ag ar greu gweithiau celf ac, yn arbennig, ar ddysgu am gelfyddyd yng Nghymru, sylweddolwyd yn fuan fod angen adnoddau dysgu priodol yn y Gymraeg a'r Saesneg i drosglwyddo'r cwricwlwm newydd. Mae'r prosiect hwn, a ariannwyd gan Awdurdod Cwricwlwm ac Asesu Cymru (ACAC), yn mynd yn bell tuag at ddiwallu anghenion ysgolion; sef, llyfr dwyieithog, fideo a phecyn adnoddau gweledol sy'n darparu cefnogaeth, cyngor a chanllawiau i alluogi athrawon i greu cyfleoedd i ddisgyblion – ym mhob Cyfnod Allweddol ac i'r rhai sydd ag anghenion arbennig – ddysgu am gelf yng Nghymru ac ymateb yn ymarferol ac yn ddychmygol i waith eraill. Rwy'n argyhoeddedig y bydd y cyhoeddiad hwn a'i adnoddau perthynol yn gyfraniad amhrisiadwy i hyrwyddo llythrennedd gweledol a dealltwriaeth ddyfnach o dreftadaeth gelfyddydol Cymru.

Mae *Dysgu Celf yng Nghymru* yn ffrwyth llafur caled gan y cyhoeddwyr, Cynhyrchiadau Alan Torjussen ar y cyd â Gwasg Prifysgol Cymru, gan yr amryfal gyfranwyr a phanel ymgynghorol ACAC. Pleser o'r mwyaf fu gweld datblygu'r prosiect cyffrous hwn dros y ddwy flynedd diwethaf a chael cyfle i gyfrannu iddo.

Ivor James
Cyn-Arolygwr Celf a Dylunio Ysgolion Ei Mawrhydi

The introduction of Art in the National Curriculum (Wales) in August 1992 was one of the most significant developments in the history of art education in Wales. With its emphasis on learning about art as well as making art and, in particular, learning about art in Wales, it was soon realized that schools required suitable learning resources, in both Welsh and English, to deliver the new curriculum. This project, funded by the Curriculum and Assessment Authority of Wales (ACAC), goes a long way to meet this requirement; that is, a bilingual publication, video and visual resource pack which provides support, advice and guidance to enable teachers to create opportunities for pupils – at all Key Stages and in special education – to learn about art in Wales and to respond practically and imaginatively to the work of others. I am convinced that this publication and its related visual resources will make an invaluable contribution to the promotion of visual literacy and a deeper understanding of the artistic heritage of Wales.

Teaching Art in Wales is the result of much hard work by the publishers, Alan Torjussen Productions in association with the University of Wales Press, by the many contributors and the ACAC advisory panel. It has been my pleasure over the last two years to witness and share in the development of this exciting project.

Ivor James was formerly Her Majesty's Schools Inspector for Art and Design

vii

DIOLCHIADAU
ACKNOWLEDGEMENTS

Mae hwn yn brosiect cydweithredol ac, o ganlyniad, gofynnwyd i lu o bobl am eu cyngor. Cafwyd cymorth hael gan amrywiaeth mawr o artistiaid, athrawon, addysgwyr, staff orielau ac academyddion o Gymru a thu hwnt. Mae'r canlynol yn haeddu diolch arbennig: Aileen Adams, David Alston, Lynne Bebb, Lynne Bourne, Richard Cox, Ivan Davies, Ivor Davies, Matthew Davies, Laura Denning, Steve Done, Eric Foster, Mike Francis, Mari Griffiths, Jane Hinds, Peter Lord, Nigel Meager, Siân Owen, Anja Patel, Janice Price, Dennis Roberts, John Rowlands, Shân Samuel Thomas, Tom Thomas a John Upton. Yn anffodus, bu'n amhosibl cynnwys pob cyfraniad a dderbyniwyd, a hoffem ddiolch i bawb a gyflwynodd ddeunydd neu a fu ynghlwm wrth y prosiect mewn rhyw ffordd.

Rydym yn hynod o ddiolchgar i Gill Figg am ysgrifennu'r canllawiau i athrawon; i Julian Davies, Swyddog Proffesiynol ar gyfer Celf ACAC, a'i dîm o ymgynghorwyr – Julie Ashfield, Ann Davies, Claire Hobson, Ian Hughes, Ivor James, Sue Snell a Huw Wiliams – am eu hanogaeth a'u cymorth; i Lena Pritchard-Jones am y cyfieithiad Cymraeg; ac i Liz Powell o Wasg Prifysgol Cymru am ei hamynedd a'i help.

Rydym hefyd yn ddyledus i geidwaid a churaduron yr orielau a'r sefydliadau hynny sydd wedi ein cynorthwyo ac wedi rhoi caniatâd i atgynhyrchu lluniau, yn arbennig: Amgueddfeydd ac Orielau Cenedlaethol Cymru, Llyfrgell Genedlaethol Cymru, Cymdeithas Gelfyddyd Gyfoes Cymru, Yr Ymddiriedolaeth Genedlaethol, Yr Oriel Genedlaethol Llundain, Amgueddfa Werin Cymru, Cywaith Cymru, Ffotogallery, Amgueddfa ac Oriel Gelf Cyfarthfa, Amgueddfa ac Oriel Gelf Casnewydd, Amgueddfa Ceredigion, Oriel Gelf Glynn Vivian, Gwasg Gregynog, Amgueddfeydd ac Orielau Celf Glannau Mersi, Oriel Mostyn, Amgueddfa ac Oriel Gelf Dinbych-y-Pysgod, Cyngor Cymdeithas Llanbadarn Fawr a Chyngor Celfyddyau Cymru. Lle na nodir oriel yn y penawdau neu yn yr adran 'Artistiaid a'u gwaith', mae'r gwaith fel arfer mewn casgliad preifat ac rydym yn ddiolchgar i berchnogion y gweithiau hynny am gael eu cynnwys yma. Yn olaf ond nid yn lleiaf, rydym am ddiolch i'r artistiaid, crefftwyr a'r dylunwyr, a'u cynrychiolwyr am ddanfon gwybodaeth amdanynt eu hunain ac am roi caniatâd inni atgynhyrchu eu gwaith.

This has been a collaborative project and advice has been sought from, and gladly offered by, a great variety of artists, teachers, educators, gallery staff and academics in Wales and beyond. Particular thanks are due to Aileen Adams, David Alston, Lynne Bebb, Lynne Bourne, Richard Cox, Ivan Davies, Ivor Davies, Matthew Davies, Laura Denning, Steve Done, Eric Foster, Mike Francis, Mari Griffiths, Jane Hinds, Peter Lord, Nigel Meager, Siân Owen, Anja Patel, Janice Price, Dennis Roberts, John Rowlands, Shân Samuel Thomas, Tom Thomas and John Upton. Unfortunately, it has been impossible to include all the contributions submitted but we would like to thank all those who have supplied material or who have been involved in the project in any way.

We are extremely grateful to Gill Figg for writing the teachers' notes; to Julian Davies, the Professional Officer for Art at ACAC and his team of advisers – Julie Ashfield, Ann Davies, Claire Hobson, Ian Hughes, Ivor James, Sue Snell and Huw Williams – for their encouragement and help; to Lena Pritchard-Jones for the Welsh translation; and to Liz Powell of the University of Wales Press for her patience and assistance.

We are indebted to the keepers and curators of the galleries and institutions who have helped us and given permission for the reproduction of images, in particular the National Museums and Galleries of Wales, the National Library of Wales, the Contemporary Art Society for Wales, the National Trust, the National Gallery London, the Museum of Welsh Life, Cywaith Cymru, Ffotogallery, Cyfarthfa Castle Museum and Art Gallery, Newport Museum and Art Gallery, Ceredigion Museum, Glynn Vivian Art Gallery, Gwasg Gregynog, National Museums and Galleries on Merseyside, Oriel Mostyn, Tenby Museum and Art Gallery, Llanbadarn Fawr Community Council and the Arts Council of Wales. Where no gallery is listed in captions, or in the 'Artists and their work' section, the works are mostly in private collections and we are grateful to their owners for permission to include them. Last, but most important, we wish to thank the artists, craftworkers and designers, and their representatives, for providing information about themselves and their work, and for granting permission for their work to be reproduced.

RHAGARWEINIAD
INTRODUCTION

Alan Torjussen

Yn y Gymru sydd ohoni mae byd y celfyddydau gweledol yn gymharol fywiog. Mae mwy o artistiaid yn gweithio yma nag erioed o'r blaen, ac mae llawer o safleoedd lle y gellir gweld celfyddyd yn ei holl ffurfiau. Serch hynny, mae nifer y llyfrau am gelfyddyd Gymreig yn dal yn fach.

Dylai datblygu llythrennedd gweledol fod yn rhan o addysg pawb. Dylai'r sawl sy'n cael eu magu yng Nghymru gael y cyfle i ddysgu am etifeddiaeth gyfoethog ac amrywiol celfyddydau gweledol y wlad. Pan ddaeth y Cwricwlwm Cenedlaethol i fod yn gynnar yn y 1990au, nododd y dylai disgyblion ddysgu am artistiaid, crefftwyr a dylunwyr ar draws rhychwant o gyfryngau ac o amryw gyfnod, diwylliant a chyd-destun. Yn fwy na hynny, cydnabu y dylai'r maes astudio gynnwys enghreifftiau lleol a Chymreig. Hyd yma, oherwydd prinder cyhoeddiadau addas, bu'n anodd i athrawon gyflawni'r ail ddyletswydd hon. Mae *Dysgu Celf yng Nghymru* yn brosiect unigryw a gynlluniwyd yn ofalus i lenwi'r bwlch hwn.

Mae tair rhan i *Dysgu Celf yng Nghymru*:
• set o bedwar cerdyn ar hugain, maint A3, i'w defnyddio yn y dosbarth, gan gynnwys gweithiau celf gan fwy na 100 o artistiaid, crefftwyr a dylunwyr sydd naill ai wedi gweithio yng Nghymru neu mae dylanwad Cymru i'w gweld yn eu gwaith. Mae'r casgliad yn dathlu cyfoeth ac amrywiaeth celfyddyd Cymru, ond nid yw'n amcanu at fod yn hollgynhwysfawr.
• fideo deng munud ar hugain, fersiwn Cymraeg a fersiwn Saesneg, ar gyfer athrawon. Mae'r fideo'n dangos sut i ddefnyddio'r cardiau, sut i gymryd y fantais fwyaf o fynd â dosbarth i oriel, sut i ddefnyddio celfweithiau haniaethol a chysyniadol mewn ysgolion, a syniadau eraill ar gyfer gwaith dosbarth.
• Y llawlyfr hwn i athrawon, sy'n cynnwys gwybodaeth am yr artistiaid a'u gwaith, awgrymiadau am waith dosbarth sy'n gysylltiedig â'r Cwricwlwm Cenedlaethol, a llu o fanylion eraill a fydd o ddefnydd i bawb sy'n dysgu celf yng Nghymru.

Mae *Dysgu Celf yng Nghymru* ar gyfer athrawon sy'n gweithio mewn ysgolion cynradd ac uwchradd ac ar bob cam allweddol. Dyma becyn gwerthfawr i athrawon y tu allan i Gymru sydd am ei ddefnyddio o dan y pennawd 'diwylliannau a chyd-destunau eraill'. Bydd hefyd o ddefnydd i fyfyrwyr lefel-A a myfyrwyr coleg ac yn wir i bawb sydd â diddordeb yn y celfyddydau gweledol yng Nghymru.

The visual arts scene in Wales today is relatively buoyant. There are more artists working here than ever before and there are many venues where one can see art in all its forms. However, the number of books on Welsh art remains small.

Developing visual literacy should be part of any education. Anyone brought up in Wales should have the opportunity to learn about the country's rich and diverse heritage in the visual arts. When the National Curriculum arrived in the early 1990s, not only did it specify that pupils be given opportunities to learn about artists, craftworkers and designers working in a range of media and from a variety of periods, cultures and contexts, but it acknowledged that this field of study should include local and Welsh examples. Until now, because of the dearth of suitable published material, it has been difficult for teachers to fulfil this latter obligation. *Teaching Art in Wales* is a unique project, carefully designed to fill that gap.

Teaching Art in Wales consists of three elements:
• A set of twenty-four A3 laminated cards, which have been designed for use in the classroom, featuring works of art from over 100 artists, craftworkers and designers who have worked in Wales or been influenced by Wales. The collection celebrates the wealth and diversity of art in Wales but it is not intended to be all-inclusive.
• A 30-minute video in Welsh and a 30-minute video in English produced for teachers and covering such topics as how to use the cards, how to get the best out of a gallery visit with a class, how to use abstract and conceptual works of art in schools, and other ideas for classroom work.
• This handbook for teachers, which contains information about the artists and their work, suggestions for classroom work linked to the National Curriculum, and a host of other information useful to anyone teaching art in Wales.

Teaching Art in Wales is for teachers working in primary and secondary schools, at all Key Stages. It provides a valuable resource for teachers outside Wales who wish to utilize the material under the heading of 'other cultures and contexts', and will also be useful to A-level and college students, or indeed anyone with an interest in the visual arts in Wales.

1

CANLLAWIAU I ATHRAWON
GUIDANCE FOR TEACHERS

Gill Figg

Cyflwyniad

Datblygwyd y pecyn dysgu hwn fel cymorth i ddysgu celf yn ôl y Cwricwlwm Cenedlaethol ac yn y cyd-destun Cymreig. Fe'i lluniwyd i'w ddefnyddio gan athrawon celf arbenigol yng Nghyfnod Allweddol 3, a rhai anarbenigol yng Nghyfnodau Allweddol 1 a 2. Ei brif ffocws yw Deall, a'r Rhaglen Astudio sy'n ymwneud â gwaith artistiaid, crefftwyr a dylunwyr sy'n Gymry, sy'n ymarfer yng Nghymru, neu sydd wedi ymateb i Gymru mewn rhyw ffordd.

Fframwaith

Cynigir yma fframwaith i ysgogi trafodaeth, i gynorthwyo dehongliad, a hybu ymchwiliad manwl gan ddisgyblion o bob oed. Mae strwythur y penawdau a'r cwestiynau a gynigir wedi'u llunio i awgrymu'r math o gwestiynau y gallai athro eu gofyn wrth edrych ar weithiau celf, crefft neu ddylunio. Wrth i'r disgyblion ymgyfarwyddo â'r strwythur bydd angen llai o arweiniad gan yr athro; gall hi, wedyn, fod yn ddefnyddiol rhoi llungopi o'r fframwaith i ddisgyblion unigol. Bydd hyn yn broc gwerthfawr i'r cof wrth ymweld ag arddangosfa.

CYNNWYS	Beth allwch chi ei weld?
CYFRWNG	O beth mae wedi'i wneud?
TECHNEG	Sut mae wedi'i wneud?
IAITH WELEDOL	Pa farciau/llinellau/ siapiau/ gweadau/patrymau/lliwiau/ tonau/ffurfiau, ac ati, sydd yna?
TEIMLADAU	Sut fath o emosiwn mae'n ei godi ynoch? Pa fath o awyrgylch a gyfleir gan y llun?
YSTYRON	Yn eich tyb chi, beth oedd yr artist yn ei olygu?
BARN	Beth ydych chi'n ei feddwl ohono? Ydych chi'n ei hoffi? Pam?

Atgynyrchiadau a'r gwaith gwreiddiol

Mae'n bwysig i ddisgyblion sylweddoli mai atgynyrchiadau o weithiau celf sydd yn y pecyn hwn. Dylid eu gwneud yn ymwybodol o'r gwahaniaethau rhwng atgynhyrchiad, print argraffiad cyfyngedig a chelfyddydwaith gwreiddiol.

Introduction

This teaching pack has been developed to aid the teaching of National Curriculum art in a Welsh context. It is designed to be used by specialist art teachers at Key Stage 3 and non-specialists at Key Stages 1 and 2. Its main focus is Understanding and the Programme of Study associated with the work of artists, craftworkers and designers who are Welsh, practise in Wales, or have responded to Wales in some way.

A framework

A suggested framework for stimulating discussion, supporting interpretation and encouraging detailed investigation by pupils of all ages is provided below. The structure of the headings and suggested questions are designed to indicate the type of question a teacher might ask when looking at works of art, craft and design. As pupils become familiar with the structure they will need less guidance from the teacher; it may then be useful to give a photocopy of the framework to individual pupils. This will be a valuable prompt when visiting an exhibition.

CONTENT	What can you see?
MEDIUM	What is it made of?
TECHNIQUE	How is it made?
VISUAL LANGUAGE	What marks/lines/shapes/ textures/patterns/colours/ tones/ forms, etc. are there?
FEELINGS	How does it make you feel? What is its mood?
MEANINGS	What do you think the artist means?
JUDGEMENT	What do you think of it? Do you like it or not? Why?

Reproductions and the real thing

It is important that pupils are made aware that reproductions of works of art will be used in this pack. They should be made aware of the differences between a reproduction, a limited-edition print and an original work of art.

Graddfa

Dylid sicrhau, hefyd, fod y disgyblion yn sylweddoli nad yw'r atgynyrchiadau yn y pecyn hwn yn debyg o fod yr un maint â'r gweithiau gwreiddiol. Gellir manteisio ar hynny mewn ysgolion cynradd, lle gall yr athro annog y disgyblion i ddefnyddio offer mathemategol i fesur maint yr atgynhyrchiad a'i gymharu â'r gwreiddiol.

Defnyddio'r pecyn i gynllunio a datblygu unedau gwaith

Nid yw'r pecyn hwn yn cynnig gwersi unigol ar eu pennau eu hunain. Yn hytrach, ceir yma ddilyniant o weithgareddau a gynlluniwyd i ddatblygu medrau mewn ffordd gadarnhaol trwy ymchwilio, arbrofi ac adeiladu ar brofiadau blaenorol. Mae'n bwysig cydnabod, er mai ar Ddeall y canolbwyntir, fod profiad mewn celfyddyd yn golygu agweddau ar Ymchwilio a Gwneud. Yng Nghyfnodau Allweddol 1 a 2, mae hi hefyd yn werth ystyried cysylltiadau trawsgwricwlaidd.

Myfyrio, adolygu ac addasu

Ar ddiwedd dilyniant o weithgareddau, neu'n fuan wedyn, gall y disgyblion ystyried eu gwaith ac arfarnu'r cynnydd a wnaed trwy gydol y prosiect mewn perthynas â'u disgwyliadau eu hunain a'r cynnydd a wnaed gan ddisgyblion eraill. Efallai y bydd y cwestiynau canlynol o gymorth, yn enwedig i ddisgyblion yng Nghyfnodau Allweddol 2 a 3. Efallai na fydd ar ddisgyblion Cyfnod Allweddol 1 angen ffordd mor ffurfiol o fynd ati, ond mae'n dal yn bwysig iddynt gael y cyfle i weld eu gwaith mewn perthynas â gwaith rhai eraill yn y dosbarth a chael ei drafod gyda'i gilydd.

Beth ydych chi'n ei feddwl o'r gwaith?
Ydy'r gwaith wedi llwyddo?
Beth fyddech chi'n ei wneud yn wahanol tro nesaf?
Beth ydych chi wedi'i ddysgu?
Fwynhaoch chi weithio gyda'r defnyddiau?
Fwynhaoch chi'r prosiect?

Mae Gill Figg wedi gweithio am flynyddoedd lawer fel athrawes a darlithydd celf, ac mae hi wedi cynrychioli Cymru ar Weithgor Celf y Cwricwlwm Cenedlaethol.

Scale

Pupils should also be made aware that reproductions in this pack are rarely the same size as the original. This can be used to advantage by primary school teachers who can encourage pupils to use mathematical instruments to measure the size of the reproduction and compare it to the size of the original.

Using the pack to plan and develop units of work

This pack does not offer 'one-off' lessons. It proposes sequences of activities designed to develop skills in a constructive way through exploration, experimentation and by building upon previous experience. It is important to recognize that whilst the pack focuses on Understanding, experience in art involves aspects of Investigating and Making. At Key Stages 1 and 2 it is also worth considering the potential for cross-curricular links.

Reflection, appraisal and modification

At or near the end of a sequence of work, pupils may consider their work and question their progress throughout the project in relation to their own expectations and the progess of others. The following questions may be helpful, especially for pupils in Key Stages 2 and 3. Key Stage 1 pupils may not need such a formal approach, but it is still important for them to have the opportunity to see their work in relation to that of others in the class and to discuss it together.

What do you think of your work?
Has it been successful?
What would you do differently next time?
What have you learned?
Did you enjoy working with the materials?
Did you enjoy the project?

Gill Figg has worked for many years as an art teacher and lecturer and represented Wales on the National Curriculum Art Working Group.

CANLLAWIAU DEFNYDDIO'R CARDIAU A3
A GUIDE TO USING THE A3 CARDS

Gill Figg

Mae'r cardiau'n addas ar gyfer Cyfnodau Allweddol 1, 2 a 3, ac o ddefnydd i lefelau eraill o astudio. Cynigir gweithgareddau, syniadau a chwestiynau fel awgrymiadau'n unig. Er bod y prosiectau a restrir isod ar gyfer Cyfnodau Allweddol penodol, gall athrawon eu haddasu ar gyfer pob oedran a gallu, ac i ateb eu bwriadau a'u hamcanion eu hunain.

The cards are suitable for Key Stages 1, 2 and 3, as well as being useful for other levels of study. Activities, ideas and questions are offered as suggestions only. Although projects are listed below for specific Key Stages, they can be adapted by teachers for all ages and abilities and to suit teachers' own aims and objectives.

Cerdyn 1 Ardal
CA2
Peintio a lluniadu

• Canolbwyntiwch ar y peintiadau sy'n berthnasol i leoliad eich ysgol.

• Er enghraifft, efallai y byddwch am archwilio tai teras trefol. Edrychwch ar luniau 2 (Jack Jones) a 4 (Thomas Jones) a defnyddiwch y fframwaith ar d.2 i ganolbwyntio sylw'r plant. Gallant hefyd gymharu'r ddau beintiad, a thrafod yr hyn sy'n wahanol rhyngddynt a'r hyn sy'n debyg ynddynt.

• Yn eu llyfrau braslunio, gall y disgyblion gasglu delweddau o'u hamgylchfyd lleol, neu hyd yn oed o amgylchfyd yr ysgol gyda phlant yn chwarae yn yr iard. Gellid gofyn iddynt fraslunio pobl yn ogystal ag adeiladau, gan sylwi'n fanwl ar yr hyn y mae pobl yn ei wneud: sut maen nhw'n eistedd, sefyll, neu bwyso yn erbyn wal.

• Gallant lunio peintiadau neu luniau pastel olew unigol ar sail y braslundiau.
NEU

• Os oes colomendai neu randiroedd gyda siediau yn yr ardal, yna bydd llun Carpanini'n fan cychwyn da. Efallai y gellid gwahodd rhywun sy'n cadw colomennod i ddod i siarad â'r plant.

• Gellid gofyn i'r plant fraslunio'r siediau a'r colomendai yn eu llyfrau, gan nodi sut y caiff defnyddiau eu hailgylchu, eu hailddefnyddio a'u hailadeiladu.

• Gellid dilyn yr ymarfer hwn gan brosiect i ddylunio a gwneud adeiladweithiau o siediau pren, wedi'u peintio'n briodol, a'u trin nes eu bod yn edrych yn ddilys. Gall y plant gydweithio mewn grwpiau, gan adeiladu amgylchfyd tri-dimensiwn i'r siediau a'r cynefinoedd eraill sy'n seiliedig ar eu hardal leol.
NEU

• Defnyddiwch y fframwaith a gynigir (t.2) i ddadansoddi *Pig Fair, Llanidloes* gan Hugh Hughes. Daw hyn â chyfle i ysgogi ysgrifennu estynedig, manwl ac annibynnol am hanes (cymariaethau â sut y bu pobl yn

Card 1 Locality
KS2
Painting and drawing

• Concentrate on the paintings which relate to the locality of your school.

• For example, you may wish to examine urban, terraced housing. Look at pictures 2 (Jack Jones) and 4 (Thomas Jones) and use the framework on p.2 to focus children's attention. They can also compare the two paintings, and talk about differences and similarities.

• Using sketch-books, pupils could collect images of the local environment or even of the school itself with children playing in the school yard. Ask them to sketch people as well as buildings, looking carefully at what people do: how do they sit, stand, or lean against a wall?

• They can either make individual paintings or oil-pastel pictures based on their sketches.
OR

• If the locality has pigeon lofts or allotments with sheds, Carpanini's picture will be a good starting point. Someone who keeps pigeons may be willing to come and talk to the children.

• Ask children to make drawings in their sketch-books of sheds and pigeon lofts, noting how materials have been recycled, reused and reconstructed.

• Follow up this study with a project for designing and making wooden constructions of sheds, appropriately painted and treated to look authentic. Children could work in collaborative groups, constructing three-dimensional environments for the sheds and other habitats, based on the local area.
OR

• Use the given framework (p.2) to analyse *Pig Fair, Llanidloes*, by Hugh Hughes. This will provide an opportunity for some extended, detailed, independent writing related to history

4

Delweddau wedi'u lluniadu ar gyfrifiadur, ac wedi'u seilio ar luniadau o'r olygfa o ffenestr y dosbarth gan ddisgyblion CA3 Ysgol Uwchradd y Rhyl. Athrawes: Kay Johansson.

Images drawn on computer, based on drawings of the view from the classroom window by KS3 pupils at Rhyl High School. Teacher: Kay Johansson.

byw yn y gorffennol), yn arbennig os caiff ei gysylltu ag ymweliad â'r farchnad leol. Yn rhan o hyn, gellir cynnig cyfle i'r disgyblion gofnodi eu profiadau'n uniongyrchol ac mewn sawl ffordd: lluniadau, lluniadau anodiadol, ffotograffau, tâp-recordiadau a nodiadau ysgrifenedig. Bydd hyn yn gymorth i'r disgyblion werthfawrogi y gellid cynrychioli'r gorffennol mewn gwahanol ddulliau, a hefyd fod modd dehongli hanes mewn gwahanol ffyrdd.

(comparisons with people's lives in the past), especially if linked with a visit to a local market. Built into this could be opportunities for pupils to record from first-hand experience using a variety of means: drawings, annotated drawings; photography; tape recording and written notes. This will help pupils to appreciate that there are different ways of representing the past, and also that history can have a number of different interpretations.

Cerdyn 2 Adeiladau
CA2
Adeiladweithiau cerfweddol clai – prosiect ar y cyd

• Edrychwch ar y ddau beintiad o Gasnewydd gan Mullock a Rathmell, gan ddefnyddio'r cwestiynau hyn i ysgogi ymateb:

Beth welwch chi? Beth maen nhw'n ei ddweud wrthych chi? Oes gennych chi hen ffotograffau neu beintiadau o lefydd yn agos i lle rydych chi'n byw? Oes rhai yn yr ysgol? Oes gennych chi luniau o'r ysgol – rhai hen neu newydd?

• Efallai y gellir mynd â'r disgyblion i lyfrgell gyfeiriadol leol i ymchwilio i hanes lleol. Gall y disgyblion holi eu rhieni a'u gor-rieni beth maent yn ei gofio am yr ardal, os oeddent wedi cael eu magu yno. Efallai y gwyddoch chi am ryw gyn-ddisgybl a fyddai'n fodlon dod i'r ysgol i ddisgrifio'r newidiadau sydd wedi digwydd yn yr ysgol a'r ardal.

• Trefnwch drip o'r ysgol er mwyn i'r disgyblion gael lluniadu'r pethau sy'n nodweddu'r ardal: er enghraifft, y caeau a'r mynyddoedd, coed, adeiladau, tai, clwydi, polion lampau, ffensys, ac ati; unrhywbeth sy'n ei

Card 2 Buildings
KS2
Clay relief constructions – collaborative project

• Look at the two paintings of Newport by Mullock and Rathmell, using the following questions as prompts:

What can you see? What do they tell you? Do you have any old photographs or paintings of places near where you live? Are there any in school? Do you have any old/new photographs of school?

• You might take pupils to visit a local library to research local history. Pupils could ask parents and grandparents what they can remember of the locality, if they lived there as children. You may know of an ex-pupil who would be willing to visit the school to describe changes in the school and in the locality.

• Make a trip outside the school so that pupils can draw the different features: e.g., fields and mountains; trees; buildings; houses; gates; lampposts; fences; anything that contributes to making it a special place.

5

wneud yn lle arbennig.

- Yn ôl yn yr ystafell ddosbarth, gall disgyblion rowlio darn o glai yn wastad, gan ddefnyddio patrymlun i farcio sgwâr o faint addas.
- Gall pob un ddewis braslun fydd yn sail i lun yn y clai. Gellir llunio'r deilsen glai â theclyn modelu, â'r dwylo neu â phensil. Gellir ategu darnau bach o glai at y deilsen, gan ddefnyddio slip i'w gludio i'w lle.
- O gael eu harddangos gyda'i gilydd, bydd y teils yn creu argraff gyfansawdd o sut le sydd o amgylch yr ysgol heddiw.

Cerdyn 3 Arfordir
CA1
Peintio o'r cof a'r dychymyg

- Cychwynnwch sesiwn drafod a rhannu profiadau: Faint ohonoch chi sydd wedi bod i'r traeth?
- Gofynnwch i'r disgyblion ddod â ffotograffau o'u gwyliau/tripiau glan môr i'r ysgol, neu i gasglu lluniau o'r môr sy'n ymddangos mewn cylchgronau/pamffledi. Arddangoswch y lluniau ynghyd â gwaith ysgrifennu a ysgogwyd gan yr atgofion.
- Os ydych yn byw yn agos i'r môr, gallwch drefnu trip dosbarth. Gall y plant wneud lluniadau yn eu llyfrau braslunio, ac ysgrifennu ar bob un yr hyn y gallent ei arogli a'i glywed. Gellir tynnu ffotograffau lliw hefyd.
- Edrychwch ar y darluniau ar Gerdyn 3. Nid peintiad yw pob un. A all y disgyblion ganfod pa gyfrwng a ddefnyddiwyd ym mhob llun? Beth sydd yn gyffredin iddynt i gyd? Pa un sydd orau ganddynt? Pam? Defnyddiwch y fframwaith ar d.2.
- Gan ddefnyddio'r llyfrau braslunio a'r ffotograffau i ysgogi atgofion am eu trip i lan y môr, gall y disgyblion lunio eu peintiadau eu hunain o'r 'Arfordir'.
- Pan fydd pawb yn y dosbarth wedi gorffen, edrychwch yn gyntaf ar yr holl luniau gyda'ch gilydd. Gofynnwch i'r plant edrych ar eu gwaith eu hunain, yna ar y peintiadau ar Gerdyn 3 eto. Dyma'r math o drafodaeth y gellid ei chael:

Welwch chi fod yr artistiaid wedi peintio dros yr holl arwyneb? Ai dyna beth wnaethoch chi? Hoffech chi ategu at eich gwaith rywbeth yr anghofioch amdano? Fe allwch chi fynd yn ôl at y gwaith ryw dro arall, os mynnwch chi. Does dim rhaid gorffen y gwaith mewn un sesiwn.

Noder: Dilyniant amlwg i adeiladwaith Giardelli, *Freshwater West*, sydd hefyd ar y cerdyn hwn, fyddai i'r disgyblion gasglu cregyn a cherigos i wneud eu lluniau eu hunain. Ond, mae egwyddorion cadwraethol ynghlwm yma, a dylid esbonio'r rheini wrth y plant. Dewis arall, ac un mwy derbyniol o safbwynt ecolegol, fyddai i'r disgyblion wneud adeiladweithiau ar y traeth ei hun a'u cofnodi wedyn, trwy dynnu llun neu ffotograff.

- Back in the classroom, pupils can roll out flat pieces of clay, using a template to mark out a square of suitable size.
- Each can choose a sketch which will be the basis for a picture in clay. The clay tile can be worked with a modelling tool, with the hands, or using a pencil. Small pieces of clay can be added to the tile, using slip to glue them in place.
- Displayed all together, the tiles will make a composite impression of what the area around the school is like today.

Card 3 Coast
KS1
Painting from memory and imagination

- Initiate a session of discussion and sharing experiences: How many of you have been to the beach?
- Ask pupils to bring in photographs from home of any seaside holidays/visits, or to collect pictures of the sea from magazines/brochures. Annotate with pupils' own writing about memories and display.
- If you live near the coast, you could make a class visit. Children could make drawings in their sketch-books, also writing down against each one what they can hear and smell. You could also take colour photographs.
- Look at the illustrations on Card 3. They are not all paintings. Can pupils work out the medium of each work? What do they all have in common? Which one do they like best? Why? Use the framework on p.2.
- Using sketch-books and photographs as reminders of their visit to the beach, pupils can make their own paintings of the 'Coast'.
- When everyone in the class has finished, first look at all the paintings together. Ask children to look at their own work; then at the paintings on Card 3 again. This is the kind of discussion you might have:

Can you see that the artists have painted over the whole area? Have you done that, too? Is there something you want to add to your painting that you've forgotten about? You can go back to it another time, if you like. It doesn't have to be done all in one 'go'.

Note: An obvious follow-up to Giardelli's construction, *Freshwater West*, also on this card, would be for pupils to collect shells and pebbles to make their own pictures. However, there are conservation issues involved here and children should be made aware of them. An alternative and more ecologically sound solution would be for pupils to make constructions on the beach itself and then to record these in some way, by drawing them or taking photographs.

Cerdyn 4 Cefn Gwlad
CA2
Lluniadau mawr sercol

• Gofynnwch i'r disgyblion gasglu bonion a gwreiddiau coed cnotiog a throellog; neu, os ydych yn byw ger y môr, broc môr. Os oes coed ger eich ysgol, efallai y bydd yn haws mynd allan i luniadu.

• Defnyddiwch sesiynau trafod brwd i lunio rhestri o eiriau i ddisgrifio'r gwreiddiau a'r bonion.

• Bellach, gall y disgyblion arbrofi ar bapur gyda sercol (papur siwgr lliw sydd orau). Anogwch nhw i roi cynnig ar dechnegau gwahanol, gan ddefnyddio'r sercol yn ysgafn ac yn drwm; yn gynnil ac yn feiddgar; i lunio llinellau ysgubol a marciau byr, siarp; ei ddal fel pensil, a hefyd ar ei ochr i lenwi gofod eang. Dywedwch wrthynt am arfer eu breichiau cyfan, nid yr arddwrn yn unig.

• Pan fyddant wedi archwilio'r hyn y mae modd ei wneud gyda sercol, gallant ddechrau lluniadu gwreiddiau'r coed neu'r broc môr, gan geisio dal rhythmau'r coed a hefyd y nodweddion a nodwyd gennych yn y sesiwn drafod.

• Edrychwch ar yr holl waith gyda'ch gilydd. Gofynnwch i'r disgyblion pa siapiau a welant. A welant bethau yn y gwreiddiau – dreigiau neu angenfilod neu wynebau rhyfedd?

• Edrychwch ar y lluniau ar Gerdyn 4. Gellid gofyn iddynt ddadansoddi peintiad Ceri Richards yn yr un ffordd ag y buont yn edrych ar eu lluniau eu hunain o wreiddiau bonion coed. Gallant ysgrifennu am yr hyn a welant ynddo a beth maent yn meddwl yw ei ystyr.

Cerdyn 5 Celfyddyd Geltaidd
CA1
Gwaith clai: 3-D

• Archwiliwch y patrymau Celtaidd ar Gerdyn 5 a'u trafod. Bydd y disgyblion yn sylwi bod y dyluniadau'n seiliedig ar gylchoedd, cromliniau a phatrymau ymblethog.

• Dywedwch wrth y disgyblion am fynd i chwilio am siapiau crwn neu donnog yn yr ysgol ac o'i hamgylch, a'u lluniadu.

• Yna, anogwch y disgyblion i arbrofi gyda chlai i wneud coiliau o'r un maint, a'u llunio'n drefniadau crwm gwahanol.

• Dangoswch i'r disgyblion sut i blethu a gweu nifer o goiliau ynghyd a gadael iddynt archwilio'r posibiliadau hyn. I ddechrau, efallai y bydd angen iddynt weithio mewn parau nes iddynt gael tipyn o ymarfer. Efallai y cymeriff hyn fwy nag un sesiwn.

• Gadewch i'r disgyblion weld gwaith ei gilydd a gwneud sylwadau arno. Edrychwch ar y cerdyn eto a gadael i'r plant astudio'r patrymau'n fanwl.

• Gofynnwch iddynt benderfynu pa drefniant o

Card 4 Countryside
KS2
Large-scale charcoal drawings

• Ask pupils to make a collection of gnarled and twisted tree stumps and roots; or, if you live near the sea, of driftwood. If you have some trees near your school, it may be more convenient to go outside to draw.

• Use a brainstorming session to build up a list of words to describe the roots and stumps.

• Now pupils can begin to experiment with charcoal on paper (coloured sugar paper is best). Encourage them to try different techniques, using the charcoal lightly and heavily; delicately and boldly; making sweeping lines and short, sharp, marks; using it like a pencil and also on its side, to block in an area. Tell them to get the whole arm involved, not just moving from the wrist.

• When they have explored what they can do with the charcoal, they can start to draw the tree roots or driftwood, trying to capture the rhythms of the trees and also the qualities that you noted in your earlier discussion.

• Look at all the work together. Ask pupils what shapes they see. Do they see things in the roots – dragons or monsters or weird faces?

• Look at the pictures on Card 4. You might ask them to analyse the painting by Ceri Richards in the same way as they looked at their own drawings of tree roots, and to write about what they can see in it and what they think it means.

Card 5 Celtic Art
KS1
Clay work: 3-D

• Examine the Celtic patterns on Card 5 and discuss. Pupils will notice that designs are based on the circle, curves and intertwining patterns.

• Tell pupils to look for shapes in and around the school that are circular, or wavy – and draw them.

• Next, encourage pupils to experiment with clay to make even coils and to fashion them into different curved arrangements.

• Show pupils how to plait and weave several coils together and let them explore. To begin with, they may need to work in pairs until they become more practised. This may need more than one session.

• Let pupils see each others' work and comment on it. Look again at the card and let pupils examine the patterns closely.

• Ask them to decide on the arrangement of coils they like best, and show them how to make a tile and attach coils with slip.

7

goiliau sydd orau ganddynt, a dangos iddynt sut i wneud teilsen a glynu coil wrthi â slip.

• Pan fydd y coiliau wedi'u tanio, gellir eu harddangos gyda'i gilydd ar fur ystafell yn yr ysgol.
NEU

• Gan ddefnyddio *Modron* John Meirion Morris a'r ddelwedd ffigurol ar drysor Tal-y-llyn, gofynnwch i'r disgyblion wneud modelau 3-D o'r ffigurau, neu adeiladwaith cerfweddol yn defnyddio coiliau.

• Efallai yr hoffech ddangos cerfluniau ffigurol o bobloedd cynnar iawn, megis y rhai o'r cyfnod cyn-Golumbaidd. Mae rhai o'r rhain yn agos iawn at y math o ddelweddau a wneir gan blant ifainc weithiau.

• Gellir defnyddio'r adeiladweithiau cerfweddol clai i wneud mowldiau plastr Paris. O gael eu sgleinio wedyn â chwyr esgidiau brown a'u chwistrellu â phaent aur, edrychant fel taclau metel hynafol.

• When they are fired, they can be displayed together on a wall.
OR

• Using the figure of *Modron*, by Morris, and the figure image on the Tal-y-llyn hoard, ask pupils to make models of figures in 3-D, or a relief construction of a figure using coils.

• You may like to show figure sculptures of very early peoples, such as those from the pre-Columbian period. Some of these relate very closely to the kinds of images that young children may make.

• The clay relief constructions can be used to make casts in plaster of Paris. Polished afterwards with brown shoe polish and sprayed with gold paint, they take on an antique metal appearance.

Cerflunwaith cerfweddol gan ddisgyblion CA2 Ysgol Bod Alaw, Bae Colwyn, ar gyfer Eisteddfod Genedlaethol 1995. Artist: Dylan Owen. Ffotograff: Eisteddfod Genedlaethol Cymru.

Relief sculpture made by KS2 pupils from Ysgol Bod Alaw, Colwyn Bay at the 1995 National Eisteddfod. Artist: Dylan Owen. Photograph: National Eisteddfod of Wales.

Cerdyn 6 Cerflunwaith
CA1

• Edrychwch ar Gerdyn 6. Gellid ei gyflwyno i'r disgyblion fel hyn:

Beth yw cerflun? Mae'r rhai yn y llun yn wahanol iawn i'w gilydd. Pa un sydd orau gennych? Ble ydych chi'n debyg o weld cerflun? Mewn amgueddfa neu oriel gelf, efallai: ond ble arall? Ydych chi wedi sylwi ar unrhyw gerfluniau yn agos i'ch cartref? Beth am y parc neu ryw le cyhoeddus arall? Beth am yr eglwys neu'r capel? Y tro nesaf yr ewch i dref fawr neu ddinas, chwiliwch am unrhyw gerfluniau. Cerfluniau o

Card 6 Sculpture
KS1

• Look at Card 6. You might introduce it to pupils as follows:

What is a sculpture? The sculptures in the pictures are all very different. Which do you like best? Where might you find a sculpture? In a museum or art gallery, yes: but where else? Have you noticed any sculptures near where you live? What about the park or some other public place? What about the church or chapel? Next time you go to a big town or city, keep your eyes open for any sculptures. Some

8

enwogion fydd rhai, ac eraill yn gofgolofnau rhyfel neu'n gerfluniau haniaethol.

• Gellid gofyn i'r disgyblion chwilio am enghraifft o gerflunwaith yn ardal eich ysgol; gellid trefnu trip i rywle fel Parc Margam, lle nad oes gwaharddiad ar gyffwrdd y cerfluniau ac y gellid eu gwerthfawrogi yn eu cyfanrwydd.

• Esboniwch wrth y disgyblion y byddant yn gwneud eu cerfluniau'u hunain, a gadael iddynt arbrofi gyda defnydd modelu, clai os bosibl. Gadewch i'r syniadau a'r delweddau ddod oddi wrth y disgyblion – y math o bethau y maent yn arfer eu peintio a'u lluniadu o hyd (nhw eu hunain, pobl eraill, tai, ceir, awyrennau, anifeiliaid ac ati). Y prif fwriad yw eu cael i weithio mewn tri dimensiwn, i wybod beth yw cerflunwaith, i'w galluogi i fwynhau'r clai a dechrau gwerthfawrogi ei nodweddion.

• Arddangoswch eu gwaith gyda'i gilydd, a gadael i'r disgyblion archwilio eu cerfluniau. Efallai yr hoffant wneud lluniadau ohonynt, a dychmygu pa fath o amgylchfyd fyddai'n eu gweddu orau:

Ble byddai eich cerflun chi'n edrych ar ei orau?

of them are of famous people; some are war memorials; some of them are abstract sculptures.

• You might ask pupils to look for an example of sculpture in the locality of your school; or you might arrange a trip to somewhere like Margam Park, where you will not be restrained from touching the sculptures and where you will be able to appreciate them 'in the round'.

• Explain to pupils that they are going to make their own sculptures and let them experiment with modelling material, preferably clay. Let the ideas and images come from them – the sort of things that they are always painting and drawing (themselves, other people, houses, cars, aeroplanes, animals, etc.). The main aim is to get them working in the round, to know what sculpture is, to enable them to enjoy the clay and begin to appreciate its properties.

• Exhibit the work all together and let pupils view their sculptures. They may like to do drawings of them and imagine environments for them:

Where do you think your sculpture would look best?

Cerdyn 7 Cestyll
CA2
Printio/peintio/prosiect graffig

• Gellid dechrau trafodaeth dosbarth gyda'r cwestiynau hyn:

Pwy sydd wedi bod mewn castell? Ble oedd y castell? Pam y codwyd cestyll?

• Gofynnwch i'r disgyblion gasglu lluniau o gestyll – o gylchgronau, posteri, pamffledi, ac ati – a llunio arddangosfa. Yn ogystal, gall y disgyblion chwilio am luniau o bobl a all fod wedi byw mewn cestyll, a sylwi ar ba fath o ddillad a wisgid ganddynt a beth oedd eu swyddogaeth neu'u gwaith.

• Gellid trefnu ymweld â chastell cyfagos. Yn eu llyfrau braslunio, gall y disgyblion luniadu'r agweddau hynny sy'n eu diddori. Anogwch nhw i graffu ar y siapiau a phatrymau: cerfiadau addurnol, patrwm y cerrig yn y muriau, ffurf y ffenestri. Efallai y bydd cyfle i wneud rhwbiadau, neu gellid gofyn i'r disgyblion

Card 7 Castles
KS2
Printing/painting/graphics project

• You might start a class discussion with the following:

Who's been to a castle? Where was it? Why were castles built?

• Ask pupils to collect pictures of castles – from magazines, posters, brochures etc. – and make a display. They could also search for pictures of people who might have lived in a castle, and observe the sort of clothes they wore and what kind of role they might have played.

• Arrange a visit to your nearest castle. In their sketch-books, pupils can draw features that they find interesting. Encourage them to look at shapes and patterns: decorative carving, the pattern of stones in a wall, window shapes. There may also be scope for making rubbings, or you might ask pupils

Gwaith disgyblion Ysgol Gyfun Rhydfelen a ysbrydolwyd gan Gastell Coch. Artist preswyl: Anna Glanville-Smith (gweler t.114).

Work by pupils from Ysgol Gyfun Rhydfelen inspired by Castell Coch. Artist-in-residence: Anna Glanville-Smith (see p.114).

9

wneud cynllun o'r ystafelloedd. Os oes taflenni neu bamffledi ar gael, gellid mynd â nhw'n ôl i'r dosbarth er mwyn nodi'r ffeithiau mwyaf diddorol a chopïo rhai o'r diagramau.

• Tra byddwch yn y castell, chwiliwch am le i eistedd gyda'ch gilydd. Gofynnwch i'r plant gau eu llygaid a dychmygu sut le oedd yna pan oedd pobl yn byw yno. Gellid eu hatgoffa am ba fath o ddillad y byddent wedi'u gwisgo a sut y byddent yn treulio'u hamser. Beth am ofyn iddynt ddychmygu synau ac arogleuon y dyddiau gynt – rhai ohonynt heb fod yn rhy ddymunol!

• Edrychwch ar y peintiadau o gestyll Cymru gan y ddau arlunydd enwog, Turner a Wilson. Gellid eu dadansoddi gyda chymorth fframwaith ar d.2.

• Edrychwch ar y ffotograffau o Gastell Coch. Gofynnwch i'r disgyblion pam y codwyd y castell hwn (am wybodaeth gefndirol, gweler dan Burges ar d.32).

• Mae nifer o ffyrdd i'r dosbarth ddefnyddio'r wybodaeth a gasglwyd:

– gall y disgyblion wneud peintiadau unigol o'r castell yr aethoch i'w weld;

– gallant wneud printiau â chanddynt batrwm ailadroddol, gan ddefnyddio polystyren neu gerdyn, wedi'u seilio ar siapiau a luniadwyd ganddynt yn eu llyfrau braslunio; neu,

– gellid eu cynorthwyo, fel unigolion neu fel grŵp, i gynllunio eu pamffledi eu hunain er mwyn hysbysu pobl am y castell.

Cerdyn 8 Creaduriaid
CA2
Llinluniad: pen ac inc, neu ben lluniadu blaen-ffelt main du

• Ar ôl trafod *Loons* gan Colin See-Paynton a *Bullfinches* gan Charles Tunnicliffe, rhowch gyfle i'r plant geisio gweld y gwahaniaeth rhwng y mathau o gelfyddydwaith a gynrychiolir ganddynt (h.y., mae un yn fwy mynegiadol a'r llall yn fwy o ddarlun biolegol). Gall y disgyblion ddefnyddio chwyddwydr i weld y gwahanol farciau a wnaeth yr arlunydd yn y llun *Loons*.

• Gall y plant arbrofi yn eu llyfrau braslunio gyda phen ac inc (neu ben lluniadu tenau du yn unig), gan geisio copïo rhai o'r marciau a'r patrymau hyn a llunio eu rhai gwreiddiol eu hunain.

• Gall y disgyblion chwilio mewn llyfrgell am luniau o adar a physgod, a chopïo'r rhai sy'n apelio atynt fwyaf, gan geisio defnyddio rhai o'r technegau gwneud-marc y maent newydd eu dysgu.

• Gallant hefyd chwilio am luniau a fyddai'n gwneud cefndiroedd da i'r adar a'r pysgod, a'u lluniadu nhw hefyd.

• Os oes acwariwm gan yr ysgol, gallant wneud lluniadau arsylwadol o'r pysgod. Neu, efallai, y gallwch chi ddod â chasgliad o blu, neu hyd yn oed aderyn

to make a plan of the rooms. If leaflets or brochures are available, pupils can take them back to the classroom in order to write down the most interesting facts and copy some of the diagrams.

• While you are at the castle, find somewhere you can sit together as a group. Ask the children to close their eyes and imagine what it must have been like when the castle was inhabited. Remind them of the kinds of clothes people would have worn and what they did. Ask them to imagine the sounds and the smells – some of them would not have been very pleasant!

• Look at the paintings of Welsh castles by the two famous artists, Turner and Wilson. They could be analysed using the framework on p.2.

• Look at the photographs of Castell Coch. Ask pupils why they think this castle was built (for background information, see under Burges on p.32).

• There are a number of ways in which the class can use the information collected:

– pupils could make individual paintings of the castle you visited;

– they could make prints with a repeating pattern, using polystyrene or card, based on the shapes they have drawn in their sketch-books; or,

– you could help them plan how, either singly or in groups, they could make their own brochures to tell people about the castle.

Card 8 Creatures
KS2
Line drawing: pen and ink, or fine black felt-tipped drawing pen

• After initial discussion of *Loons* by Colin See-Paynton and *Bullfinches* by Charles Tunnicliffe, see if children can identify the difference between the kinds of art work they represent (i.e., one is more expressive, one is more like a biological illustration). Pupils can use a magnifying glass to see the different kinds of marks the artist has made in the picture *Loons*.

• In their sketch-books, children can experiment with pen and ink (or just thin black drawing pens), trying to copy some of these marks and patterns and making up some of their own.

• Pupils can make a library search for pictures of birds and fish, and then copy the ones they like best, trying to use some of the mark-making techniques which they have just learned.

• They can also look for pictures that would make good backgrounds for the fish or birds and draw them, too.

• If you have an aquarium in your school, observational drawings of fish could be made. Or, perhaps you could bring in a collection of feathers,

wedi'i stwffio, i'r disgyblion eu lluniadu ar sail craffu arnynt.

• Gan ddefnyddio eu llyfrau braslunio a phensiliau, gall y disgyblion lunio rhagluniadau. Erbyn hyn, dylent fod yn gyfarwydd â thechnegau gwneud-marc. Awgrymwch y dylent gynnwys mwy nag un aderyn neu bysgodyn, neu greaduriaid o wahanol feintiau – fel yn llun Colin See-Paynton. Gallant edrych arno eto trwy chwyddwydr, os bydd angen. Atgoffwch nhw i feddwl am gefndir addas, ac nad oes rhaid lluniadu'n fanwl iawn ar hyn o bryd.

• Pan fyddant yn fodlon ar eu dyluniadau, gallant lunio'r darlun gorffenedig gan ddefnyddio naill ai pen ac inc neu farciwr main du ar bapur llyfn.

• Pan fydd pawb wedi gorffen, gall y disgyblion edrych ar eu gwaith gyda'i gilydd a gweld faint o wahanol farciau a wnaed ganddynt. Pa rai sydd orau ganddynt? Beth ydynt yn ei feddwl o'u darnau eu hunain? Fyddent yn gwneud rhywbeth yn wahanol y tro nesaf?

Cerdyn 9 Du a Gwyn
CA2
Prosiect darlunio: pen, brws ac inc

• Darllenwch y gerdd 'Holidays' gan John Gurney, gyda lluniadau gan Paul Peter Piech. Trafodwch nhw â'r disgyblion.

• Edrychwch ar y darlun o'r ceffyl a thrafod pa deimladau y mae'n eu hysgogi. Beth all y ceffyl fod yn ei feddwl? Tynnwch sylw'r plant at ba mor dda mae'r ceffyl yn ffitio i'r hirsgwar, a sut mae Piech wedi'i ddylunio fel bod y pen yn dod yn ôl i mewn i'r llun. Mae wedi gwneud hyn mor gelfydd nes bod y symudiad yn ymddangos yn hollol naturiol a digymell.

• Gofynnwch i'r disgyblion gael hyd i gerdd neu ddarn o ysgrifennu am anifail ac yna lunio'u darluniau eu hunain.
Bydd rhaid iddynt gasglu adnoddau gweledol o gyfeirlyfrau a ffotograffau, neu gallant ddewis un o'u hanifeiliaid anwes. Lle bynnag y bo'n bosibl, dylent luniadu ar sail sylwi'n uniongyrchol.

• Gall y plant gynllunio eu darluniau'n fras yn eu llyfrau braslunio. Atgoffwch nhw y bydd rhaid i'r gwaith gorffenedig ffitio i siâp arbennig, ac y dylent ystyried sut y bydd yr ysgrifen a'r darlun yn cydlynu â'i gilydd.

• Pan fyddant wedi gorffen eu dyluniadau bras, gallant arbrofi gyda phen, brws main ac inc cyn dechrau'r darlun terfynol.

• Gellid casglu'r holl ddarluniau mewn llyfr ar gyfer llyfrgell yr ysgol.

or even a stuffed bird, for pupils to draw from observation.

• Using their sketch-books and pencils, pupils can make preparatory sketches. By now, they should be familiar with mark-making techniques. Suggest that they incorporate more than one bird or fish, or creatures of different sizes – as in Colin See-Paynton's picture. They can look at it once again with a magnifying glass, if necessary. Remind them to think of a suitable background. They will need to be reminded that at this stage there is no need to draw in great detail.

• When they are satisfied with their designs, they can make the finished illustration using either pen and ink or fine black marker on smooth paper.

• When everyone has finished, the class can look at all the work together and see how many different marks they've managed to make. Which ones do they like best? What do they think of their own pieces of work? Would they do anything differently next time?

Card 9 Black and White
KS2
Illustration project: pen, brush and ink

• Read the poem 'Holidays' by John Gurney, illustrated by Paul Peter Piech. Discuss with pupils.

• Look at the illustration of the horse and discuss the feelings it invokes. What might the horse be thinking? Bring pupils' attention to how well the horse fits into the rectangle and how Piech has designed it so that its head comes back into the picture. He has done this so skillfully that it is a completely natural and spontaneous movement.

• Ask pupils to find a poem or a piece of writing about an animal and then create their own illustration. They will need to collect visual resource material from reference books and photographs, or they could choose one of their own pets. Wherever possible, they should make some drawings from observation.

• Using sketch-books, children can plan their illustrations in rough. Remind them that the finished work will need to fit into a certain shape, and that they should consider how the writing and the drawing will fit together.

• When they have finished their rough designs, they can experiment with pen and a fine brush and ink before beginning to draw the illustration.

• The illustrations could be made into a book for the school library.

Cerdyn 10 Etifeddiaeth
CA3
Murlun neu collage/montage ffotograffig cydweithredol

- Edrychwch yn fanwl ar *Beth Yw Bod yn Genedl . . .* gan Ivor Davies. Gofynnwch i'r disgyblion ddadansoddi'r peintiad gyda chymorth y fframwaith ar d.2.
- Gall y disgyblion hŷn geisio archwilio iconograffiaeth y peintiad a sut y portreadir pobl ynddo.
- Gellid trafod ystyr y gair 'etifeddiaeth', ac yna dal i drafod, mewn grwpiau bach, y delweddau a'r arteffactau – y bobl a'r pethau; y llefydd a digwyddiadau – y mae'r disgyblion yn eu hystyried yn rhan o'u hetifeddiaeth.
- Gofynnwch i'r disgyblion gasglu ynghyd gymaint o'r delweddau hyn ag sy'n bosibl: yn ffotograffau, cylchgronau a lloffion o bapurau newydd, lluniadau, geiriau, ac ati.
- Gellir creu collage/montage ffotograffig cydweithredol o'r eitemau hyn. Os byddwch yn eu llungopïo gyntaf, fe allwch amrywio eu maint. Gall geiriau a llythrennau chwarae rhan bwysig yn hyn o beth. (Gweler Cerdyn 16: Llythrennu, yn enwedig gwaith Ogwyn Davies, *Capel Soar y Mynydd*.)
- Tra eu bod wrthi'n penderfynu sut i gwblhau'r gwaith, gallant ystyried a ydynt am lenwi'r cefndir â gwaith cyfrwng cymysg neu collage. Neu gellir ystyried y gwaith hyd yma'n baratoad ar gyfer murlun ar raddfa fawr.

Card 10 Heritage
KS3
Collaborative mural or collage/photo-montage

- Look closely at *A Celtic and Welsh Pantheon* by Ivor Davies. Ask pupils to analyse the painting, using the framework on p.2.
- Older pupils could try to examine the iconography of the painting and how people are portrayed.
- Discuss the meaning of the word 'heritage', followed by further discussion, in small groups, of the images and artefacts – the people and things; the places and events – that pupils consider to be a part of their heritage.
- Ask pupils to amass as many of these images as possible: photographs, magazine and newspaper cuttings, drawings, words, etc.
- A collaborative collage/photo-montage can be made of these items. Photocopying them first allows the option of altering their scale. Words and lettering could play an important part here. (See Card 16: Lettering, especially Ogwyn Davies's work, *Capel Soar y Mynydd*.)
- When deciding how they will complete the work, pupils can consider whether they will fill in a background with mixed media/collage. Alternatively, this could be seen as a starting point for a large-scale mural.

Darn o waith a wnaed gan ddisgyblion CA3 Ysgol Gyfun Llangefni yn ystod prosiect preswyl ar groesau carreg a melinau gwynt Ynys Môn. Artist preswyl: Alison Mercer.

A piece of work made by KS3 pupils from Ysgol Gyfun Llangefni during a residency project on stone crosses and windmills in Anglesey, with artist Alison Mercer.

Cerdyn 11 Ffermwyr
CA1
Prosiect 1: Peintiad o rywun sy'n ein helpu

- Trafodwch y math o waith y mae ffermwyr yn ei wneud, a sut mae hynny'n effeithio ar ein bywydau ni.

Card 11 Farmers
KS1
Project 1: A painting of someone who helps us

- Discuss the kind of work that farmers do, and how it affects our own lives.

Beth am bobl eraill sy'n ein cynorthwyo? Beth ddigwyddai pe na bai'r rheini ar gael?

• Gellid gofyn i rywun ddod i siarad â'r disgyblion am natur ei waith. Gofynnwch iddo/iddi ddod â'r pethau sy'n angenrheidiol i'w gwaith i'w dangos i'r disgyblion, gan gynnwys swyddwisg neu ddillad arbennig. Tynnwch ffotograffau wrth i'r person drafod y gwaith y mae'n ei wneud.

• Gofynnwch i'r ymwelydd sefyll mewn ystum sy'n nodweddiadol o'i (g)waith. Gall y plant dynnu lluniau ohono/ohoni mewn sercol neu bensil. Tynnwch eu sylw at fraslun Will Roberts ar gyfer ei beintiad.

• Bellach, gall y plant estyn eu syniadau blaenorol ar ddalenni mawr o bapur siwgr lliw, gyda brws a phaent. Dywedwch wrthynt am edrych ar sut y defnyddiodd Will Roberts siapiau mawr syml.

• Pan fydd y dosbarth wedi gorffen y gwaith, casglwch y cyfan ynghyd. Wrth i'r plant edrych ar y cwbl, gellid gofyn y cwestiynau hyn:

Beth ydych chi'n ei feddwl ohono? Ydych chi wedi peintio cefndir i'r dyn neu'r ddynes? Oes cefndir yn llun Will Roberts? Ystyriwch beth fyddai'r cefndir gorau i'r dyn neu'r ddynes yn eich llun chi. Beth fyddai fwyaf addas i'w swydd?

• Gall y plant fynd yn ôl at eu gwaith a chreu cefndir. Atgoffwch nhw y gellir ategu pethau newydd sbon, y gellir peintio ar ben paent sydd yno eisoes, pan fydd wedi sychu, gan wneud y paent yn drwchus.

Prosiect 2: Peintio'r tymhorau

• Edrychwch ar y peintiad gan Kyffin Williams a thynnu sylw'r plant at ba mor drwchus yw'r paent. Gellid gofyn y cwestiynau canlynol er mwyn ysgogi trafodaeth:

Pa adeg o'r flwyddyn yw hi? Dychmygwch eich hunan yn y llun, yn ceisio cymell y gwartheg i fynd i'w godro. Sut y byddech chi'n teimlo? Tybed sut yr edrychai'r un llecyn ar adegau eraill o'r flwyddyn?

• Trafodwch y newidiadau all ddigwydd trwy gydol y tymhorau. Wedyn, gall y plant greu peintiadau sy'n seiliedig ar un Kyffin Williams, ond yn cydweddu â'r tymor a ddewiswyd ganddynt ac mewn lliwiau sydd, yn eu barn nhw, yn addas.

Cerdyn 12 Gweithwyr
CA2
Cymharu gweithwyr, ddoe a heddiw: peintiadau/lluniadau

• Os oes gweithfeydd neu fannau gwaith addas yn agos at eich ysgol, gellid mynd â'r dosbarth yno ar ymweliad. Neu efallai y bydd rhywun yn gweithio yn yr ysgol – glanhawr ffenestri neu arddwr; efallai fod gweithfeydd ffordd neu adeiladu gerllaw'r ysgol; ysbyty; fferm; rheilffordd; dociau; adfeilion hen

What about other people who help us? What would happen if they weren't around?

• You could ask someone to come and talk to the children about their work. Ask them to bring with them the things they need for their job, including uniform or special clothing. Take photographs as the person talks about the job.

• Ask the person to take up a pose to best illustrate his/her job. Children can do drawings using charcoal or pencils. Bring their attention to Will Roberts's sketch for his painting.

• Now, on large sheets of coloured sugar paper, children can expand on some of their earlier ideas with brush and paint. Tell them to look at how Will Roberts has used big, simple shapes.

• When the whole class has finished, put all the work together. As the children look at it, you might ask the following:

What do you think? Have you painted a background for the person? Has Will Roberts's painting got a background? Think about the kind of background that might be most suitable for the person in your picture. What would best suit his or her job?

• Children may then go back to their work and create a background. Remind them that they may wish to add other things; and that they can paint on top of paint, once it is dry, making the paint thick.

Project 2: Painting the seasons

• Look at the painting by Kyffin Williams and draw children's attention to the thickness of the paint. You could use the following questions to prompt discussion:

What time of year is it? Imagine yourself in the picture, trying to coax the cows to go for milking. How would you be feeling? I wonder how the same view would look at different times of year?

• Discuss the changes that might occur throughout the seasons. Children can then make paintings based on Kyffin Williams's but in keeping with a season they have chosen and in the colours they think suitable.

Card 12 Workers
KS2
A comparison of workers, past and present: paintings/drawings

• If there are any appropriate places of work near the school, you might take the class on a visit. For instance, there may be someone working on the school itself – a window cleaner or a gardener; there may be road works or building going on nearby; a hospital; a farm; a railway; docks; remains of

13

ddiwydiannau sydd yn rhan o'r dirwedd. Gall trafod yr ymweliad wedyn, ynghyd â rhywfaint o gofnodi'r achlysur gyda lluniadau gan y disgyblion, fod yn fodd i'w cyflwyno i thema gwaith a gweithwyr.

• Gan ddangos y lluniau ar Gerdyn 12, gellid gofyn y cwestiynau canlynol:

Allwch chi weld pa fath o waith sy'n cael ei gynrychioli? Edrychwch ar y saer olwynion: pa fath o gerbyd sydd ag olwynion fel hynny? Pa fath o olwynion a welwn ni fel arfer heddiw? Edrychwch ar y llun o'r saer. Ai saer modern sydd yma? Pa fath o offer fyddai ganddo heddiw? Beth am y llun o'r glowyr? Beth sydd wedi digwydd i'r rhan fwyaf o byllau glo Cymru erbyn hyn? Beth mae pobl yn ei wneud erbyn hyn, yn hytrach na mynd i lawr y pwll?

• Efallai yr hoffai'r disgyblion holi eu gor-rieni ac aelodau hŷn o'r teulu sut fath o waith yr oeddent yn ei wneud, pa fath o offer a gâi eu defnyddio, a chyfathrebu'r atebion mewn rhyw ffordd.

• Gellid casglu offer a thaclau o'r gorffennol a'r presennol i gynrychioli gwahanol fathau o waith a swyddi, yn enwedig y rhai sydd fwyaf perthnasol i'ch ardal chi. Naill ai:

– trwy ofyn i'r plant eu lluniadu, bron fel dyluniadau technegol, gan sylwi'n fanwl ar bethau o wahanol onglau a nodi sut maent yn gweithio; neu,

– trwy ofyn iddynt lunio peintiadau bywyd llonydd neu astudiaethau sercol neu bastel o gasgliad o daclau ac offer sydd o ddiddordeb gweledol.

• Neu, os oes adfeilion hen adeiladau diwydiannol o fewn cyrraedd, gellir awgrymu wrth y plant eu bod yn eu peintio ar sail brasluniau yn eu llyfrau.

• Posibilrwydd arall yw perswadio rhywun o'ch ardal i ddod i'r ysgol. Gellid gofyn iddynt ddod ag offer a dillad eu swydd a gadael i'r plant wneud brasluniau a thynnu ffotograffau, er mwyn llunio peintiad tebyg i un John Walters.

Cerdyn 13 Gwisg
CA3
Prosiect 1: *Salome* **gan Alfred Janes**

• Gofynnwch i'r disgyblion arbrofi gyda chyfuno dau broffil a hanner golwg o du blaen wyneb, ochr yn ochr â dillad a llenni patrymog cywrain, mewn sefyllfa gaeedig. Gallant chwarae gyda'u syniadau yn eu llyfrau braslunio i ddechrau. Anogwch nhw i chwilio am atebion gwreiddiol a chreadigol, ac i feddwl am hunaniaeth y tri ffigur dynol. Er enghraifft, gall y gwaith fod yn hunanbortread, y tri wyneb yn lluniau o'r un creadur dynol, gyda gwisg a chefndir cyfoes; neu'n sefyllfa wedi'i seilio ar y 'driongl dragwyddol', gan ddefnyddio cyfeillion; gall gynrychioli uned deuluol glòs neu, fel arall, tri aelod o deulu sy'n ymrafael â'i gilydd; neu gellid dewis lluniadu chwedl neu ryw dri chymeriad enwog o fyd llenyddiaeth, megis Arthur,

industrial buildings in the landscape. Discussion of the visit afterwards, with perhaps some drawings to record pupils' experiences, will help to introduce the theme of work and workers.

• Showing the pictures on Card 12, you might ask the following:

Can you see what kinds of work are depicted? Look at the wheelwright: what sort of vehicle has wheels like that? What sort of wheels do we see today, mostly? Look at the painting of the carpenter. Is he a modern carpenter? What sort of tools would he use today? What about the picture of the miners? What has happened to most of the coal mines in Wales today? What do people do now, instead of going down the pit?

• Pupils might like to make enquiries of grandparents and older members of the family about the kinds of jobs they did and the kinds of tools they used, and communicate these findings in some way.

• Collect items of equipment and tools from the past and the present to represent different kinds of work particularly relevant to your area. Either:

– ask children to draw them, almost like technical drawings, observing closely from different angles and making notations to explain how they work; or,

– ask children to make a still-life painting or pastel/charcoal study of a group of tools and equipment that are of some visual interest.

• Alternatively, if there are remains of old industrial buildings in your area, suggest that pupils make a painting based on sketch-book studies.

• Another possibility is to persuade someone from the locality to come into the school with the clothes and tools of his/her trade and allow children to make sketches and take photographs, with a view to making a painting similar to that by John Walters.

Card 13 Costume
KS3
Project 1: *Salome* **by Alfred Janes**

• Ask pupils to experiment with the composition of two profiles and half a front view of a face, juxtaposed with elaborately patterned clothing and drapes in an enclosed situation. They can try out ideas in their sketch-books, initially. Encourage them to look for creative and original solutions, and to think about the identity of the three figures. For instance, the work could be a self-portrait, all three faces portraying one person, with contemporary dress and background; or a scenario based on the 'eternal triangle', using friends; it could represent a close-knit family unit or, alternatively, three members of a family where there is conflict; or they might choose to illustrate a legend or depict some

14

Lawnslot a Gwenhwyfar. Gellid casglu adnoddau cyfeiriadol gyda lluniadau portreadol ar sail arsylwi manwl; astudiaethau o ddillad patrymog a'r patrymau wedi'u chwalu gan blethiadau'r deunydd; ffotograffau os oes eu hangen; syniadau am gefndiroedd a chynlluniau lliw. Y nod terfynol fyddai creu peintiad gorffenedig.

Prosiect 2: *Album Portrait Two* gan Allen Jones

• Gofynnwch i'r disgyblion ddadansoddi'r gwaith hwn, gan ddefnyddio'r fframwaith ar d.2. Beth maen nhw'n meddwl yw'r berthynas rhwng y ddwy brif gydran?

• Gall y disgyblion arbrofi gyda syniad cyffelyb, gan weithio o fewn cyfyngau ffigur monocromatig a delwedd haniaethol berthynol mewn lliwiau cynradd. Gallant ddefnyddio cylchgronau, papurau newydd, ffotograffau, er mwyn cael hyd i ffigur sy'n apelio atynt, yna ysgrifennu beth yw natur yr apêl a rhestru'r pethau – gwrthrychau, arteffactau, delweddau, amgylcheddau, adeiladau – sy'n berthnasol i'r ffigur hwnnw.

• Gofynnwch iddynt ddewis un eitem yn eu rhestr sydd, yn eu barn nhw, yn cynrychioli'r hyn sydd bwysicaf am y ffigur, a gwneud lluniadau ohono, ar sail arsylwi uniongyrchol os yn bosibl.

• Gallant lunio collage papur o'r gwrthrych fel cymorth i'w symleiddio.

• Wedyn, gellid gosod y ddwy ddelwedd ar bapur i greu cyfansoddiad. Gellir naill ai gadael hwn fel y gwaith gorffenedig neu, fel y gwnaeth Allen Jones yn aml, ei drosi'n beintiad. Gallai'r peintiad fod yn agos at y dyluniad gwreiddiol, neu gellid ei ddatblygu ymhellach trwy symud y delweddau a newid y raddfa.

famous groups of three from literature, such as Arthur, Lancelot and Guinevere. They can build up reference material of carefully observed portrait drawings; studies of patterned clothes, the patterns broken up by folds; photographs if needed; ideas for backgrounds and colour schemes. The ultimate objective would be to make a finished painting.

Project 2: *Album Portrait Two* by Allen Jones

• Ask pupils to analyse this work, using the framework on p.2. What do they see as the relationship between the two main components?

• Pupils can experiment with a similar idea, working within the limitations of a monochromatic figure and a related abstract image in primary colours. They can use magazines, newspapers, photographs, to find a figure that appeals to them, then write down why it appeals and make a list of things – objects, artefacts, images, environments, buildings – that they can relate to that figure.

• Ask them to choose one item from their list that they feel represents what is most important about the figure and make drawings of it, from direct observation if possible.

• They can then make a paper collage of the object to help simplify it.

• The two images can then be arranged on paper to create a composition. This can either be left as the finished work or, as Allen Jones often did, it can be translated into a painting. The painting could be close to the original design, or it could be further developed by moving the images and changing the scale.

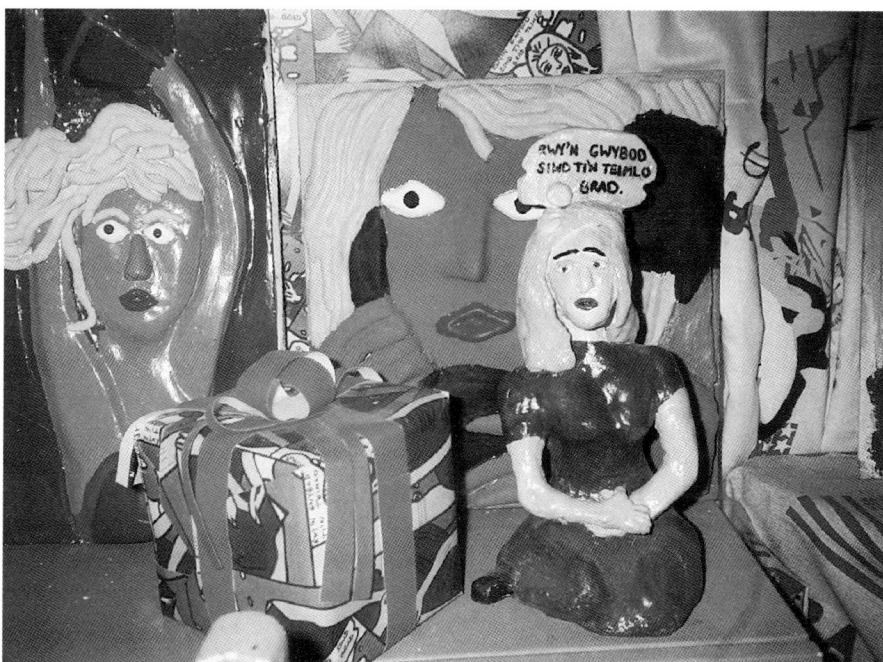

Gwaith dau- a thri-dimensiwn yn null Celfyddyd Bop gan ddisgyblion CA4 Ysgol Gyfun Gŵyr, Abertawe. Athrawes: Shân Samuel Thomas.

Two- and three-dimensional work based on Pop Art made by KS4 pupils from Ysgol Gyfun Gŵyr, Swansea. Teacher: Shân Samuel Thomas.

15

Cerdyn 14 Hunanbortread

CA2
Peintio a lluniadu neu waith tri dimensiwn (clai, papur, cerdyn, papier mâché)

• Edrychwch ar y lluniau ar y cerdyn. Gellid eu cyflwyno fel hyn:

Mae'r bobl hyn i gyd wedi gwneud peintiadau sy'n dweud rhywbeth wrthych chi amdanyn nhw eu hunain. Beth allwch chi ei weld yn y peintiadau gan Cedric Morris a Brenda Chamberlain? Pa fath o bobl oeddent yn eich tyb chi? Am beth y maent yn ei feddwl? Yn y ddau beintiad hyn, pen y person sy'n cymryd y rhan fwyaf o'r gofod. Yn y lleill, mae pethau eraill yn y llun. Pam hynny tybed? Beth mae'r arlunydd yn ei ddweud wrthym amdano/amdani'i hun?

• Gofynnwch i'r disgyblion ddewis tua hanner dwsin o bethau sy'n cynrychioli rhyw wedd arnynt eu hunain. Gallant lunio rhestr o'r pethau a ystyrir bwysicaf ganddynt. Gall y rheini fod yn bethau mawr, fel tŷ, neu'n fach, fel eu hoff fathodyn. Fel gwaith cartref, gofynnwch iddynt wneud rhai lluniadau manwl o'r pethau hyn, neu efallai eu ffotograffu.

• Esboniwch eich bod am iddynt lunio hunanbortread sy'n cynnwys hefyd rai gwrthrychau sy'n bwysig iddynt. I ddechrau, bydd rhaid iddynt luniadu'u hunain yn ofalus, trwy arsylwi'n graff ar eu hunain mewn drych.

• Mae nifer o ffyrdd ichi gwblhau'r prosiect hwn, a chyfuno'r elfennau uchod. Dyma rai awgrymiadau:

– peintio hunanbortread gyda'r gwrthrychau a gasglwyd/restrwyd uchod

 – adeiladu panel cerfweddol clai

 – adeiladu blwch o gerdyn tenau neu gynhwysydd o papier mâché neu glai y gellir ei addurno â'r lluniadau neu'r ffotograffau a wnaethant yn rhan gyntaf y prosiect. Gellid awgrymu bod y plant yn cadw rhyw eitem werthfawr neu bwysig yn y blwch.

Cerdyn 15 Lle

CA1
Gwneud dyluniadau gwydr lliw i'r ysgol

• Edrychwch ar y ffotograff o'r adeilad gyda ffenestri lliw gan Catrin Jones. Dyma rai cwestiynau y gellid eu gofyn:

Pa fath o adeilad sydd yna? (Gweler t.60 am wybodaeth am gefndir gwaith Catrin Jones.) Ym mha fath o adeilad y byddech chi'n disgwyl gweld gwydr lliw? Pam? Oes gan unrhyw un ohonoch chi wydr lliw yn eich tŷ chi?

• Gellid mynd â'r dosbarth ar helfa gwydr lliw. Efallai fod gwydr lliw yn nrysau ffrynt tai pobl neu yn y ffenestri ar y grisiau neu'r landin. Mae'n debyg y bydd

16

Card 14 Self-portrait

KS2
Painting and drawing or three-dimensional work (clay, paper, card, papier mâché)

• Look at the pictures on the card. You could introduce them as follows:

These people have all made paintings to tell you something about themselves. What can you see in the paintings by Cedric Morris and Brenda Chamberlain? What sort of people do you think they are? What are they thinking about? In these two paintings, the person's head takes up most of the space. In the others, there are other things in the pictures. Why do you think this is? What is the artist telling us about him or herself?

• Ask pupils to choose about half-a-dozen things that would represent something about themselves. They can make a list of the things they consider most important. It could be something big, like a house, or it might be something small, like their favourite badge. For homework, they can make some careful drawings of these things, or perhaps take some photographs of them.

• Explain that you want them to make a self-portrait which also includes some objects which are important to them. To begin with, they will need to do a carefully observed drawing of themselves, using a mirror.

• There are a number of ways in which you can complete this project and combine the elements above. Here are some suggestions:

– painting a self-portrait with the objects collected/listed above;

– constructing a clay relief panel;

– constructing a box out of thin card or a container out of papier mâché or clay, which could be decorated with the drawings or photographs from the first stage of the project. You could suggest that children keep some precious or important item inside the box.

Card 15 Place

KS1
Making stained glass designs for the school

• Look at the photograph of the building with stained glass windows by Catrin Jones. Here are some suggested questions:

What sort of a building is it? (see p.60 for background information on Catrin Jones's work). In what kind of building would you most expect to find stained glass? Why? Have any of you got any stained glass in your house?

• You could take the class on a stained glass hunt. There may be stained glass in people's front doors or landing windows. There will probably be some

enghreifftiau i'w gweld mewn addoldai lleol. Gall y plant wneud nodiadau ar y math o ddyluniadau a ddefnyddir a lluniadu'r rhai sydd orau ganddynt (neu'r rhannau ohonynt sy'n apelio atynt fwyaf).

• Gofynnwch i'r disgyblion edrych ar ddyluniad Catrin Jones unwaith eto, ac ystyried am beth mae'r gwaith yn gwneud iddynt feddwl. Gadewch iddynt ddyfalu'r ateb cyn esbonio bwriadau'r artist.

• Gofynnwch iddynt gasglu lluniau, llyfrau a chardiau-post o ddyluniadau gwydr lliw.

• Efallai y gellid trefnu i rywun ddod i'r ysgol i esbonio sut mae gwneud gwydr lliw; gellid hyd yn oed drefnu ymweliad â stiwdio gwydr lliw; neu ddod â darn o wydr lliw i'r ysgol er mwyn i'r plant gael craffu arno a cheisio dyfalu sut mae ei wneud.

• Gadewch i'r plant edrych o amgylch yr ysgol a dewis lle'r hoffent osod ffenestr liw. Gallant luniadu siapiau'r ffenestri ac esbonio pam eu bod wedi dewis rhyw leoliad penodol.

• Gellid cynnal sesiwn drafod syniadau gyda'r dosbarth i gyd er mwyn penderfynu ar y dyluniad mwyaf addas. Ai bathodyn yr ysgol; neu batrwm o siapiau pethau sydd o amgylch yr ysgol; neu ryw wedd arbennig ar y dirwedd gerllaw, fel y gwaith dur a ysbrydolodd ddyluniad Catrin Jones?

• Gall y disgyblion gasglu cyfeiriadau gweledol er mwyn eu cynorthwyo i fraslunio eu dyluniadau.

• Arddangoswch y dyluniadau rhywle yn yr ysgol lle gall disgyblion pob dosbarth eu gweld. Esboniwch mai dyma beth mae artistiaid gwydr lliw yn ei wneud pan ofynnir iddynt wneud ffenestr liw: rhaid iddynt gyflwyno eu dyluniadau i'w cwsmeriaid, i sicrhau eu bod yn eu hoffi, cyn troi at y broses hir o wneud y gwaith.

Cerdyn 16 Llythrennu
CA2
Prosiect cydweithredol: paent, pen ac inc, neu waith ffabrigau ac edafedd

• Gofynnwch i'r plant gasglu gwahanol fathau o lythrennau yn eu llyfrau braslunio – gellir eu torri allan o gylchgronau, papurau newydd neu gomics. Gellid hefyd ddefnyddio cyfrifiadur i argraffu eu hoff ffontau, ac yna ceisio eu copïo â llaw rydd.

• Mae'n debyg y bydd rhai syniadau am batrymau ysgrifennu yng nghynllun llawysgrifen yr ysgol. Gall y disgyblion arbrofi gyda rhai o'r rhain, gan weld pa mor gymhleth a hardd y gallant eu gwneud. Gallant eu lliwio â marcwyr ffelt neu eu peintio â brwsys main.

• Craffwch ar y gwahanol fathau o lythrennu sydd ar y cerdyn. Gellid gofyn y cwestiynau canlynol i ddechrau:
Fedrwch chi eu darllen yn hawdd? Beth maen nhw'n ei ddweud? Fedrwch chi ddweud fod y llawysgrif gynnar yn llawer, llawer hŷn na'r lleill? Pa lythrennu sydd orau gennych? Pam ydych chi'n meddwl bod Ogwyn Davies wedi rhoi llythrennau yn ei beintiad?

in local places of worship. Children can make notes on the sort of designs that are used and draw the ones they like best (or their favourite part).

• Ask the class to have another look at Catrin Jones's design and to consider what it is meant to make you think of. Let them guess what it could be, before you explain the designer's intentions.

• Ask pupils to collect pictures, books and post-cards of stained glass designs.

• You might be able to ask someone to come to the school to explain how stained glass is made; you might even arrange a visit to a stained glass studio; or you could bring a piece of stained glass to school so that children can view it closely and try to work out how it was made.

• Let children look around the school and decide where they would put a stained glass window. They could draw window shapes and explain why they have decided on a particular location.

• Have a brainstorming session with the whole class to decide what would be the most suitable design. Would it be the school badge; or a pattern made from shapes around the school; or an important feature in the landscape nearby, like the steelworks that inspired Catrin Jones's design?

• Pupils can collect visual references to help them make their own sketches for a design.

• Display the designs somewhere in the school where pupils from all classes can see them. Explain that this is what stained glass artists have to do when they have been asked to make a window: they have to present their designs to the customer, to make sure he/she likes it, before embarking on the long process of making.

Card 16 Lettering
KS2
Collaborative project: paint, pen and ink, or fabric and thread work

• Ask children to use their sketch-books to make collections of different kinds of letters – these can be cut out of magazines, newspapers or comics. They could also use a computer to print out their favourite fonts, and then try copying them free-hand.

• Your handwriting scheme in school will probably have some ideas in it for writing patterns. Pupils could experiment with some of these, seeing how elaborate and beautiful they can make them. They could colour them in with felt markers or paints and fine brushes.

• Look at the different kinds of lettering on the card. You could start with the following:
Can you read them easily? What do they say? Can you tell that the early manuscript is much, much older than the others? Which lettering do you like best? Why do you think Ogwyn Davies has put letters into his painting?

17

• Edrychwch ar yr wyddor gan T. C. Evans. Efallai y bydd yn atgoffa'r plant am y rhai a ddefnyddiwyd ganddynt yn ysgol y babanod. Gellid gofyn beth maen nhw'n ei feddwl o'r gwyddorau sydd yn is i lawr. Ydyn nhw'n eu hatgoffa am hieroglyffau'r Aifft? Gofynnwch iddynt graffu ar y patrymau a'r lluniau o amgylch yr wyddor, a cheisio deall eu harwyddocâd.

• Trafodwch â'r disgyblion sut i ddylunio gwyddor fydd yn addas ar gyfer ysgol y babanod. Bydd gan bob aelod o'r dosbarth lythyren wahanol i'w darlunio. Bydd y prosiect yn un addas ar gyfer sawl cyfrwng: paent a brwsys main, brodwaith mewn croes-bwytho neu appliqué, neu ben ac inc.

• Bydd angen iddynt weithio yn eu llyfrau braslunio i ddechrau, a hefyd i arbrofi gyda'r technegau a ddewisir gennych: gellid ymarfer pwythau gwahanol, neu ddod i arfer â gweithio gyda phen ac inc.

• Pan fyddant wedi gorffen llunio gwyddor y dosbarth, gellid dod â'r holl ddosbarth ynghyd i benderfynu sut i roi'r cyfan at ei gilydd, ac i ystyried a ddylid ategu unrhyw beth arall ato (ymyl addurnedig, er enghraifft).

• Look at the alphabet by T. C. Evans. It might remind children of the ones they used to have in the infants' school. Ask them what they think of the other alphabets underneath. Do they remind them of Egyptian hieroglyphics? Ask them to look closely at the patterns and pictures around the alphabet, and try to work out their significance.

• Discuss with the class how they can design an alphabet for the infants' school. Each member of the class will have a different letter to illustrate. This project would be suitable for several media: paints and fine brushes, embroidery using cross-stitch or appliqué, or pen and ink.

• They will need to work in their sketch-books first, and will also need to experiment with whatever technique(s) you have decided on for the class: trying out some different stitches, or getting used to working with pen and ink.

• When they have finished making the class alphabet, you could involve the whole class in deciding how to put it all together and whether or not to add anything else (a decorated border, for example).

Cerdyn 17 Negeseuon

CA1
Gwneud papur; astudiaeth pastel neu ddarlunio gyda brws main ac inc

• Canolbwyntiwch ar y darlun gan Paul Peter Piech. Gellid cyflwyno'r ffaith mai o goed y gwneir papur, a chodi'r ddadl ynglŷn â datgoedwigo. At beth y defnyddiwn ni bapur? Ewch trwy ddiwrnod ym mywyd y disgyblion o'r adeg maent yn codi o'u gwelyau, a'u hannog i feddwl am sut y mae oedolion yn defnyddio papur hefyd.

• Casglwch wahanol fathau o bapur o ansawdd gwahanol, a gadael i'r disgyblion eu byseddu a'u disgrifio.

• Beth am ofyn i'r dosbarth gymryd rhan mewn prosiect gwneud papur, efallai mewn grwpiau bach. (Mae'r artist Glenys Cour yn sôn am sut mae hi'n gwneud papur ar d.36.) Gellid annog y plant i arbrofi trwy ychwanegu pethau megis pennau blodau a hadau, neu trwy liwio'r papur.

• Edrychwch eto ar lun Piech. Beth mae'r dyn yn ei wneud? Sut mae ein hwynebau'n newid wrth inni wylo?

Card 17 Messages

KS1
Paper-making; pastel study or illustration using fine brush and ink

NO ONE HAS THE RIGHT TO MaKe Me a SlaVe

Braslun rhagbaratoadol ar gyfer prosiect iawnderau dynol y Cenhedloedd Unedig gan ddisgybl CA3 Ysgol Uwchradd Bryn Offa, Wrecsam. Artist preswyl: Anya Patel.

Preliminary sketch for a United Nations human rights project by a KS3 pupil at Bryn Offa High School, Wrexham. Artist-in-residence: Anya Patel.

• Focus on the illustration by Paul Peter Piech. Introduce the fact that paper is made from trees, and raise the issue of deforestation. What are the different things we use paper for? Take pupils through their day, from when they get up, and encourage them to think about the uses adults make of paper, too.

• Collect different quality papers and let pupils handle them and describe them.

• Involve the class in a paper-making project, perhaps working in small groups. (Artist Glenys Cour gives some ideas for paper-making on p.36.) You could encourage children to experiment by adding objects such as flower heads and seeds, or by dyeing the paper.

• Now focus again on the picture by Piech. What is the man doing? How do our faces change when we cry?

• Further appropriate stimuli

- Ysgogiadau addas eraill fyddai *Scream* Munch a *Crying Woman* Picasso, os ydynt ar gael.

- Gall y plant weithio mewn parau i wneud lluniadau pastel lliw o'i gilydd. Gofynnwch i'r rhai sy'n cael tynnu eu lluniau i esgus wylo. Bydd rhaid eu hatgoffa i gadw'r un ystum ar eu hwynebau.

- Gellid dilyn yr ymarfer hwn gan astudiaeth o sut mae'r wyneb yn newid pan fo rhywun yn gwenu. Gellid awgrymu bod y plant yn cael hyd i gerdd lawen a fyddai'n cyd-fynd â wyneb llawen.

- Os bydd y papur a gynhyrchir gennych yn addas, gallai'r disgyblion gopïo eu lluniadau – yr un llawen neu'r un trist a gwneud llun ohonynt, yn ddelfrydol gan ddefnyddio brws main ac inc du neu frown neu baent.

Cerdyn 18 Pobl

CA2

Prosiect 1: Chwaraeon yr iard: lluniadu/ bwrdd-stori

- Defnyddiwch y fframwaith ar d.2 i ddadansoddi'r peintiad *Hopscotch* gan George Chapman.

- Mewn grwpiau yn iard yr ysgol neu yn y neuadd, gall y plant ymarfer y chwaraeon maent yn eu chwarae fel arfer a'u dangos i'w gilydd.

- Gofynnwch iddynt ddewis rhan o un gêm a fferru yn y sefyllfa honno am funud neu ddwy, tra bo'r lleill yn gwneud brasluniau sydyn o'r grŵp.

- Yn ôl yn yr ystafell ddosbarth, gallant gydweithio mewn grwpiau bach i gofnodi rheolau'r chwarae, ac yna i gynllunio bwrdd-stori sy'n darlunio sut mae chwarae'r gêm.

- Gellid dod ag ambell gomic i'r ysgol i'r plant gael ymgyfarwyddo â chonfensiynau'r cartŵn comic. Yna, gallant luniadu eu dilyniannau eu hunain i ddarlunio sut mae chwarae'r gêm. Gellid ychwanegu geiriau, yn ôl yr angen, naill ai fel capsiynau o dan bob lluniad neu fel swigod yn tarddu o gegau, neu'r ddau.

Prosiect 2: Collage/peintio/modelu 3-D

- Defnyddiwch y fframwaith ar d.2 i ddadansoddi *Aberfan* gan Nicholas Evans a *The Queue* gan Alfred Janes a gofyn i'r disgyblion eu cymharu: Beth sy'n wahanol a beth sy'n gyffelyb?

- Gellid gofyn iddynt roi ar bapur rai o feddyliau tebygol y bobl sydd yn y lluniau.

- Trafodwch sefyllfaoedd eraill lle nad yw pobl yn adnabod ei gilydd yn dda iawn, ond lle maent yn cael eu gwasgu at ei gilydd mewn lle cyfyng.

- Gofynnwch i'r disgyblion gasglu lluniau o bobl allan o gylchgronau a gwneud collage ohonynt, gan eu gosod yn agos at ei gilydd. Gellir gwneud peintiad o'r collage wedyn. Dywedwch wrthynt nad oes rhaid iddo fod yn gopi caeth: gallant ddefnyddio'r collage yn fan cychwyn ac ychwanegu pethau eraill os mynnant.

NEU

---

would be Munch's *Scream* and Picasso's *Crying Woman*, if available.

- Working in pairs, children can make coloured pastel drawings of each other. Ask the one who is being drawn to pretend he/she is crying, and remind them to keep making the same face.

- This exercise could be followed by a study of how the face changes when someone smiles. You could suggest that children find a happy poem that will go with the happy face.

- If the paper you have made is suitable, pupils could copy their drawings – the happy one or the sad one – and make a picture, ideally with a fine brush and black or brown ink, or with paint.

Card 18 People

KS2

Project 1: Playground games: drawing/story-boarding

- Use the framework on p.2 to analyse the painting *Hopscotch* by George Chapman.

- In groups, out in the playground or school hall, children can rehearse the games they usually play together and demonstrate them to each other.

- Ask them to select a part of the game and freeze in that position for one or two minutes while others do quick sketches of the group.

- Back in the classroom, they can work together in small groups to record the rules of the game; then plan a story-board to illustrate how the game is played.

- Bring some comics into the classroom so that children can familiarize themselves with the conventions of the comic cartoon. They can then draw their own sequences to illustrate how the game is played. Words can be added, if required, either as captions under each drawing or as bubbles coming out of mouths, or both.

Project 2: Collage/painting/3-D modelling

- Use the framework on p.2 to analyse *Aberfan* by Nicholas Evans and *The Queue* by Alfred Janes and ask pupils to compare them: What is different and what is the same?

- You could ask them to write down some of the thoughts the people in the pictures might be having.

- Discuss other situations in which people who don't know each other very well find themselves crammed together closely in a restricted space.

- Ask pupils to collect magazine pictures of people and make a collage, arranging them close together. They could then make a painting of the collage. Tell them that it does not have to be an exact copy; they can use the collage as a starting point and add other things if they wish.

OR

• Dechreuwch sesiwn o weithgarwch grŵp trwy ofyn i'r disgyblion ymgymryd â'r math o ystumiau a welir pan fydd pobl mewn ciw. Trafodwch y gwahanol fathau o deimladau all fod ganddynt wrth iddynt ymuno â'r ciw, yna wrth iddynt orfod disgwyl, a disgwyl. Dylent hefyd ystyried perthnasau corfforol pobl â'i gilydd, y gwahanol gyfeiriadau y gallant eu hwynebu, a gwahanol uchderau a safleoedd pobl.

• Gall aelodau eraill o'r dosbarth wneud brasluniau sydyn o'r plant yn y ciw.

• Gan weithio mewn grwpiau bach, gall y plant gynllunio ciw, a gwneud un o glai.

• Pan fydd pawb wedi gorffen, trafodwch y gwaith gyda'ch gilydd. Pa mor dda mae'r cerfluniau'n gweithio? Ydy'r plant yn fodlon ar eu gwaith? Fyddent yn gwneud rhywbeth yn wahanol y tro nesaf?

Cerdyn 19 Potiau
CA3
Prosiect 1: *Pots* gan Edward Povey

• Defnyddiwch y fframwaith ar d.2 i ddadansoddi'r gwaith hwn. Esboniwch fod Povey wedi peintio'r delweddau hyn ar ochr yr adeilad am eu bod yn berthnasol i'r gwaith sy'n mynd ymlaen y tu mewn iddo. Crochendy Porthmadog yw'r lle.

• Gofynnwch i'r disgyblion ystyried sut y byddent yn mynd ati i wneud rhywbeth tebyg ar un o furiau allanol yr ysgol. Gallant archwilio tir yr ysgol a dewis safleoedd posibl, a'u ffotograffu efallai mewn du a gwyn. Gellid defnyddio peiriant llungopïo i chwyddo'r ffotograffau a'u gwelwi. Gwnewch ddigon o gopïau er mwyn i bob disgybl gael delwedd o'r safle a ddewisodd.

• Naill ai mewn grwpiau neu fel dosbarth, gall y disgyblion benderfynu pa fath o ddelweddau yr hoffent eu cynnwys mewn murlun ar gyfer yr ysgol.

• Wedyn, bydd rhaid iddynt dreulio dipyn o amser yn lluniadu ar sail arsylwi o gwmpas yr ysgol. Gellir rhannu syniadau ymysg grwpiau o dri neu bedwar, neu gall y disgyblion weithio ar wahân. Gallant ddefnyddio eu llyfrau braslunio i gynllunio sut i osod gwahanol ddelweddau ynghyd. Hefyd gallant edrych ar waith Povey unwaith eto i gael syniadau ynglŷn â threfnu'r

Disgybl o Ysgol Gyfun y Betws, Casnewydd, yn gwneud tebot. Artist preswyl: Morgen Hall

A pupil from Bettws Comprehensive School, Newport, making a teapot as part of a residency project with artist Morgen Hall.

• Start a group-work session by asking pupils to adopt the sort of poses people might take up while standing in a queue. Discuss the different kinds of feelings they might have, as they join the queue, and then as time passes. They should think about people's physical relationships to each other, the different directions they might face and different heights and positions.

• Other members of the class can make quick sketches of the children in the queue.

• Working in small groups, children can plan and make a queue of people out of clay.

• When everyone has finished, discuss the work together. How well do the sculptures work? Are pupils pleased with the results? Would they do anything differently next time?

Card 19 Pots
KS3
Project 1: *Pots* by Edward Povey

• Analyse this work using the framework on p.2. Point out that Povey has painted images on the side of this building which relate to the work that goes on inside. It is at Porthmadog Pottery.

• Ask pupils to consider how they would go about doing a similar thing on an outer wall of their school. They can explore the school grounds and decide on a number of possible sites, then photograph them with black and white film. Using a photocopier, the photographs can be enlarged and made fainter. Make enough copies so that every pupil has an image of the site he/she has chosen.

• Either in groups or as a class, pupils can decide on the sort of images they would include on a mural for the school.

• They will then need to spend a considerable amount of time drawing from observation around the school. Ideas could be pooled amongst groups of three or four, or pupils could work separately. They can use sketch-books to plan how they can put different images together. They can look back to Povey's work for ideas of how images can be arranged, how they can use overlapping

delweddau, a sut y gellid defnyddio graddfeydd gorgyffyrddol a chyfnewidiol i greu effaith led-swrreal.

• Yna, gall pob disgybl drosglwyddo ei (d)dyluniad i'r llungopi o'r safle a ddewiswyd ganddynt.

• Arddangoswch y dyluniadau hyn mewn lle amlwg a gofyn i'r dosbarth ofyn barn disgyblion eraill amdanynt. Gofynnwch i ddisgyblion eich dosbarth chi pa ddyluniadau sydd fwyaf llwyddiannus yn eu tyb nhw, a pham.

Prosiect 2: *Dinner Table* gan Morgen Hall

• Gall y disgyblion luniadu rhai o'r platiau hyn; yna, addasu rhai ohonynt i ddylunio a gwneud eu platiau'u hunain.

• Trafodwch fanteision ac anfanteision tsieni fel hwn, o ran dyluniad a dibenolrwydd.

• Gofynnwch i'r disgyblion ddylunio ystafell fwyta lle byddai'r bwrdd a'r tsieni a'r cytleri hyn yn addas. Bydd rhaid hefyd wrth gadeiriau sy'n cydweddu. Gall y disgyblion wneud nodiadau yn eu llyfrau braslunio am y math o bobl y byddent yn eu dychmygu yn defnyddio ystafell o'r fath, a lle y byddai'r bobl hyn yn byw.

Cerdyn 20 Storïau
CA1
Darlunio: print neu luniad lliw

• Paratowch y plant trwy adrodd rhai chwedlau gwerin Cymreig wrthynt; os bosibl, o leiaf un neu ddwy o'r rhai sydd ar y cerdyn. (Cewch hyd i wybodaeth gefndirol yn adran 'Artistiaid a'u gwaith' y llyfr hwn.) Anogwch y plant i graffu ar y darluniau yn rhai o'r llyfrau storïau sy'n gyfarwydd iddynt yn y dosbarth. Holwch pa rai sydd orau ganddynt a pham; ewch ymhellach er mwyn eu cael i sylwi ar y gwahaniaethau o ran arddull darlunio yn y gwahanol lyfrau – rhai'n realaidd, rhai'n arddulliedig, rhai'n fanwl, rhai'n frasluniol, ac ati. Gofynnwch iddynt pam fod angen darlunio llyfrau.

• Edrychwch ar Gerdyn 20 a thrafod beth sydd i'w weld ymhob llun. Gall y plant weithio mewn grwpiau, a gall pob grŵp ddewis llun a, chyda'ch cymorth chi, geisio dirnad pa stori sydd y tu ôl iddo. Gellir ethol un aelod o'r grŵp i adrodd y stori wrth weddill y dosbarth.

• Gofynnwch iddynt ddewis stori arall sy'n gyfarwydd iddynt i gyd. Efallai mai un o'r rhai sydd ar y cerdyn fydd hi; efallai chwedl leol; efallai stori dylwyth teg.

• Gofynnwch iddynt ddewis y rhan o'r stori yr hoffent ei darlunio. Gallant arbrofi gyda'u syniadau mewn pensil.

• Gall y brasluniau rhagbaratoadol hyn fod yn sail ar gyfer creu printiau (gan ddefnyddio defnydd polystyren neu dechneg monoprintio), neu gellir eu hail-luniadu â phensiliau neu farcwyr lliw. Anogwch y plant i roi

and changing scales to give slightly surrealist effects.

• Next, each pupil can transfer his/her design to the photocopy of the school site they have chosen.

• Display these designs in a prominent place and ask your class to solicit the opinions of others in the school. Ask pupils in your class which designs they think are the most successful, and why.

Project 2: *Dinner Table* by Morgen Hall

• Pupils could make drawings of these plates; then, they could adapt some of them and design and make their own plates.

• Discuss the advantages and disadvantages of china such as this, in terms of design and function.

• Ask pupils to design a dining room in which this table and its china and cutlery would not look out of place. It will also need some corresponding chairs. They could make notes in their sketch-books about the sort of people they imagine would use it, and where they might live.

Card 20 Stories
KS1
Illustration: print or coloured drawing

• Prepare children by telling them some Welsh folk stories; if possible, at least one or two of the ones illustrated on the card. (You will find some background information in the 'Artists and their work' section of this book.) Encourage them to look closely at illustrations in some of the story books they are familiar with in the classroom. Ask them which they like best and why; deepen the questioning so that they notice differences in styles of illustrations in these books – some realistic, some stylized, some detailed, some sketchy, etc. Ask them why we need illustrations in books.

• Look at Card 20 and discuss what can be seen in each picture. Children can work in groups. Each group can choose a picture and (with your help) try to work out the story behind the picture. They can elect one member of the group to tell the story to the rest of the class.

• Ask them to choose another story that they all know very well. It may be one that is on the card; it may be a local folk legend; it may be a fairy story.

• Ask them to decide on the part of the story that they would each like to illustrate. They can try out some ideas in pencil.

• These preliminary sketches can then be used as a basis for making prints (using polystyrene printing material or a monoprint technique) or they can be re-drawn using coloured pencils or markers.

21

cymaint o fanylion ag sy'n bosibl yn y lluniau, er mwyn i bob un ohonynt adrodd stori.

• Gellir mynd yn ôl at y cerdyn, efallai at luniad David Jones, a phenderfynu a oes rhywbeth arall yr hoffent ei roi yn eu darluniau.

• Pan fydd y dosbarth cyfan wedi gorffen y gwaith, gofynnwch iddynt edrych ar waith pawb arall cyn mynd yn ôl at eu gwaith eu hunain:

Oes rhywbeth yr hoffech chi ei ychwanegu?

• Gellid naill ai arddangos yr holl ddarluniau mewn dilyniant, neu lunio llyfr ohonynt. Gall pob plentyn ysgrifennu darn o stori i fynd gyda'u darluniau eu hunain.

Cerdyn 21 Symudiad
CA2
Gwaith mynegiadol gyda chlai

• Rhannwch y dosbarth yn bedwar grŵp gallu cymysg, a gofyn i bob un archwilio un o'r lluniau ar y cerdyn, gan ddefnyddio'r fframwaith ar d.2. Gofynnwch iddynt wneud nodiadau am eu hymateb yn eu llyfrau gwaith.

• Dylai pob grŵp geisio gweithio allan pam mae eu llun nhw wedi'i gynnwys ar y cerdyn dan y teitl 'Symudiad'. Gall pob grŵp ethol un aelod i sôn am eu syniadau wrth y dosbarth.

• Rhowch belen o glai meddal i bob disgybl a gofyn iddynt gau eu llygaid ac archwilio ei nodweddion synhwyraidd. Efallai y gellid gofyn iddynt feddwl am eiriau i fynegi eu teimladau wrth iddynt wneud hyn.

• Wrth iddynt weithio gyda'r clai, gallant ei lunio i siapiau sy'n mynegi teimlad arbennig. Gall y siapiau fod yn hollol haniaethol neu'n rhai ffigurol.

• Pan fydd pawb wedi gorffen, edrychwch ar yr holl waith a'i drafod gyda'ch gilydd. Tynnwch sylw at *Head of Man* gan Michael Flynn, a sut mae'r cerflunydd wedi llwyddo i gyfleu'r ymdeimlad o symud yn y cyfrwng arbennig hwn.

• Bellach, gall pob disgybl luniadu eu model o nifer o onglau a disgrifio'r teimladau sydd ymhlyg ynddo.

Encourage them to put in as much detail as possible, so that each picture tells a story.

• They can then look back to the card, perhaps at David Jones's drawing, and decide if there is anything they would like to add to their own work.

• When all the class has finished, ask pupils to have a good look at everyone's work before going back to their own:

Is there anything you would like to add?

• You could either display all drawings in sequence, or make books. Children could each write a narrative for their picture.

Card 21 Movement
KS2
Expressive work with clay

• Divide the class into four mixed-ability groups and ask each group to examine one of the pictures on the card, using the framework on p.2. Ask them to make notes of their responses in their work-books.

• Each group should try to work out why their picture is included on the card entitled 'Movement'. Groups can elect one member to tell the rest of the class about their ideas.

• Give each pupil a ball of soft clay each and ask them to close their eyes and explore its sensory qualities. You may like to ask them to think of words to describe their feelings as they do this.

• As they work with the clay, they can fashion it into shapes that convey particular moods. The shapes can be entirely abstract, or they can be figurative.

• When everyone has finished, look at all the work together and discuss it. Draw their attention to *Head of Man* by Michael Flynn, and to how the sculptor has successfully conveyed the feeling of movement in this particular medium.

• Each pupil can now draw his/her model from different angles and describe the feeling it embodies.

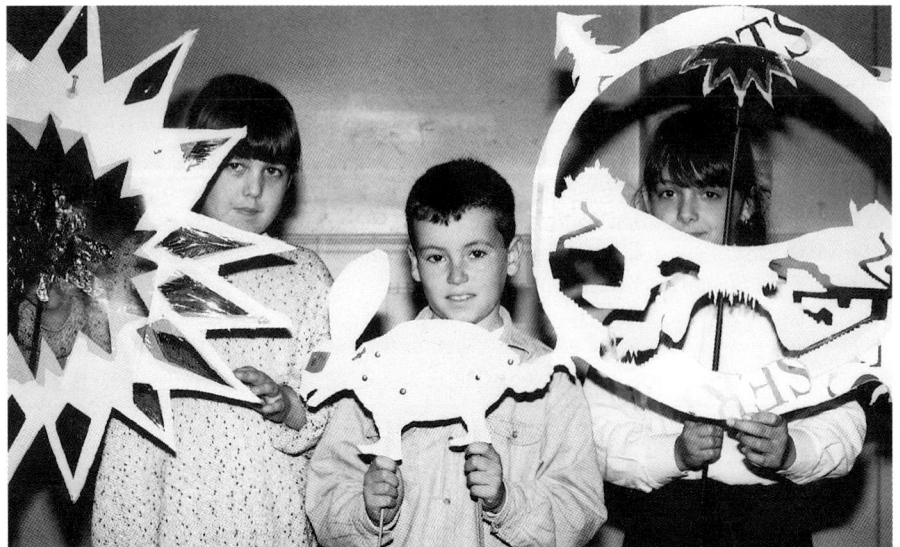

Pypedau pren a chanddynt aelodau symudol a wnaed gan ddisgyblion CA2 Ysgol Iau Herbert Thompson, Caerdydd, gyda chymorth Small World Theatre.

Stick puppets with moving limbs made by KS2 pupils at Herbert Thompson Junior School, Cardiff, with help from Small World Theatre.

Cerdyn 22 Te

CA2
Prosiect 3-D (ceramig neu papier mâché)

• Trafodwch y syniad o fwyd amser te, a gofyn a yw'r plant a'u teuluoedd yn arfer y confensiwn o gael te yn y prynhawn. Defnyddiwch y ffotograffau sydd ar y cerdyn fel cymorth i ysgogi'r ymdeimlad o ddefod ac awyrgylch.

• Trafodwch beth sy'n gwneud patrwm, a gofynnwch am enghreifftiau y gellir eu gweld yn yr ysgol. Gofynnwch i'r disgyblion gasglu patrymau yn eu llyfrau braslunio o du mewn ac o amgylch yr ysgol.

• Trafodwch y patrymau a gasglwyd. Beth yw'r prif elfennau (siapiau, lliwiau, dotiau, llinellau, ac ati)? Gofynnwch i'r disgyblion ddyfeisio patrymau yn eu llyfrau braslunio gan ddefnyddio pennau neu greonau.

• Edrychwch ar y patrwm ar y tsieni a ddarlunnir ar Gerdyn 22. Holwch pa un sydd orau gan y disgyblion.

• Gellid gwneud casgliad o dsieni sydd â phatrymau gwahanol a'i arddangos yn yr ystafell ddosbarth. Dan oruchwyliaeth, gadewch i'r plant gyffwrdd y darnau a'u byseddu, gan eu hannog i ddisgrifio sut maent yn teimlo a pha lestri fyddai brafiaf eu defnyddio.

NEU

• Gellid mynd â'r plant i oriel gelf neu amgueddfa i weld casgliad o dsieni.

• Yn eu llyfrau braslunio gall y disgyblion luniadu rhannau o'r patrymau a welir yno. Defnyddiwch ffrâm archwilio i gynorthwyo'r dewis. Gall y plant gasglu gwybodaeth ysgrifenedig os yw ar gael yn yr amgueddfa.

• Mae'r cam terfynol yn y prosiect hwn yn golygu cynllunio patrymau a pheintio ar fowliau neu blatiau. Gellir dewis gwneud y llestri mewn naill ai cerameg neu papier mâché, neu brynu rhai papur masnachol plaen.

• Gall y disgyblion gynllunio yn eu llyfrau braslunio ddyluniad y gallant ei beintio neu ei luniadu â phennau ffelt lliw.

• Os defnyddir patrymau blodeuog, bydd angen iddynt wneud gwaith ymchwilio yn eu llyfrau braslunio, naill ai ar sail lluniadau botanegol o gyfeirlyfrau neu drwy sylwi'n uniongyrchol ar blanhigion a blodau.

Noder: Seilir y syniadau hyn ar waith gan Nigel Meager.

Card 22 Tea

KS2
3-D project (ceramic or papier mâché)

• Discuss the notion of taking tea and whether children or their families still observe the convention of tea-time. Use the photographs on the card to help invoke the feeling of ritual and atmosphere.

• Discuss what constitutes a pattern, asking for examples that can be seen in the school. Ask pupils to use their sketch-books to collect patterns from in and around the school.

• Discuss the patterns that have been collected. What are the main components (shapes, colours, dots, lines, etc.)? Ask pupils to devise patterns of their own in their sketch-books, using coloured pens or crayons.

• Look at the patterns on the china illustrated on Card 22. Ask which ones pupils prefer.

• You might make a collection of china with different patterns and display it in the classroom. Under supervision, let children handle and discuss, encouraging them to describe how it feels and which they think might be the nicest to use.

OR

• You could take children to a gallery or museum to see items of china.

• Using their sketch-books, they could draw sections of the patterns which they see on the china. Use viewfinders to help to select. They could add written information, if available at the museum.

• The final stage of this project involves planning patterns and painting onto bowls or plates. You could choose whether you want the class to make ceramic bowls or plates, or papier mâché ones, or whether you want to use commercially made plain paper plates.

• In their sketch-books, pupils can plan a design which they will either paint or draw on with coloured felt pens.

• If they are to use floral patterns, they will need to do investigative work in their sketch-books, either from botanical drawings in reference books or from direct observation of plants and flowers.

Note: These ideas are based on work by Nigel Meager.

Mygiau wedi'u haddurno ag enamel. Fe'u gwnaed gan ddisgyblion Ysgol Gyfun y Betws, Casnewydd (gweler t.109)

Enamel-decorated mugs made by pupils from Bettws Comprehensive School, Newport (see p.109).

23

Dyluniad ffabrig gan ddisgyblion CA4 Ysgol Gyfun Gŵyr, Abertawe, ar ôl trip braslunio i'r Plantasia yn y ddinas. Athrawes: Shân Samuel Thomas.

Fabric design by KS4 pupils from Ysgol Gŵyr, Swansea made after a sketching trip to the Plantasia. Teacher: Shân Samuel Thomas.

Cerdyn 23 Tecstilau
CA1
Prosiect 1: Ffabrig: patrymau a phrintiau

• Gellid defnyddio'r canlynol i ysgogi trafodaeth: Beth yw patrwm? Allwch chi weld patrwm rhywle yn yr ystafell? Ydych chi'n gwisgo patrwm? Ewch allan i'r iard chwarae a gweld faint o batrymau a welwch.

• Gellid gofyn i'r disgyblion ffotograffu'r patrymau a'u lluniadu yn eu llyfrau braslunio.

• Gall y disgyblion naill ai gwneud casgliad o batrymau fel dosbarth cyfan neu rai unigol yn eu llyfrau eu hunain. Gallant chwilio am batrymau mewn cylchgronau a phapurau newydd; ar ffabrigau, papur wal neu bapur lapio, er enghraifft.

• Edrychwch ar y dyluniadau gan Cefyn Burgess a Laura Ashley ar Gerdyn 23. Tynnwch sylw'r plant i'r ffaith fod y patrymau i gyd yn rhai sy'n ailadrodd eu hunain. Gwnaed y dyluniadau gan Burgess yn arbennig ar gyfer Castell Cyfarthfa. Gofynnwch i'r plant o ble maent yn tybio y daeth ei syniadau. Ar gyfer pwy y dyluniodd Laura Ashley ei ffabrigau? Yn eu tyb nhw, o ble y cafodd hi ei syniadau ar gyfer y patrymau hyn?

• Gofynnwch i'r disgyblion ddewis patrwm o blith y rhai a gasglwyd a gwneud print ohono ar ryw ffabrig, gan ddefnyddio naill ai polystyren neu gerdyn. Gall fod yn syniad da i'r plant weithio mewn parau i wneud hyn.
NEU

• Gall y plant wneud patrwm gan ddefnyddio creonau ffabrig y gellir eu smwddio. Gellir gwneud gwaith pellach ar ben y patrymau hyn, gan ychwanegu rhai pwythau syml er mwyn cyfoethogi'r patrwm.

• Edrychwch ar waith Eleri Mills ar Gerdyn 23, a thynnwch sylw at sut y defnyddiodd bwythau er mwyn

Card 23 Textiles
KS1
Project 1: Fabric: patterns and prints

• You could start a discussion with the following: What is a pattern? Can you see any patterns in the classroom? Are you wearing patterns? Go out into the playground and see how many patterns you can spot.

• You might ask pupils to take photographs of patterns and draw them in their sketch-books.

• Pupils could either make a class collection of patterns, or they could each make a personal collection in individual sketch-books. They could look for patterns in magazines and newspapers; on fabrics, wallpaper and wrapping paper, for example.

• Look at the designs by Cefyn Burgess and Laura Ashley on Card 23. Draw the children's attention to the fact that they are all repeating patterns. The designs by Burgess were done especially for Cyfarthfa Castle. Ask children where they think his ideas came from. For whom did Laura Ashley design her fabrics? Where do you think she got the ideas for these patterns?

• Ask pupils to choose a pattern from all the ones collected and make a print, using either polystyrene or card on some fabric. It might be a good idea for children to work in pairs.
OR

• Children could make a pattern using fabric crayons that can be ironed on. They can do further work on top of these patterns, adding some simple stitches to make the design more interesting.

• Look at the work of Eleri Mills on Card 23. Draw attention to the way in which she has used stitches

rhoi mwy o fanylion yn ei llun ffabrig. Atgoffwch y plant, am eu bod yn creu patrwm yn hytrach na llun, y bydd angen ail-wneud y patrwm pwythau ar bob motiff.

• Edrychwch ar yr holl waith gyda'ch gilydd. Gellid gofyn y canlynol:

Ble yn eich ysgol y gellid defnyddio'r gwahanol ffabrigau, ac i ba bwrpas? Allwch chi feddwl am rywbeth i'w wneud allan o'ch darn chi o ffabrig?

Prosiect 2: Prosiect gwehyddu aml-synhwyraidd ar gyfer plant sydd ag anghenion arbennig a CA1

• Astudiwch y lluniau o ffabrigau gweëdig a thrafod sut y cawsant eu gwneud.

• Gan ddefnyddio casgliad o ffabrigau â chanddynt batrymau, lliwiau a gweadau gwahanol – e.e. melfed, glaswellt y siop ffrwythau, rhwydlenni, ffabrig ffwr, gwlân, gwlân cotwm, raffia, plastig popio, tinsel, ac ati – anogwch y plant i archwilio, dosrannu a chasglu'r rhai sydd orau ganddynt.

• Gellir helpu'r plant i archwilio'r gwahanol weadau, er enghraifft, trwy ofyn iddynt gau eu llygaid tra bod rhywun yn rhoi defnydd yn erbyn eu bochau neu freichiau. Anogwch nhw i gymharu'r garw â'r llyfn, y sgleiniog â'r pŵl, ac ati.

• Gofynnwch iddynt edrych ar ystof ac anwe'r gwahanol ffabrigau, ac o bosibl eu teimlo; i rwygo darn o bapur a rhwygo darn o ffabrig – beth yw'r gwahaniaeth o ran teimlad? Gofynnwch i'r plant rwygo stribedi allan o'u casgliad, a theimlo, gwrando a gwylio'r ffibrau'n rhwygo ac ymrannu.

• Gall y plant ddefnyddio'r stribedi hyn i wehyddu, gan weithio mewn parau. Gellid gwneud gwŷdd syml allan o ddarn o gerdyn 75 x 45 cm. Torrwch bum neu chwe hicyn ymhob pen iddo a gosod llinynnau yn y rhigolau, gan eu weindio o gylch ac amgylch, gan orffen ar gefn y cerdyn.

• I ddechrau, o leiaf, bydd angen cymorth ar y plant i wehyddu'r stribedi o ddefnydd. Defnyddiwch y geiriau 'i fyny ac i lawr', 'mewn ac allan' neu 'mewn a mas', yn rhythmig, er mwyn darlunio'r broses.

• Gellid trefnu ymweliad â melin wlân weithredol yn rhywle megis Amgueddfa Werin Cymru yn Sain Ffagan neu Amgueddfa'r Diwydiant Gwlân yn Nhrefach Felindre, neu gellid mynd i Amgueddfa Diwydiant a Môr Abertawe i weld troelli a gwehyddu ar offer a ddefnyddiwyd yn ystod y Chwyldro Diwydiannol. Mae hwn yn brofiad amlsynhwyraidd rhyfeddol: arogl gwlân oeliog, y cerwynau o wahanol liwyddion llachar a thrwstan rhythmig y peiriannau.

Noder: Cynigiwyd Prosiect 2 gan Claire Hobson

to put more detail into her fabric picture. Remind children that, because they are making a pattern, rather than a picture, they will need to repeat the stitch patterns on each motif.

• Look at the work all together. You could ask the following:

Where in your school could the different fabrics be used, and for what purpose? Can you think of something you could make out of your piece of fabric?

Project 2: A multi-sensory weaving project suitable for children with special needs and KS1

• Study the pictures of woven fabrics and discuss how they are made.

• Using a collection of fabrics with a variety of patterns, colours and textures – e.g., velvet, greengrocers' grass, net curtains, fur fabric, wool, cotton wool, raffia, popping plastic, tinsel, etc. – encourage children to investigate, sort and make collections of the ones they like best.

• Enable the children to explore the different textures by, for instance, asking them to stroke them over each other's cheeks or arms whilst keeping their eyes closed. Encourage them to contrast rough with smooth, shiny with matt, and so on.

• Ask them to look at and/or feel the warp and weft of different fabrics; to tear some paper, tear some cloth – how do they differ? Ask children to rip up strips from their collections and to feel, listen to and watch the fibres ripping and fraying.

• Children can then use these strips for weaving, working in pairs. You can make a simple loom with a piece of card 75 x 45 cm. Cut five or six indentations at each end and fix string into the grooves, winding it around and around, and finishing at the back.

• Initially, at least, children will need some help in weaving their strips of material. Use the words 'up and down', 'in and out', rhythmically to illustrate the process.

• You could arrange a visit to a working weaver at places like the Museum of Welsh Life (St Fagans) or the Museum of the Welsh Woollen Industry (Drefach Felindre), or you could go to Swansea Industrial and Maritime Museum to see spinning and weaving on machinery used during the Industrial Revolution. This is a particularly wonderful multi-sensory experience: the smell of oily wool, the brightly coloured vats of dye and the deafening rhythms of the machinery.

Note: Project 2 was provided by Claire Hobson

25

CA3

Prosiect 1: *Breadwinner* **gan Harry Holland**

- Gall y disgyblion ddefnyddio'r fframwaith ar d.2 er mwyn dadansoddi'r peintiad hwn, a gwneud nodiadau yn eu llyfrau gwaith neu fraslunio.

- Gofynnwch iddynt wneud copi gweddol ofalus o'r peintiad, yn defnyddio pensil a llinell yn unig, gan geisio gadw'r cymesuredd a'r cyfansoddiad mor gywir ag sy'n bosibl. Nid oes rhaid i hyn fod ar raddfa fawr iawn.

- Trafodwch y cwestiwn o beth allai fod yn y blwch. Dylai'r disgyblion chwilio am awgrymiadau neu gliwiau yn y llun. Pa fath o hwyliau a gyfleir gan olwg y pâr? *Ydyn* nhw'n bâr? Beth yw'r patrwm ar wisg y ddynes? Beth all fod mewn blwch o'r maint a'r siâp yna?

- Gall y disgyblion, wedyn, gynllunio a chreu peintiad yn darlunio beth sy'n digwydd nesaf, fel cynllun stori ar gyfer ffilm, gan gopïo arddull peintio a lliwiau Harry Holland mor agos â phosibl yn yr ail beintiad.

Prosiect 2: *Welcome to my Room* **gan Dave Daggers**

- Dechreuwch trwy ofyn i'r disgyblion wneud nodiadau yn eu llyfrau gwaith neu fraslunio mewn ymateb i'r fframwaith ar d.2. Sut cafodd y llun hwn ei wneud a beth yw ei ystyr? Pa fath o deimladau mae'n eu hennyn ynoch? Pa fath o awyrgylch sydd ynddo?

KS3

Project 1: *Breadwinner* **by Harry Holland**

- Pupils can use the framework on p.2 to analyse this painting and make notes in their work-books/sketch-books.

- Ask them to make a fairly careful copy of the painting, using a pencil and line only, trying to get the proportions and the composition as accurate as possible. This need not be on a very large scale.

- Discuss the question of what might be in the box. Pupils should search for clues in the picture. What is the mood conveyed by the couple's expressions? Are they a couple? What is the pattern on the woman's dress? What could be in a box that size and that shape?

- Pupils could then plan and make a painting which illustrates the next thing that happens, like a story-board for a movie, copying Harry Holland's style of painting and the colours he uses as closely as possible in the second painting.

Project 2: *Welcome to my Room* **by Dave Daggers**

- Begin by asking pupils to make notes in sketch-books/work-books in response to the framework on p.2. How has this picture been made and what do you think it means? What kind of feelings does

Gwaith disgyblion a gynhyrchwyd yn ystod prosiect hunanbortreadu gyda'r ffotograffydd Dave Daggers (gweler t.111).

Pupils' work produced during a self-portrait project with photographer Dave Daggers (see p.111).

Ceisiwch ddarganfod yr union eiriau i fynegi eich syniadau.

• Dwy ffordd bosibl ichi ddefnyddio hyn fel man cychwyn yw:

– Gall y disgyblion wneud rhai lluniadau gofalus ar sail hunanbortread ac ar ôl arsylwi ar eu hystafelloedd eu hunain. Gallant arbrofi gyda delweddau a chyfansoddi, gan ddefnyddio'r lliwiau sy'n adlewyrchu orau sut deimladau sydd ganddynt ynglŷn â'r ystafell, cyn rhoi'r cyfan at ei gilydd i wneud peintiad gorffenedig.

NEU

– Gall y disgyblion adeiladu amgylchfyd caeëdig trwy ddefnyddio blwch, ac unrhyw ddefnydd addas. Bydd rhaid iddynt greu rhyw fath o awyrgylch. Gellid defnyddio hen ddol Cindy neu Action Man, wedi'u peintio i gyd-fynd â'r ystafell. Yna gallant ei ffotograffu, gan arbrofi gyda'r golau – cyfeiriad y goleuo a hefyd golau lliw.

it evoke? What is its mood? Try and find the right words to express your thoughts.

• Two possible ways in which you could use this as a starting point are as follows:

– Pupils could do some carefully observed drawings of their own room and a self-portrait. They can experiment with images and composition, using colours that best reflect how they feel about the room and put them together to make a finished painting.

OR

– Pupils could construct an enclosed environment using a box, and any appropriate material. They will need to create some kind of mood or atmosphere. An old Cindy doll or Action man could be added, painted to correspond with the room. Then they can photograph it, experimenting with lighting – direction of the light and also coloured light.

Defnyddiau llinol wedi'u trin mewn nifer o ffyrdd i adeiladu creaduriaid ysgerbydol gan ddisgyblion CA2 Ysgol Gynradd y Glais, Abertawe. Artist preswyl: Lynne Bebb. Trefnwyd y prosiect gan Oriel Gelf Glynn Vivian.

Linear material used in a variety of ways to construct skeletal creatures, made by KS2 pupils at Glais Primary, Swansea. Artist-in-residence: Lynne Bebb. Project organized by the Glynn Vivian Art Gallery.

YR ARTISTIAID A'U GWAITH
THE ARTISTS AND THEIR WORK

Rhestrir yr artistiaid yn nhrefn yr wyddor. Pan fo'r artist yn anhysbys (er enghraifft, Cerdyn 5 'Celfyddyd Geltaidd'), rhoddir manylion ar ddiwedd yr adran hon (tt.96–9).

Dim ond lleoliad gweithiau sydd mewn casgliadau cyhoeddus a roddir yma; ond sylwer nad ydynt o anghenraid yn cael eu harddangos drwy'r amser.

LAURA ASHLEY

Ganed Laura Ashley (1925–85) yn Nowlais, Merthyr Tudful. Agorodd ei siop gyntaf gyda'i gŵr, Bernard, yn Llundain yn 1968; erbyn hynny roedd hi eisoes wrthi'n datblygu ei syniadau am amrywiaeth o ffabrigau ar gyfer y tŷ, a'r rheini i gyd yn cydweddu. Roedd yr olwg Laura Ashley wreiddiol yn y 1960au – printiau blodeuog bychain, a gwisgoedd llaes rhamantus Fictoriaidd eu naws – yn seiliedig ar ei chariad tuag at gefn gwlad Prydain. Roedd hi'n gasglwr brwd o bethau fel hen ffabrigau a les, posteri theatrau cerdd, darnau o borslen, cerameg a llyfrau, gan fynnu mai ei hunig ddiddordeb oedd 'ailagor llygaid pobl i'r hyn roedden nhw wedi'i anghofio'. Pan fu farw yn 1985, roedd gan y cwmni siopau ledled Ewrop, Gogledd America ac Awstralia, ond yng Ngharno, Powys mae pencadlys cynhyrchu'r cwmni ers y dechrau.

13⁴
ORCHARD PRINT
1995, print ar gotwm
'Dyma'r celfwaith ar gyfer *Orchard Print in Multi Duck Egg*,' medd y dylunydd ffabrigau, Brian Jones. 'Pan ddechreuwn ni drafod yn frwd, fe gaiff pob math o syniadau a thoriadau (lluniau wedi'u torri o gylchgronau) eu taflu o gwmpas, a rydyn ni'n rhoi'r cyfan ar fwrdd er mwyn gweld sut maen nhw'n edrych gyda'i gilydd. Wedyn fe fyddwn yn chwynnu, ddarn wrth ddarn, nes ein bod ni'n hollol hapus gyda'r dyluniad neu gasgliad o ddyluniadau. Gellir newid hen ddyluniad mewn maint, a gall y lliwiau gael eu newid i roi iddo olwg arbennig Laura Ashley, tra'n dal i gadw naws y gwreiddiol. Fe gaiff pob elfen o'r dyluniad ei lluniadu ar wahân, gan ddefnyddio pa gyfrwng bynnag a ystyrir fwyaf addas: dyfrliw, gouache, olew, paent poster neu bensil, pastel neu inc. Wedyn gellir copïo'r gwahanol elfennau, eu gwneud yn fwy neu'n llai, gan ddefnyddio offer hollol sylfaenol fel ffotogopiwyr neu asetynnau. Pan fydd y dylunydd yn bodloni ar y

LAURA ASHLEY

Artists are listed below in alphabetical order. Where the artist is unknown (for example, on Card 5, 'Celtic Art'), information is given at the end of this section (pp.96–9).

Details of location are given only for works held in public collections; but note that they are not necessarily always on display.

Laura Ashley (1925–85) was born in Dowlais, Merthyr Tydfil. She opened her first shop with her husband Bernard in London in 1968 – by which time she was developing her idea of a matching range of household fabrics. The original Laura Ashley look in the 1960s – tiny floral prints, romantic and long Victorian-inspired dresses – was based on her love of the British countryside. She was a great collector of items such as old fabric and lace, music-hall posters, porcelain figures, ceramics and books, saying that she was 'only interested in re-opening people's eyes to what they had forgotten'. When she died in 1985, the company had shops all over Europe, North America and Australia but the company's manufacturing headquarters have always been in Carno, Powys.

13⁴
ORCHARD PRINT
1995, print on cotton
'This is the artwork for *Orchard Print in Multi Duck Egg*,' says fabric designer Brian Jones. 'Once we start to brainstorm we come up with lots of ideas and 'tears' (pictures torn out of magazines) and we put them together on a board so we can see how the whole thing looks together. Then we whittle it down bit by bit until we get a design or a collection of designs which we are happy with. An old design can be altered in size and colours changed to give the print the distinctive Laura Ashley "handwriting" while still retaining the "feel" of the original design. Each element of the design is drawn separately using whichever medium is considered most appropriate – it could be water-colour, gouache, oil, poster paint or pencil, pastel or ink. The elements can then be copied, enlarged or reduced – using basic equipment such as photocopiers or acetate sheets. Once the designer is happy with the work, it is painted onto

gwaith, fe gaiff ei beintio ar bapur, ac yna ei sganio i system CAD (dylunio trwy gymorth cyfrifiadur) lle gellir arbrofi gyda gwahanol liwiau a gweld am y tro cyntaf union effaith ailadrodd y patrwm. Ar ôl cwblhau'r cam hwn, fe gynhyrchir dalen ffilm 'bositif' o bob un o'r lliwiau (neu wahaniad lliw) gan y system CAD, ac yna fe ddefnyddir hon i wneud sgrin brintio 'negatif'. Yna gosodir y sgriniau ar y printiwr cylchdro; gellir defnyddio hyd at ddwsin o liwiau/sgriniau yr un pryd.'

13⁵

EAU DE NIL FLORAL DRESS
1995, print ar gotwm
Hyd yn oed heddiw, mae'n rhaid i gynlluniau newydd ymgorffori'r olwg neu'r stamp Ashley nodweddiadol. Dechreuodd Laura Ashley trwy ddylunio a chynhyrchu ffabrigau, ac mae hyn yn dal yn rhan ganolog o waith y cwmni. 'Bob tymor wrth ddechrau ar gasgliad newydd daw pawb ynghyd i wyntyllu syniadau newydd,' medd Brian Jones, a ymunodd â'r cwmni dros ugain mlynedd yn ôl ac sy'n gweithio yn awr fel dylunydd printiau yng nghanolbarth Cymru. 'Yn y cyfarfodydd hyn rydyn ni'n ceisio rhagweld pa liwiau a ffasiynau y dylen ni fod yn eu trin. I helpu gyda hyn, mae dylunwyr yn teithio i ffeiriau masnachol er mwyn gweld pa liwiau sy'n debygol o fod yn boblogaidd yn y tymor dan sylw.'

23⁵

POPPY MEADOW
1995, print ar gotwm
'Fe ddechreuodd Laura Ashley trwy brintio llieiniau sychu llestri ar ford ei chegin. Heddiw mae'r ffatri, Texplan, yn cynhyrchu rhyw chwe miliwn metr o ffabrig dillad a dodrefn bob blwyddyn, a rhyw ddwy filiwn rholyn o bapur wal. Er bod technoleg newydd wedi hwyluso llawer iawn ar y broses rhwng dylunio a phrintio, a bod maint y gwaith wedi cynyddu'n enfawr, mae'r llwybr rhwng y syniad a'r print yn ddigon tebyg i beth oedd ddeugain mlynedd yn ôl.'

Her Wobr Ddylunio Laura Ashley

Er 1992, mae Laura Ashley ac Awdurdod Addysg Powys yn trefnu Her Wobr Ddylunio Laura Ashley gyda chefnogaeth Bwrdd Datblygu Cymru Wledig. Sefydlwyd y Wobr er mwyn meithrin golwg eang ar y broses o ddylunio, ac i hyrwyddo ymwybyddiaeth o ddylunio trwy ddod ag ysgolion a'r diwydiant ffasiwn ynghyd. Bob blwyddyn caiff disgyblion ysgolion uwchradd Powys eu herio i ddylunio a chynhyrchu gwisg gyflawn ar gyfer rhywun yn ei (h)arddegau, a chaiff y rhain wedyn eu beirniadu gan banel sy'n cynnwys cynrychiolwyr o raglenni teledu *The Clothes Show* (BBC) a *Ffei* (S4C).

paper and then scanned into the Computer Aided Design (CAD) system where different colourways can be tried out and the effect of the pattern repeat can be seen properly for the first time. Once this stage is completed, a "positive" sheet of film for each colour (or colour separation) is produced by the CAD system and this is then used to make the "negative" printing screen. The screens are then fitted to the rotary printer, up to twelve colours/screens can be used at a time.'

13⁵

EAU DE NIL FLORAL DRESS
1995, print on cotton
Even today, new designs have to incorporate that Ashley look or 'signature'. Laura Ashley started by designing and producing fabrics and this work has remained a central part of the company's activities. 'At the beginning of work on each season's collection there is a meeting to generate new ideas', says Brian Jones, who joined the company more than twenty years ago and now works as a print designer in mid-Wales. 'In these meetings we forecast what colours and "looks" we should be working on. To assist in the forecasting, designers will travel to trade fairs to see what colours are likely to be "in" in the relevant season.'

23⁵

POPPY MEADOW
1995, print on cotton
'Laura Ashley began by printing tea-towels on her kitchen table. Now the factory, Texplan, produces some 6 million metres of garment and home furnishing fabric each year and around 2 million rolls of wallcovering. Although new technology has helped in a lot of the stages of the design-to-print process and the scale of the operation has grown, the path from idea to print is similar to that followed forty years ago.'

The Laura Ashley Design Challenge

Since 1992, Laura Ashley has teamed up with Powys Local Education Authority to run the Laura Ashley Design Challenge with support from the Development Board for Rural Wales. The Challenge was introduced to provide a broad view of design processes and to encourage an awareness of product design through school and fashion industry links. Each year, pupils from Powys's high schools are challenged to design and make an outfit for a teenager which is then assessed by a panel of judges including representatives of BBC TV's *The Clothes Show* and S4C's *Ffeil* programme.

Dylunwyr ffasiwn Cymreig eraill o bwys

Mae sawl dylunydd nodedig arall yn hanu o Gymru. Gwreiddiau Cymreig sydd gan Mary Quant, un o ddylunwyr mwyaf dylanwadol y 1960au, ac un sy'n aml yn cael y clod am ddyfeisio'r sgert mini. Roedd ei thad o Ferthyr a'i mam o Gydweli. Un o Lyn Ebwy yw Jeff Banks sy'n cyflwyno *The Clothes Show*. Mae'n ddylunydd llwyddiannus, ac yn berchen ar siopau Clobber a Warehouse. Daeth David Emanuel o Ben-y-bont ar Ogwr yn enwog am ddylunio gwisg briodas y Dywysoges Diana. Ond ymhell cyn hynny roedd ef a'i gyn-wraig, Elizabeth, yn dilladu'r cyfoethog a'r enwog yn Llundain. Heddiw mae cenhedlaeth newydd o ddylunwyr llwyddiannus o Gymru, gan gynnwys Lezley George, Richard a Pat Lester sy'n dylunio gwisgoedd i arch-sêr Hollywood o'u gweithdy yn y Fenni, ac mae Toby Clark, a ymsefydlodd yn y gogledd, yn gwerthu yn Efrog Newydd a Thokyo. Daw'r dylunydd Mandy Williams o Flaenau Ffestiniog, ac yn y Fenni mae cartref y dylunydd hetiau Alison Todd.

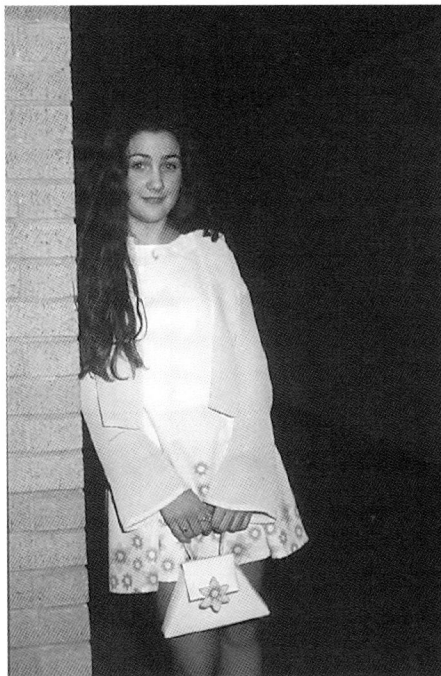

Rhian Davies o Ysgol Uwchradd Aberhonddu yn modelu Prif Gynnig Arobryn ei hysgol yn Her Wobr Ddylunio Laura Ashley 1995.

Rhian Davies from Brecon High School modelling her school's Overall Winning Entry in the 1995 Laura Ashley Design Challenge.

Other important Welsh fashion designers

Wales has produced several other notable designers. Mary Quant, one of the most influential designers of the 1960s (often credited as the inventor of the mini-skirt) has Welsh roots. Her father was from Merthyr and her mother from Kidwelly. The *Clothes Show* presenter, Jeff Banks, is from Ebbw Vale. He is a successful designer and owner of the Clobber and Warehouse shops. Bridgend-born David Emanuel became famous as the designer of Princess Diana's wedding dress. Before that he and his former wife Elizabeth had been dressing the rich and famous in London for several years. There is now a new generation of successful designers from Wales including Lezley George, Abergavenny-based Richard and Pat Lester who design gowns for Hollywood superstars, and Toby Clark who is based in north Wales sells in New York and Tokyo. Designer Mandy Williams is from Blaenau Ffestiniog and hat designer Alison Todd is based in Abergavenny.

IWAN BALA

Ganed Iwan Bala yn y Sarnau ger y Bala yn 1956. Aeth i Goleg Prifysgol Cymru, Aberystwyth, Ysgol Gelf Caer ac Athrofa Addysg Uwch De Morgannwg. Mae'n defnyddio delweddau sydd wedi'u symleiddio cymaint nes eu bod bron yn symbolau graffig. Yn y blynyddoedd diweddar mae Iwan Bala wedi arfer dull sy'n wahanol iawn i'r ffordd draddodiadol o ddehongli tirwedd.

IWAN BALA

Iwan Bala was born in Sarnau near Bala in 1956. He attended University College of Wales, Aberystwyth, Chester School of Art and South Glamorgan Institute of Higher Education. Bala uses simplified images, almost to the point of making them graphic symbols. In recent years, Bala has used an approach which is very different to the traditional interpretation of landscape.

20^5

MIN-Y-TIR/EDGE OF LAND

1995, pastel a sercol ar gynfas, meintiau amrywiol

'Set o chwe lluniad y gellir eu cymryd yn unigol neu fel grŵp yw *Min-y-Tir*. Yn ddiweddar mae llawer o'm gwaith yn ymwneud â thirluniau dychmygol, bryniau, ynysoedd a moroedd arddulliedig. Yn fy ngwaith mae ffurfiau'r bryniau'n atseinio'r ffurf fenywaidd – rhywbeth sydd bob amser wedi bod yn is-destun i rai peintwyr tirluniau. Fe ddylanwadwyd ar y gyfres yma gan y datblygiadau o amgylch Bae Caerdydd. Ond dim ond man cychwyn yw Caerdydd; oddi yno rwy' wedi mynd ymlaen i greu lle dychmygol, lle sy'n real ac yn

20^5

MIN-Y-TIR/EDGE OF LAND

1995, pastel and charcoal on canvas, various sizes

'*Edge of Land* is a set of six drawings which can be read individually or as a group. Recently a lot of my work has been about imagined landscapes, stylized hills, islands and seas. In my work, the hill shapes echo the female form – something that has always been a subtext for some landscape painters. The idea for this series was influenced by the developments around Cardiff Bay. But Cardiff is only the starting point, from there I have gone off to create an imagined place, both real and mythic. An

30

fytholegol yr un pryd. Mae chwedl Cantre'r Gwaelod, y darn o dir a lyncwyd gan y môr yn ysbrydoliaeth. (Mae chwedlau tebyg i glychau Aberdyfi mewn llawer man yng Nghymru, ac yn chwedloniaeth gwerin gwledydd eraill.) Gellir ystyried boddi tir yn drosiad am foddi diwylliant a thagu iaith. Rwy'n credu mai ailddehongli ein Cymreictod mewn ffyrdd cyfoes yw ein gwaith ni.'

HARRY BROCKWAY/GWASG GREGYNOG

Wedi'i eni yng Nghasnewydd yn 1958, bu Harry Brockway yn astudio yng Ngholeg Celf Casnewydd cyn mynd i astudio cerfluniaeth yn ysgolion Kingston a'r Academi Frenhinol yn Llundain. Erbyn hyn mae'n gweithio yn Ynys Wydryn fel cerfiwr maen a choed, ac fel darlunydd llyfrau.

20³

THE STORY OF HELEDD
1995, torlun leino ac engrafiad pren, 24 x 12.5 cm
Wyneb-ddalen The Story of Heledd, Gwasg Gregynog
'Fe ddes i ar draws darlunio llyfrau pan oeddwn yn Llundain, ac fe ddysgais dechnegau torlunio ac engrafu pren. I wneud torlun pren fe ddefnyddir gaing gau ar astell o bren fel y cewch weld y graen yn y print terfynol. Gydag engrafu pren fe ddefnyddir graen pen y pren, a'i dorri â chŷn bach sy'n rhoi llinell feinach o lawer. Y dyddiau hyn mae engrafwyr yn arbrofi gyda defnyddiau newydd fel plastigion a resin. Mae'r ddelwedd hon mewn dau liw. I ddechrau fe dorrais y cefndir coch o'r leino. Fe roddodd hyn gefndir fflat ar ôl ei brintio, a phrintiwyd y brif ddelwedd ddu ar ei ben.'

Mae stori Heledd, *Canu Heledd*, wedi'i gosod yng Nghymru'r seithfed ganrif. Mae'n adrodd galar Heledd o Bowys ar ôl colli ei theulu.

Mae Gregynog yn blasty ffug-Duduraidd gerllaw'r Drenewydd ym Mhowys. Roedd yn gartref i Gwendoline a Margaret Davies, wyresau i'r miliwnydd David Davies a wnaeth ei arian yn y diwydiant glo, a thrwy adeiladu rheilffyrdd a dociau. Roedd y chwiorydd yn noddwyr hael i gerddoriaeth a chelf, ac roedd ganddynt gasgliad amhrisiadwy o beintiadau'r Argraffiadwyr Ffrengig a gyflwynwyd ganddynt i Amgueddfa Genedlaethol Cymru.

Yn 1921, sefydlodd y chwiorydd ganolfan celf a chrefft yng Ngregynog, a ddaeth yn ddiweddarach yn Wasg Gregynog. Mae'n un o weisg preifat mwyaf nodedig gwledydd Prydain, a chafodd ei sefydlu i gynhyrchu argraffiadau cyfyngedig (150–300 copi) o lyfrau, wedi'u gwneud â llaw i'r safonau technegol ac esthetig uchaf, gan ddefnyddio sgiliau traddodiadol cysodi, argraffu a

inspiration is the legend of Cantre'r Gwaelod, the area of land that was swallowed up by the sea. (Legends similar to that of the Bells of Aberdyfi appear in many parts of Wales and in the folklore of other countries too.) The drowning of land can be seen as a metaphor for the drowning of a culture and the silencing of a language. I think our job is to reinterpret our Welshness in contemporary ways.'

HARRY BROCKWAY/GWASG GREGYNOG

Born in Newport in 1958, Harry Brockway attended Newport College of Art and then studied sculpture at Kingston and the Royal Academy Schools in London. He now works in Glastonbury as a stone and wood carver and as a book illustrator.

20³

THE STORY OF HELEDD
1995, linocut and wood-engraving, 24 x 12.5 cm
Frontispiece for *The Story of Heledd*, Gwasg Gregynog
'I discovered book illustration whilst I was in London and learned the techniques of wood-cutting and wood-engraving. Woodcuts are done on the plank of wood using a gouge, so you see the grain in the final print. With wood-engraving you use the end grain of the wood, cut with a small chisel, which gives a much finer line. These days engravers are experimenting with new materials such as plastics and resin. This image is in two colours. I cut the red background first from lino. This gave a flat background when printed and the main black image was printed on top.'

The story of Heledd, *Canu Heledd*, is set in seventh-century Wales. It tells of the grief of Princess Heledd of Powys for the loss of her family.

Gregynog, near Newtown, Powys, was the mock-Tudor mansion home of Gwendoline and Margaret Davies. They were the granddaughters of David Davies, a millionaire who had made his money in coal, and the building of railways and docks. The Davies sisters were great patrons of music and art and had a priceless collection of French Impressionist paintings which they donated to the National Museum of Wales.

In 1921 the Davies sisters set up an arts and crafts centre at Gregynog and this later became the Gregynog Press. It is one of the most distinguished private presses in Britain and was established to produce short-run (150–300 copies), handmade books of the very highest technical and aesthetic standards using the traditional skills of typesetting,

rhwymo. Yng ngeiriau'r chwiorydd eu nod oedd 'helpu i feithrin cariad tuag at bethau hardd ym mhobl Cymru drwy ymarfer celfyddydau a chrefftau fel argraffu, rhwymo, a darlunio'.

WILLIAM BURGES

Roedd John Patrick Crichton Stuart (1847–1900), trydydd ardalydd Bute, yn dirfeddiannwr cyfoethog. Yn 1872 comisiynodd William Burges (1827–81) i ddylunio a chodi castell 'tylwyth teg', bum milltir i'r gogledd o Gaerdydd. Adeiladwyd Castell Coch ar safle adfail hen gastell, yn uchel ar fryn coediog yn edrych i lawr ar Afon Taf, a lifai i'r dociau prysur; ffynhonnell llawer o gyfoeth anferth Bute. Roedd gan Bute stadau yn Lloegr, yr Alban a Chymru, gan gynnwys rhannau helaeth o faes glo de Cymru. Pan ddaeth i'w oed yn 1868, roedd ganddo incwm o £300,000 y flwyddyn, a thybid mai ef oedd 'y dyn cyfoethocaf yn y byd'. Yn yr un flwyddyn dechreuwyd gwaith ar gynlluniau uchelgeisiol Burges i ailadeiladu Castell Caerdydd.

7³

CASTELL COCH
1879, Cadw: Welsh Historic Monuments

7⁴

CASTELL COCH y cowt
1879
Roedd William Burges yn bensaer a dylunydd o fri yn arddull yr Adfywiad Gothig. Roedd yn edmygydd mawr o agweddau darlunaidd yr Oesoedd Canol ac yn gyfaill i'r peintwyr Cyn-Raffaelaidd. Roedd dyluniadau Burges yn seiliedig ar ddysg. Er enghraifft, mae tyrau Castell Coch yn seiliedig ar gestyll Ewropeaidd a ddarlunnir mewn llawysgrifau canoloesol. Efallai eu bod heddiw yn ein hatgoffa o'r cestyll a geir yn ffilmiau Disney.

7⁵

CASTELL COCH y parlwr
1890
Gwaetha'r modd, bu farw Burges cyn i'r tu mewn gael ei orffen. Mae popeth wedi'i addurno â phatrymau cyfoethog a lliwiau llachar. Mae'r parlwr, gyda'i nenfwd hyfryd wedi'i beintio gyda sêr ac adar, yn apelio'n fawr at ymwelwyr oherwydd y murlun o Chwedlau Esop o amgylch y waliau. Mae portreadau o'r teulu Bute fel pe baent yn hongian ar ddeiliach ar y waliau. Mae'r darlun yn dangos John Patrick Crichton Stuart a roddodd y comisiwn i Burges.

printing and bookbinding. The stated aim of the founders was 'to help cultivate a love of beautiful things in the people of Wales by means of the practice of such arts and crafts as printing, binding, illustration'.

WILLIAM BURGES

In 1872, John Patrick Crichton Stuart (1847–1900) the third marquis of Bute, a wealthy landowner, commissioned William Burges (1827–81) to design and build a 'fairy-tale' castle, five miles north of Cardiff. Castell Coch was built on the site of a ruined castle, high on a wooded hill overlooking the river Taff which flowed to the busy docks, the source of much of Bute's great wealth. Bute had estates in England, Scotland and Wales, including large areas of the south Wales coalfield. When he came of age in 1868 he had an income of £300,000 a year and was thought to be 'the richest man in the world'. That same year, work had begun on Burges's ambitious rebuilding of Cardiff Castle.

7³

CASTELL COCH
1879, Cadw: Welsh Historic Monuments

7⁴

CASTELL COCH courtyard
1879
William Burges was a renowned architect and designer in the style of the Gothic Revival. He was a devotee of the picturesque aspects of the Middle Ages and friend of the Pre-Raphaelite painters. Burges's designs were based on scholarship. For example, the towers of Castell Coch were based on European castles depicted in medieval manuscripts. Today, they may remind us of castles in Disney films.

7⁵

CASTELL COCH drawing room
1890
Sadly, Burges died before the interior was finished. Every feature is adorned with rich pattern and vibrant colour. The drawing-room with its heavenly ceiling painted with stars and birds is specially attractive to visitors because of the mural of Aesop's fables around the walls. Apparently hanging from foliage on the walls are portraits of the Bute family. The picture shows John Patrick Crichton Stuart, who commissioned Burges.

CEFYN BURGESS

Mae'r gwehydd Jacquard, Cefyn Burgess, yn un o ddylunwyr tecstilau ifanc pennaf Cymru. Yn enedigol o Fethesda, cafodd ei hyfforddi ym Mholytechnig Manceinion a'r Coleg Celf Brenhinol. Gadawodd y coleg yn 1985, a bu'n gweithio yn Llundain a chanolbarth Lloegr cyn dychwelyd i ogledd Cymru. Mae e'n awr yn gweithio ym Melin Glanrafon ym Mharc Glynllifon, lle mae'n defnyddio gwŷdd traddodiadol i greu tecstilau ar gomisiwn.

23²

FFABRIG CASTELL CYFARTHFA – 1
1995, gwlân gweëdig
Amgueddfa ac Oriel Gelf Castell Cyfarthfa
Cafodd yr holl fleinds, y llenni a'r seddau ffenestri, gan gynnwys y ddau ddyluniad llenni hyn, eu gwehyddu'n arbennig ar gyfer adnewyddiad diweddar Amgueddfa Castell Cyfarthfa, Merthyr Tudful. Cafodd Burgess ei gomisiynu trwy Wasanaeth Dylunio Crefft Oriel, Caerdydd. Castell Cyfarthfa, a adeiladwyd yn 1825 yn y dull Gothig, oedd cartref y meistri haearn, y teulu Crawshay. Adeiladwyd y tŷ ar fryn yn edrych dros y dref a'r gweithfeydd haearn a ddaeth â'r fath gyfoeth i'r teulu. Mae'r patrymau'n unigryw, yn dal naws cyfnod y Rhaglywiaeth, ond ar yr un pryd yn dweud rhywbeth am ddylunio Cymreig yn y 1990au. Mae'r deunydd mewn gwehyddiad dwbl, techneg debyg i'r hyn a ddefnyddir i wneud blancedi Cymreig.

23⁴

FFABRIG CASTELL CYFARTHFA – 2
1995, gwlân gweëdig
Amgueddfa ac Oriel Gelf Castell Cyfarthfa
Wedi'i ysbrydoli gan awyrgylch Gothig y castell, seiliodd Cefyn Burgess y dyluniad hwn ar ddull tapestri Ffrengig, gan ymgorffori arfbais y teulu Crawshay. Mae arwyddlun y ci'n gysylltiedig â'r enw 'cyfarthfa' (man cyfarth). Ysbrydolwyd y pelenni canon o dan y ci gan y pelenni canon a gafodd eu gwneud yn y gweithfeydd haearn i'w defnyddio gan Nelson ym mrwydr Trafalgar.

DAVID CARPANINI

Ganed David Carpanini yn Abergwynfi yng Nghwm Afan yn 1946. Er iddo adael yr ardal pan aeth i'r coleg yn ddeunaw oed, ac er nad yw byth wedi byw yno ers hynny, mae'r cwm wedi parhau'n ffynhonnell hanfodol a dynamig o ddeunydd gweledol ym mron y cyfan o'i gannoedd o beintiadau, lluniadau ac ysgythriadau. Aeth i Goleg Celf Swydd Caerloyw, y Coleg Celf Brenhinol a Phrifysgol Reading. Ers hynny mae wedi byw ledled Lloegr, ond yn ei destunau mae wedi cadw'n deyrngar i fro ei febyd. Yn erbyn y cefndir hwn,

CEFYN BURGESS

The Jacquard weaver Cefyn Burgess is considered to be one of Wales's foremost young textile designers. Born in Bethesda, Burgess trained at Manchester Polytechnic and the Royal College of Art. He left college in 1985 and worked in London and the Midlands before returning to north Wales. He now works at Glanrafon Mill in Parc Glynllifon where he uses a traditional loom to create textiles on commission.

23²

CYFARTHFA CASTLE FABRIC 1
1995, woven wool
Cyfarthfa Castle Museum and Art Gallery
All the blinds, curtains and window seats, including these two curtain designs, were woven specially for the recent refurbishment of Cyfarthfa Castle Museum, Merthyr Tydfil. Burgess was commissioned via the Oriel Craft Design Service in Cardiff. Built in 1825, Cyfarthfa Castle was the Gothic-style home of the iron-master family, the Crawshays. The house was built on the hill overlooking the town and the ironworks that brought huge riches to the family. The patterns are unique and capture the Regency age, whilst informing about design in Wales in the 1990s. The cloth was woven using a double weave, a technique similar to that used for making Welsh blankets.

23⁴

CYFARTHFA CASTLE FABRIC 2
1995, woven wool
Cyfarthfa Castle Museum and Art Gallery
Inspired by the Gothic feel of the castle, Cefyn Burgess based this design on the style of a French tapestry and incorporated the coat-of-arms of the Crawshay family. The dog emblem is linked with the name *cyfarthfa* (which means 'place of barking'). The cannonballs underneath the dog were inspired by the cannonballs made in the ironworks and supplied to Nelson for the battle of Trafalgar.

DAVID CARPANINI

David Carpanini was born in Abergwynfi in the Afan Valley in 1946. Despite leaving the district when he went to college at the age of eighteen, and never living there again, he has used the valley as a vital and dynamic source of visual material in almost all of his hundreds of paintings, drawings and etchings. He attended Gloucestershire College of Art, the Royal College of Art and the University of Reading, and has since lived in towns all over England; yet, for his subject-matter, he has stayed loyal to his childhood

mae'n gosod unigolion a grwpiau bychain o gymeriadau sy'n mynegi unigrwydd, ofnau a gofalon pob un ohonom.

1⁵

1⁵

BLUE PIED HEN
1987, acrylig ar gynfas, 56 x 63 cm
Er bod y mwyafrif o'i beintiadau â lleoliad tebyg iddynt, mae David Carpanini yn dal nad y lle yw canolbwynt ei ddarluniau. Maent am bobl – 'pobl mewn sefyllfaoedd arbennig, cydberthynas pobl a sut mae pobl yn ymateb neu'n methu ymateb i'r amgylchedd. Yn wir fe allai'r lleoliad fod yn unrhyw le – yr hyn sy o ddiddordeb i mi yw mai'r un pethau sy'n nodweddu bywyd ymhobman.' Mae Carpanini'n peintio Cwm Afan byth a beunydd oherwydd, meddai, 'dyna'r man rwy'n ei nabod orau'.

Am rai blynyddoedd roedd ganddo dŷ ym Mlaenau Ffestiniog (tref o dai chwarelwyr, yn cyfateb yn y gogledd i gymunedau cymoedd y de). Mae'n dod yn ôl i gymoedd y de yn achlysurol ar sgowt fer, i hel defnydd crai i'w beintiadau . . . 'Rwy'n mynd ag ef i ffwrdd a meddwl y cyfan drwyddo, yna byddaf yn rhoi'r darnau at ei gilydd, person o fan hyn, tŷ o fan draw. Mae dyluniad y darlun yn rhan o'i ystyr. Gall pawb weld dros ei hun beth sy'n digwydd yn y darlun, beth yw'r stori. Dydw i ddim am i neb eu cymryd yn llythrennol, ond maen nhw'n llenyddol. Rwy'n defnyddio geiriau, ymadroddion, brawddegau i ddatblygu syniadau. Mae'r teitlau'n dod yn y broses o greu peintiadau. Mae teitlau'n bwysig i mi; nhw yw'r ysgogiad i gyfleu materion o bwys.'

Mae gan beintiadau eraill gan Carpanini deitlau fel *Today is Tomorrow's Yesterday*, *Back to the Future Forward to the Past*, *From the Places No One Here Remembers Come the Things We've Handed Down*, *Teach the Unhappy Present to Recite the Past*. Mae llawer o'r peintiadau hyn yn cynnwys hen bobl. Mae peintiad arall gan David Carpanini i'w weld yn erthygl John Upton ar d.104.

BRENDA CHAMBERLAIN

Treuliodd Brenda Chamberlain (1912–71) y rhan fwyaf o'i hoes yng ngogledd-orllewin Cymru. Fe'i ganed ym Mangor a'i hyfforddi yn Ysgolion yr Academi Frenhinol cyn dychwelyd i fyw yn Llanllechid, ger Bethesda, yn Eryri. Priododd John Petts, Llundeiniwr oedd yn beintiwr, cerflunydd ac engrafwr. Sefydlasant Wasg Caseg, a dechreuodd Brenda ysgrifennu barddoniaeth. Rhwng 1947 a 1961, bu'n byw bywyd syml ac unig ar Ynys Enlli oddi ar benrhyn Llŷn, ac a ddisgrifiwyd ganddi yn y gyfrol *Tide Race*. Mae llawer o'i pheintiadau'n cynnwys y môr, yn aml gyda physgotwyr a phlant. Gadawodd Enlli a dewis byw yn alltud ar ynys

village. Into this setting he places individuals and small groups of characters who speak of the isolation, fear, and concerns of us all.

BLUE PIED HEN
1987, acrylic on canvas, 56 x 63 cm
Although almost every painting of his is set in the same type of location, David Carpanini says that his paintings are not about the place, they are about the 'people, people in situations, the relationships of the people and about how the people relate or do not relate to the environment. The location could be anywhere – it is the fact that the same qualities of life are everywhere that interests me.' Carpanini always paints the Afan Valley because, he says, 'it's the place I know best'.

For some years he had a house in Blaenau Ffestiniog (a village of slate quarryworkers' cottages – a north Wales equivalent of the south Wales valley communities). He visits the south Wales valleys occasionally, on brief expeditions to collect raw material for his paintings. 'I take it away and think it through, then I assemble the bits, a figure from here, a house from there. The design of the painting is part of its meaning. Everyone can work out for themselves what is going on in this painting, what is the story. I don't want people to read them literally, but they are literary. I use words, phrases, sentences to help evolve ideas. Titles emerge in the process of creating paintings. Titles are important for me, they give me the trigger for portraying issues.'

Other Carpanini paintings have titles like *Today is Tomorrow's Yesterday*, *Back to the Future Forward to the Past*, *From the Places No One Here Remembers Come the Things We've Handed Down*, *Teach the Unhappy Present to Recite the Past*. Many of these feature old people. Another David Carpanini painting accompanies the article by John Upton on p.104.

BRENDA CHAMBERLAIN

Brenda Chamberlain (1912–71) lived most of her life in north-west Wales. Born in Bangor, she trained at the Royal Academy Schools after which she returned to live in Llanllechid near Bethesda in Snowdonia. She married John Petts, a Londoner who was a painter, sculptor and engraver. They set up the Caseg Press and Chamberlain started writing poetry. From 1947 to 1961 she lived a simple, solitary life on Bardsey Island off the Llŷn peninsula, which she described in her book *Tide Race*. Many of her paintings include the sea, often with fishermen and children. She left Bardsey for the Greek island of

Ydra yng Ngroeg am chwe blynedd lle ysgrifennodd *A Rope of Vines* sy'n sôn am ei bywyd yno. Pan ddaeth Cyrnoliaid Groeg i rym yn 1967, dychwelodd i Fangor, yn isel ei hysbryd a chyda phroblemau ariannol dybryd. Bu farw'n bum deg naw.

14²

SELF-PORTRAIT ON GARNEDD DAFYDD
1938, olew ar gynfas, 30 x 28 cm
Amgueddfa Genedlaethol Cymru
Peintiwyd yr hunanbortread hwn pan oedd Brenda Chamberlain yn byw yn Eryri gyda John Petts. Mae'r darlun yn awgrymu'r person pell, unig a ddeuai wrth iddi heneiddio. Mae tebygrwydd i beintiadau'r Dadeni a astudiodd hi, mae'n rhaid, pan oedd yn Llundain. Mae rhai'n ystyried y syllu uniongyrchol a'r cefndir creigiog yn nhraddodiad gweithiau fel *Mona Lisa* Leonardo da Vinci.

GEORGE CHAPMAN

Arlunydd masnachol oedd George Chapman (1908–93) cyn iddo fynychu'r Slade a'r Coleg Celf Brenhinol. Bu'n byw yng Nghaint ac Essex, ond bu ymweliad ar hap â Chwm Rhondda yn sbardun i gorff o waith sy'n adlewyrchu terasau o dai, pyllau glo a phobl y cymoedd, ac am y rhain y cofir ef yn bennaf. Treuliodd flynyddoedd olaf ei oes yn Aberaeron. Dyma sut y disgrifiodd Gwm Rhondda: 'Un filltir ar ddeg o gwm cul o Drehafod i Dreherbert. Dau bentref ar bymtheg wedi'u clymu ynghyd o'r dechrau i'r diwedd, rhes ar ôl rhes o dai teras yn ymdroelli trwy'r cwm gyda'r afon a'r trenau.'

18⁴

HOPSCOTCH
1960, olew ar gynfas, 100 x 120 cm
Cymdeithas Gelfyddyd Gyfoes Cymru/Llyfrgell Genedlaethol Cymru.
Fel yng nghymaint o waith Chapman, mae amrediad y lliw yn gyfyngedig. Yn wir mae llawer o beintiadau Chapman yn hollol lwyd, neu'n ddu a gwyn. Mae llawer yn dehongli hyn fel rhan o ddatganiad yr arlunydd ynglŷn ag 'amgylchedd digalon y tai llwm ac undonog a bywyd caled y trigolion', ond mynnodd Chapman nad oedd yn gwneud unrhyw ddatganiad cymdeithasol yn ei beintiadau: 'Rwy'n cymryd pethau fel y maen nhw.'

GLENYS COUR

Ganed Glenys Cour yn Abergwaun yn 1924. Astudiodd yng Ngholeg Celf Caerdydd ac ers hynny mae hi wedi arbenigo mewn collage, murluniau a gwydr lliw. Bu'n dysgu peintio a gwydr lliw am flynyddoedd yng

Ydra where she lived in self-imposed exile for six years and wrote *A Rope of Vines* about her life there. When the Greek colonels came to power in 1967 she returned to Bangor depressed and with financial problems. She died at the age of fifty-nine.

14²

SELF-PORTRAIT ON GARNEDD DAFYDD
1938, oil on canvas, 30 x 28 cm
National Museum of Wales
This self-portrait was painted when Brenda Chamberlain was living in Snowdonia with John Petts. The portrait shows the lonely, distant figure she became as she grew older. There are links with Renaissance painting, which she must have studied in London. The direct gaze and the rocky landscape background may be seen in the tradition of paintings such as Leonardo da Vinci's *Mona Lisa*.

GEORGE CHAPMAN

George Chapman (1908–93) was a commercial artist before attending the Slade and the Royal College of Art. He lived in Kent and Essex, but a chance trip to the Rhondda Valley resulted in the start of a body of work reflecting the terraces of houses, pit-heads and the people of the Valleys for which he is best remembered. He lived his last years in Aberaeron. Describing the Rhondda Valley he wrote: 'Eleven miles of narrow valley from Trehafod to Treherbert. Seventeen villages joined together from beginning to end, the row upon row of terraced houses winding their way through the valley with the river and the trains.'

18⁴

HOPSCOTCH
1960, oil on canvas, 100 x 120 cm
Contemporary Art Society for Wales/National Library of Wales
As in most of Chapman's work, the colour range is limited. In fact, many of George Chapman's paintings are all greys, or simply black and white. Many people interpret this as part of the artist's statement about the rather 'depressing environment of meagre and monotonous housing and the life of toil of the inhabitants', but Chapman said he made no social comment in his pictures: 'I take things as they are.'

GLENYS COUR

Glenys Cour was born in Fishguard in 1924. She studied at Cardiff College of Art and since then has specialized in collage, murals and stained glass. She taught painting and stained glass for many years in

Ngholeg Celf Abertawe. Yn ddiweddar mae hi wedi dylunio nifer o bosteri a rhaglenni – ar gyfer Gŵyl Gerdd Abertawe, Gŵyl Caerdydd, Blwyddyn Llên Abertawe a Jazz Aberhonddu.

5⁴

BOWL OF GOLDEN FRUIT
1995, olew ar bapur cartref, 16 x 16 cm
'Dyma beintiad o'm cyfres Geltaidd ddiweddar. Mae popeth a wnaf yn ymwneud â symbolau a symbolaeth. Yma mae'r delweddau'n gyfarwydd, haul a chwmwl mewn awyr las, powlenaid o ffrwythau ar fwrdd. Mae'r ffrwythau'n cynrychioli "ffrwythau'r ddaear" Celtaidd. Mae'r fflachiadau o goch a glas llachar ar y bowlen yn deillio o'r ymdeimlad ag addurno sydd mor amlwg mewn llawer math o gelfyddyd: Celtaidd, Groegaidd, Bysantaidd ac iconau Rwsiaidd.

'Mae fy ngwaith yn ymgodi o staenio papur â phaent olew, acryligau a thempera, ynghyd â defnyddio pigment aur a dalen aur. Mae arwynebau aur yn obsesiwn gen i ac i'w briodoli i'm diddordeb ysol ar hyd y blynyddoedd yn yr arteffactau aur morthwyliedig hynafol sydd yn amgueddfeydd a safleoedd archeolegol Groeg. Yr aur sy'n parhau ymhell wedi i'r gwareiddiadau ddod i ben. Mae'r defnydd o las dwys yn llawer o'm gwaith yn adlewyrchu glas asurfaen y môr, yr addurniadau ar y tai, a chromenni'r eglwysi bychain sy'n britho'r dirwedd yng Ngroeg.

'Fe arweiniodd astudio aur Celtaidd ac olion a delweddau dirgel hynafol yn Nulyn a Chymru at fy niddordeb mewn chwedloniaeth a mytholeg Geltaidd; testun fy ngwaith diweddaraf.

'Rwy'n defnyddio collage fel cymorth wrth ddylunio, ac mae'n arbennig o addas wrth ddylunio gwydr lliw. Mae gwneud fy mhapur fy hun yn angenrheidiol, gan fod hyn yn rhoi cyfle i mi ei ystwytho i gynhyrchu gweadau ac arwynebau cyfoethog. Mae fy mhapur cartref yn hollol elfennol – yn ganlyniad ailgylchu papur sydd wedi'i rwygo a'i brosesu yn yr hylifydd bwyd ar ôl ei socian am oriau mewn dŵr. Yna fe gaiff y papier mâché hwn ei ddraenio ar sgrin, cyn ei osod ar lieiniau-J a'i adael i sychu a'i drin wedyn yn ôl y galw. Gellir cael disgrifiad llawnach o'r broses mewn unrhyw lawlyfr ar wneud papur – mae'n wirioneddol hawdd.'

Swansea College of Art. During recent years, Glenys Cour has designed many posters and programmes – for the Swansea Festival of Music, Cardiff Festival, Swansea Year of Literature Festival and Brecon Jazz.

5⁴

BOWL OF GOLDEN FRUIT
1995, oil on homemade paper, 16 x 16 cm
'This is a painting from my recent Celtic series. Everything I do comes down to symbols and symbolism. In this case the images are familiar, sun and clouds in a blue sky, a bowl of fruit on a table. The fruits are the Celtic "fruits of the earth". The flashes of bright red and blue on the bowl is derived from the feeling for decoration evident in so many art-forms: Celtic, Greek, Byzantine, Russian icons.

'My work emerges from the staining of paper with oil paint, acrylics and tempera, and the use of gold pigment and gold leaf. I owe my obsession with gold surfaces to my fascination over the years with the ancient beaten gold artefacts in Greek museums and archaeological sites. The gold remains long after the great civilizations have disappeared. The use of an intense blue in a great deal of my work reflects the lapis lazuli blue of the sea and the decoration of Greek houses and the domes of the tiny churches dotted all over the landscape.

'The study of Celtic gold and ancient mysterious marks and images in Dublin and Wales has led on to my interest in Celtic myths and legends, the subject of my recent work.

'I use collage as an aid to designing and I find it especially conducive to designing for stained glass. I find it necessary to make my own paper because this gives me the possibility of manipulating it to produce rich textures and surfaces. My handmade paper is very basic – it is the result of recycling shredded paper and processing it in a food liquidizer after soaking it for some hours in water. The resultant papier mâché is drained on a screen and removed onto J-cloths. It is left to dry and then manipulated as required. A fuller description can be found in any paper-making manual – it's very easy.'

Clawr rhaglen Jazz Aberhonddu '93, yn seiliedig ar collage gan Glenys Cour.

Programme covers for Brecon Jazz '93, based on a collage by Glenys Cour.

DAVE DAGGERS

Bu'r ffotograffydd o Gymro Dave Daggers yn astudio yng Ngholeg Celf Caerdydd a'r Coleg Brenhinol yn Llundain. Mae'n darlithio ar ffotograffiaeth, yn arddangos yn eang yng ngwledydd Prydain a thramor, ac yn gweithio i gwmnïau fel Guinness, The Sunday Times, Opera Cenedlaethol Cymru, Pentax, BBC, Macmillan Publishers, British Home Stores a Chylchgronau IPC.

'Artist perfformio oeddwn i gyda diddordeb arbennig mewn dawns gyfoes, peintio'r corff a ffotograffiaeth. Mae fy ngwaith yn gyfuniad o'r rhain. Rwy'n ei ddefnyddio i adrodd storïau. Ar yr olwg gyntaf, gall fy ngwaith dogfen ymddangos heb fod ganddo unrhyw gysylltiad â hyn, ond o'i archwilio'n fanylach fe welwch fy mod i'n ceisio tynnu llun o'r byd fel petai'n ddawns. Mae fy lluniau'n arddangos symudiadau dynamig pobl ar fy newis gefndir, a rwy'n gwneud sylwadau wrth eu cyflwyno mewn dilyniant.'

21[1]

SIPSIWN

1994, print ffotograffig du a gwyn (tynnwyd â chamera Pentax K1000 35 mm), 28 x 38 cm

'Roeddwn wrthi'n paratoi erthygl i gylchgrawn ar broblemau cymdeithasol sipsiwn yn Bon Pastor yn Sbaen, pan ollyngodd y gyrrwr bws fi yn agos at wersyll sipsiwn. Wrth inni grwydro i mewn i'r gwersyll fe ges i fy nychryn gan giwed o gŵn oedd yn fy llygadu'n frwd. Fel y digwyddodd, sect grefyddol oedd yn byw yno ac ar ôl imi sgwrsio ag un dyn, daeth yn amlwg na fyddai'r pennaeth yn caniatáu imi dynnu lluniau swyddogol. Fe ddechreuodd fy nghyfieithydd sgwrsio â theulu yn ein hymyl, ac fe es innau i chwarae gyda'r plant. Mae oedolion yn sicr o gymryd atoch o'ch gweld yn gwneud ffŵl o'ch hunan gyda'u plant. Cyn bo hir, roedd gen i dwr o blant yn chwerthin ar fy mhen, ac fe dynnais rai lluniau ohonyn nhw. Roedd yr oedolion yn mwynhau hyn hefyd, ac fe geisiodd y wraig hŷn gusanu'r dyn o ran hwyl. Roeddwn i eisoes wedi penderfynu ar y cefndir i'r siot ddelfrydol, i ddangos amgylchedd y gwersyll, a roeddwn i wedi rhagffocysu fy nghamera ar bum troedfedd. Gan ymateb i'r symudiad, fe osodais fy hun yn y lle iawn a thynnu llun o'm canol – heb edrych drwy ffenestr y camera. Rhai hyfryd a chroesawgar oedd y sipsiwn, yn lân iawn a thwt, ar waetha'r amgylchiadau cyntefig bu'n rhaid iddyn nhw fyw ynddynt.'

24[4]

WELCOME TO MY ROOM

1994, print ffotograffig lliw (tynnwyd â chamera Pentax stiwdio 6 x 7), 60 x 152 cm

'Rwy'n dwlu ar beintio ar gyrff pobl; mae'r croen yn arwyneb hyfryd i beintio arno. Mae hon yn un ddelwedd allan o gyfres o ddeuddeg, sy'n cael ei

DAVE DAGGERS

Welsh photographer Dave Daggers studied at Cardiff College of Art and the Royal College in London. He lectures in photography, exhibits widely in Britain and abroad and works for companies like Guinness, The Sunday Times, Welsh National Opera, Pentax, BBC, Macmillan Publishers, British Home Stores and IPC Magazines.

'I was a performance artist with particular interests in contemporary dance, body-painting and photography. My work is a combination of these. I use it to tell stories. At first sight my documentary work appears unconnected with this but if you examine it closely you will see that I try to photograph the world as if it were a dance. My pictures feature the dynamic movement of people against a selected background and I make comments by presenting them in sequences.'

21[1]

GYPSIES

1994, black and white photographic print (taken with a Pentax K1000 35 mm camera), 28 x 38 cm

'I was doing a magazine article on the social problems of gypsies in Bon Pastor, Spain, when the bus driver put me off near to a gypsy camp. I was terrified by the numbers of dogs glaring at me and barking as we wandered in. The camp turned out to be a religious sect. After talking to one man it became apparent that the head of the camp would not give permission for official photographs. My interpreter started talking to a nearby family so I played with the children. Adults will surely warm to you if they see you making a fool of yourself with their children. I soon had a crowd of youngsters laughing at me and I took some photos of them. The adults were also amused and the elderly lady tried to kiss the man as a joke. I had already decided on the background I wanted for the ideal shot, showing the environment of the camp, and had pre-focused my camera at five feet. Reacting to the movement I got into position and shot the picture from the waist without having time to look through the viewfinder. The gypsies were lovely, hospitable people, and very clean and tidy, despite the primitive conditions that they were forced to live in.'

24[4]

WELCOME TO MY ROOM

1994, colour photographic print (taken with a studio Pentax 6 x 7 camera), 60 x 152 cm

'I really like painting people, the skin is a lovely surface to paint on. This is one image from a series of twelve, shown as a gallery wallpiece. I body-

37

dangos fel darn-wal oriel. Fe beintiais gorff Pedro Sandiford, dawnsiwr o fri, ac fe wnaethon ni goreograffu stori fer ar sut mae'r teledu'n tra-arglwyddiaethu ar ystafelloedd pobl, a'r cyfryngau'n rheoli eu bywydau. Fel yr â'r gyfres yn ei blaen, fe gaiff creadigrwydd naturiol y cymeriad ei sugno ohono gan y teledu holl bresennol. Mae ei ddiddordeb yn y sgrin yn tyfu'n obsesiwn. Yn y diwedd mae'n llewygu dan ei swyn. Mae hyn i gyd yn digwydd yn yr amgylchedd a greais i, ac felly yn fy ngalluogi i chwarae gemau gweledol gyda phaent a golau rhwng y perfformiwr a'i gefndir.'

Y BRODYR DAVIES

Ddiwedd yr ail ganrif ar bymtheg a dechrau'r ddeunawfed ganrif roedd y brodyr Robert a John Davies yn byw ac yn gweithio yng Nghroes Foel, ger Wrecsam. Fferm a gefail gof oedd Croes Foel, ac nid nepell o'r efail roedd gweithfeydd haearn prysur Y Bers (nawr yn amgueddfa treftadaeth ddiwydiannol), lle câi'r brodyr lawer o'u metel. Bu eu tad, Hugh Davies, yn gweithio fel gof gynnau a gof cyffredin yng Nghastell y Waun. Roedd dau fab arall a chwech o ferched, ac yn unol ag arfer y cyfnod disgwylid i bob aelod o'r teulu helpu gyda'r gwaith. Roeddent yn feistri ar nifer o grefftau, o anghenraid mae'n debyg. Ceir sôn amdanynt yn euro ac yn trwsio dodrefn hefyd. Mae'r brodyr Davies wedi rhoi i Gymru waith haearn o'r safon uchaf o ran crefft a chelf; cystal ag unrhyw beth yn Ewrop gyfan. Gwelir enghreifftiau eraill o'u gwaith yn eglwysi Wrecsam, Rhuthun a Chroesoswallt. Mae gweithiau eraill a briodolir iddynt i'w gweld yn Neuadd Coed-llai (gatiau gwyn), Y Tŵr (gatiau du a symudwyd o Borthdy Coed-llai) ac yn Neuadd Gwysane, Cilcain a Gwernyfed, i gyd yn ardal Yr Wyddgrug.

Y Brodyr Davies: arfbais ar ben gatiau mynedfa Castell y Waun. Ffotograff: Yr Ymddiriedolaeth Genedlaethol/Charlie Waite.

Davies Brothers: coat of arms on top of the gates to Chirk Castle. Photograph: National Trust/Charlie Waite.

DAVIES BROTHERS

At the end of the seventeenth and beginning of the eighteenth centuries, the brothers Robert and John Davies lived and worked at the farm and smithy of Croes Foel, near Wrexham. Not far from their smithy were the busy ironworks of Bersham (now and industrial heritage museum), the source of much of their metal. Their father, Hugh Davies, worked as a gunsmith and general blacksmith for Chirk Castle. There were two other sons and six daughters. It was the custom of the time for all members of the family to help in the work. The family, perhaps of necessity, appears to have been skilled in many crafts: they are recorded as gilding and repairing furniture too. The Davies brothers gave Wales works of superb artistry and craft in iron that are equal to the best to be found in Europe. Other examples of their work can be seen at the parish churches of Wrexham, Ruthin and Oswestry. Other works attributed to them are at Leeswood Hall (white gates), Tower (black gates moved from Leeswood Lodge) and at Gwysaney Hall, Cilcain and Gwernafield (all near Mold).

9¹

GATIAU YNG NGHASTELL Y WAUN
1719–21, haearn gyr, 5.5 x 40 m
Yr Ymddiriedolaeth Genedlaethol, Castell y Waun
Yn ddi-ddadl, yr enghraifft orau o grefft y brodyr Davies yw gatiau baróc, ysblennydd enfawr Castell y Waun. Maent yn fwrlwm o bennau eryrod, sgroliau acanthws, sbrigynnau cain o ddail, canghennau, adar, blodau a therfyniadau wedi'u mowldio. Cafodd y defnyddiau mwyaf caled eu trin yn y ffordd fwyaf

9¹

GATES AT CHIRK CASTLE
1719–21, wrought iron, 5.5 x 40 m
National Trust, Chirk Castle
The best example of the Davies brothers' craft is the set of splendid and enormous baroque gates at Chirk Castle. They are a froth of eagle heads, acanthus scrolls, delicate sprigs of leaves, branches, birds, flowers and cast finials. The hardest of craft materials have been used in the lightest, most

38

ysgafn a ffansïol, a'r canlyniad yw gwledd o symud a rhythm. Comisiynwyd y gwaith gan Syr Richard Myddelton yn 1711, ac aeth gwaith y brodyr ymlaen tan 1721. Mae'r pennau bleiddiaid yn yr arfbais a'r bleiddiaid plwm ar y colofnau'n nodi herodraeth y teulu Myddelton. Tâl Robert a John oedd deuswllt y dydd. Cafwyd defnydd crai 'bariau celyd, platiau haearn a haearn cyffredin' gwerth £57. 14s., o efail Pont y Blew yn ymyl y castell.

Roedd gofaint, fel seiri dodrefn, yn aml yn defnyddio llyfrau patrymau. Mae'n bosibl bod y brodyr Davies wedi gweld gwaith o'r fath yn Llundain, neu fod llyfr patrymau Tijou i ofaint wedi dylanwadu arnynt. Ffoadur Huguenotaidd oedd Tijou ac ysbrydolodd ei waith dylanwadol adfywiad mewn gwaith metel.

Eric Foster

IVOR DAVIES

Ganed Ivor Davies yn 1935. Aeth i Golegau Celf Caerdydd ac Abertawe, Prifysgol Lausanne, lle astudiodd hanes celf, a Phrifysgol Caeredin lle dyfarnwyd gradd Ph.D iddo. Bu'n dysgu hanes celf ym Mhrifysgol Cymru, Caerdydd, Prifysgol Caeredin a Choleg Addysg Uwch Gwent. Mae'n un sydd wedi arddangos yn eang gartref a thramor, mae'n darlithio ac yn ysgrifennu'n gyson ar hanes celf ac mae'n siarad sawl iaith. Y dylanwadau pennaf arno yw Dada a Swrrealaeth, Symbolaeth a'r amrywiol agweddau ar hanes a delweddaeth Cymreig a Cheltaidd.

10¹&²

BETH YW BOD YN GENEDL . . ./ A CELTIC AND WELSH PANTHEON
1994–95, olew ar gynfas, 155 x 406 cm
Canolfan Uwchefrydiau Cymreig a Cheltaidd, Prifysgol Cymru, Aberystwyth
'Mae'r peintiad hwn yn cynrychioli'r gadwyn ddi-dor o egni a geir yn y diwylliant Celtaidd hynafol a Chymreig modern. Mae ganddo adeiladwaith geometrig. Defnyddir llawer o haenau o baent trwchus ar ben paent tenau a'r strociau brws olaf yw'r rhai mwyaf trwchus a'r rhai mwyaf digymell ac egnïol. Wedi eu hanner cuddio o dan y gwydreddau, sgymblau ac impasto mae haenau o syniadau a chyfeiriadau sy'n mynd yn llai pendant gyda phob haenen nes awgrymu yn y diwedd fetamorffedd y pantheon Celtaidd; mytholeg y Mabinogi, hen arwyr a gweithredwyr modern. Nod y gwaith yw cyflawni maniffesto o rai blynyddoedd yn ôl, i ddarlunio cyfansoddiad coffaol, gyda manylion mewn amrywiaethau o baent trwchus, yn dwyn i gof y gwareiddiad dirgel a ehangodd yn ddi-dor am bron 3,000 o flynyddoedd y tu hwnt i Halstatt, Sbaen ac Asia

fanciful manner, creating a feast of movement and rhythm. Commissioned by Sir Richard Myddelton in 1711, the brothers continued work on the gates until 1721. The wolves' heads in the coat of arms and the lead wolves on the piers identify the Myddelton family's heraldry. Robert and John were paid two shillings a day. Raw materials of 'tough bars, plate and ordinary iron' worth £57. 14s. were delivered to them from the forge at Pont y Blew near the castle.

Blacksmiths, like cabinet and furniture makers, often made use of pattern books and it is possible that the Davies brothers had seen work in London, or been influenced by Tijou's pattern book for smiths. Tijou was a Huguenot refugee whose influential work inspired a revival of metalworking.

Eric Foster

IVOR DAVIES

Ivor Davies was born in 1935 and attended Cardiff and Swansea Colleges of Art, the University of Lausanne, where he read History of Art, and the University of Edinburgh where he took a Ph.D. He has taught History of Art at University of Wales, Cardiff, University of Edinburgh and Gwent College of Higher Education. Davies has exhibited widely at home and abroad, lectures and writes regularly on art history and speaks several languages. The great influences on Davies's art have been Dada and Surrealism, Symbolism and the many facets of Celtic and Welsh history and imagery.

10¹&²

BETH YW BOD YN GENEDL . . . / A CELTIC AND WELSH PANTHEON
1994–5, oil on canvas, 155 x 406 cm
Centre for Advanced Welsh and Celtic Studies, University of Wales, Aberystwyth
'This painting represents the unbroken chain of energy through ancient Celtic and modern Welsh culture. It is constructed with a geometrical structure and built up with many layers of fat paint on lean, the last brushstrokes being the densest and having the greatest spontaneity and energy. Half-concealed in the glazes, scumbles and impastos are layers of ideas and references, becoming less specific with each layer and finally suggesting a metamorphism of the Celtic pantheon; mythology from the Mabinogi, ancient heroes and modern activists. It is meant to fulfil a manifesto of some years ago, to picture a monumental composition, intimate details in varieties of dense paint, recalling the mysterious civilization which expanded beyond Halstatt, Spain, Asia Minor to Ireland and Wales,

Leiaf, i Iwerddon a Chymru. Mae brodorion o Fecsico i Rwsia wedi adfer eu hunaniaeth drwy ddarluniau. Mae'r gorffennol yr un mor bwysig i wareiddiad ag yw iaith.

'Ar y lefel addas gellir archwilio'r ffigurau a'r storïau yn yr iconograffiaeth gyda phlant o bob oed. Bydd y disgyblion hŷn yn gallu adnabod y bobl, a chwilio am ffynonellau'r wynebau a'r cymeriadau. Gydag eraill gellir defnyddio'r llun i ddysgu am gymeriadau a hanes.'

JOHN DAVIES

Ganed y ffotograffydd/artist tirluniau John Davies yn Swydd Durham yn 1949, a daeth i Gymru yn 1991. Mae'n gweithio yn y traddodiad dogfennol, gan ganolbwyntio ar agweddau o ddatblygu trefol a diwydiannol o safbwynt cymdeithasol.

3^2

CARDIFF BAY
1992, ffotograff du a gwyn, print gelatin arian,
50 x 60 cm
Dyma ffotograff o Fae Caerdydd cyn adeiladu'r morglawdd. Daw o arddangosfa a chyhoeddiad o'r enw *Cross Currents*, casgliad o weithiau o wledydd Ewrop.

'Agwedd sylfaenol ar dirwedd yw'r teimlad o rym y mae'n gallu ei ysgogi a'i symboleiddio. Gall delweddau o dir, dŵr ac awyr fod yn drosiadau sy'n adlewyrchu ein cyflwr emosiynol ac ysbrydol. Ond gall tirwedd hefyd gynrychioli grym o safbwynt perchentyaeth a chyfoeth materol. Deublygrwydd ac aml amwysedd y ffordd mae'r metaffisegol a'r materol yn ymddangos yn y dirwedd sydd wrth wraidd fy ngweithiau ffotograffig.

'Roedd fy ngweithiau cynnar yn canolbwyntio ar wylltiroedd gwledig Ynysoedd Prydain, ond yn 1981 fe ddechreuais gofnodi'r ddinas a'r dirwedd drefol. Fe ddewisais fannau ffafriol i geisio gweld o ble y tarddodd amgylcheddau cymdeithasol, a cheisio deall gwe gymhleth datblygiad trefol. Fe ymddiddorais fwyfwy yn rhan diwydiant yn ffurfiant ein tirwedd. Mae gen i ddiddordeb mewn pensaernïaeth ddiwydiannol a thirlunio – mewn gweld sut y gellir deall adeiladwaith trefol yng nghyd-destun ei amgylchedd. 'Yn bennaf mae fy ngwaith yn ymwneud ag astudio'r newidiadau cymdeithasol a diwydiannol ar y dirwedd, a rwy'n awyddus i ddathlu yn ogystal â chwestiynu'r newid yn ein hamgylchedd.'

unbroken for nearly 3,000 years. Indigenous peoples from Mexico to Russia have reclaimed their identity through painting. The past is as important to a civilization as language.

'The figures and stories in the iconography can be explored with pupils of any age at the appropriate level. Older pupils can identify the persons and find the sources for the faces and figures. For other pupils, the painting can be used for teaching about the characters and history.'

JOHN DAVIES

Landscape photographer/artist, John Davies, was born in County Durham in 1949 and has lived in Wales since 1991. He works in the documentary tradition, concentrating on aspects of urban and industrial development from a social perspective.

3^2

CARDIFF BAY
1992, black and white photograph, silver gelatin print,
50 x 60 cm
This photograph of Cardiff Bay before the building of the barrage, is taken from an exhibition and publication *Cross Currents*, a collection of work from around Europe.

'A fundamental aspect of landscape is the sense of power it can symbolize and evoke. Images of land, water and sky can become metaphors which reflect our emotional and spiritual states. But landscape can also represent power in terms of ownership and material wealth. It is the dual and often ambiguous representation of the metaphysical and the material in landscape that underlies my photographic work.

'My early work concentrated on the rural "wilderness" of the British Isles, but in 1981 I began to document the city and the urban landscape. I choose high vantage points to see how social environments have emerged and to try to understand the complex web of urban development. I became increasingly fascinated by the role of industry in shaping our landscape. I am interested in industrial architecture and landscaping – seeing how urban structures can be viewed within the context of their surroundings. My work is about observing the social and industrial transformations on the landscape and I wish to celebrate as well as question the forces of change on our environment.'

40

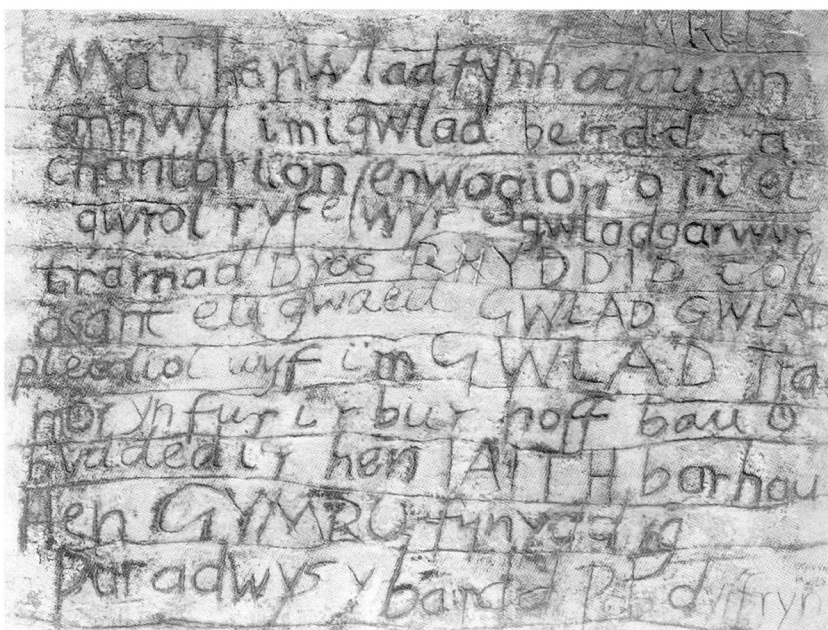

Ogwyn Davies: *Mae Hen Wlad Fy Nhadau . . .* 1993, cyfrwng cymysg, 75 x 100 cm.

Ogwyn Davies, *Mae Hen Wlad Fy Nhadau . . .*, 1993, mixed media, 75 x 100 cm.

OGWYN DAVIES

Ganed Ogwyn Davies yng Nghwm Tawe yn 1925. Aeth i Ysgol Gelf Abertawe a bu'n athro celf yn Ysgol Uwchradd Tregaron am dros ddeng mlynedd ar hugain nes iddo ymddeol yn 1985. Mae wedi bod yn artist gweithredol ar hyd ei oes. Yn ogystal â pheintio mae wedi gweithio mewn cerameg ac wedi arbrofi gyda llythrennu. Mae peth o'i waith diweddar wedi cynnwys ysgrifennu geiriau 'Mae Hen Wlad Fy Nhadau . . .' mewn pridd, llwch glo a thywod, i gyd o Gymru. 'Roedd y cyfan yn rhywbeth hollol reddfol,' meddai. Dywed Lois Williams am y gwaith hwnnw, 'Fel gwrthrych, mae'n ennyn syniad o ddysgu: dysgu ysgrifennu, dysgu hanfodion iaith a diwylliant. Yr ysgrifen ar y mur.' Mae gofal Ogwyn Davies am ei gynefin, gwleidyddiaeth, crefydd, barddoniaeth, ond yn bennaf Cymru a'i hiaith, yn amlwg iawn yn ei holl waith.

16³

CAPEL SOAR Y MYNYDD
1993, collage, pen ac inciau lliw, paent acrylig, 62 x 44 cm
'Fe glywais wyddonydd yn dweud unwaith nad yw sŵn byth yn marw'n llwyr! Pe bai gennym offer digon datblygedig a sensitif fe allen ni yn ddamcaniaethol "diwnio" i mewn i unrhyw sŵn a wnaed yn y gorffennol. Rwy'n credu mai hyn a roddodd imi'r syniad o ddefnyddio testun yn fy mheintiadau "capel". Fe ddychmygais fod yr holl eiriau a lefarwyd ac a ganwyd ynddyn nhw'n cymryd ffurf, ac yn dod yn rhan o adeiledd y waliau, yn gorchuddio'r tir o amgylch ac yn llanw'r awyr uwchben. Yn sawl un o'm peintiadau mae'r dirwedd o amgylch fel rwy'n ei theimlo yn hytrach nag fel mae'n edrych o un lle arbennig. Er

OGWYN DAVIES

Ogwyn Davies was born in the Swansea Valley in 1925. He attended Swansea School of Art and taught art at Tregaron Secondary School for over thirty years until he retired in 1985. Davies has been a practising artist all his working life. As well as being a painter he has worked in ceramics and used lettering in a variety of ways. Some of his more recent work has involved writing the words of 'Mae Hen Wlad Fy Nhadau . . .' into earth, coal dust and sand, all from Wales. 'The whole activity was purely instinctive,' he says. Lois Williams says of that work: 'As an object it evokes ideas of learning: learning to write, learning the fundamentals of language and culture. The writing on the wall.' Ogwyn Davies's concerns for his *cynefin* (habitat), politics, religion, poetry but most of all, Wales and its language, are clear in all his work.

16³

CAPEL SOAR Y MYNYDD
1993, collage, pen and coloured inks, acrylic paint, 62 x 44 cm
'I once heard a scientist say that every sound that has ever been made never dies – absolutely! If we had instruments selective enough and sensitive enough, theoretically, we could "tune in" to any sound made in the past. I think this is what gave me the idea of using text in my "chapel" paintings. I imagined that all the words and music spoken and sung in them were given form and they became part of the walls' structure, they covered the land around and filled the air above. In several of my paintings I've made the surrounding landscape more like I feel it to be rather than what it looks like from one

41

enghraifft, pan fyddwch chi'n sefyll o flaen capel Soar y Mynydd dydych chi ddim yn gweld fawr o'r mynydd y tu ôl, ond mae'r teimlad ar ôl ichi deithio trwy'r mynyddoedd tuag ato wedi gwneud imi beintio'r capel fel pe'n cael ei grebachu gan y bryniau o'i amgylch.'

17²

WAL GYMREIG

1955, cyfrwng cymysg, 90 x 120 cm

'Mae'r peintiad *Wal Gymreig* yn seiliedig ar graffiti – wyth o sloganau oedd yn gyffredin ar waliau yn ein hardal ni yn ddiweddar. Fe gaiff grym y negesau ei bwysleisio wrth eu rhoi gyda'i gilydd. Yn yr achos yma mae'r cyfrwng a'r neges yn dod ynghyd i ffurfio datganiad cryfach na'r rhannau unigol.'

PAUL DAVIES

Paul Davies (1947–93), gyda'i frawd Peter, a sefydlodd Becca, grŵp o artistiaid ifainc radicalaidd Cymreig oedd am greu canolbwynt i gelfyddyd am Gymru. Roedd gan Paul Davies ddiddordeb mewn celfyddyd oedd yn ymwneud â sefyllfaoedd a thestunau a oedd yn bod y tu allan i'r oriel gelf. 'Pwrpas y coleg celf yw cynhyrchu gwrthrychau hierarchaidd . . . rwy' o blaid trefn ddemocrataidd o wrthrychau . . . rwy' am fyw celf yn hytrach na'i wneud . . . rwy'n dipyn o anifail gwleidyddol . . . dechreuais gyda'r mudiad heddwch . . . es i ar bob math o wrthdystiadau . . . sylweddolais yn fuan na fyddwn yn newid dim trwy CND. Celfyddyd yw'r unig beth all newid pethau yn y gymdeithas; teimladau yn y gymdeithas.' Credai Paul Davies fod testun darn o gelfyddyd (y neges) yn rhan annatod o lunio a chyfathrebu'r gwaith hwnnw. Roedd yn gas ganddo gwlt awduraeth bersonol, y cyfrwng confensiynol o baent ar gynfas. Roedd yn well ganddo gelfyddyd amgylcheddol, perfformiad a chydosod gwrthrychau oedd ar gael. Roedd yn eu gwneud yn greadigaethau a ddatganai ei ddymuniad i roi blaenoriaeth i bynciau gwleidyddol a ieithyddol.

10³

METAL WALES

1980, cyfrwng cymysg, 6 x 4m

Creodd Paul Davies sawl fersiwn o *Map of Wales*, mewn llaid, tywod a collages o sbwriel, gan ddefnyddio'r gwahanol ddefnyddiau fel trosiad i dynnu sylw at amryw fater o bwys: y ddadl ecolegol, tlodi a gofal am y gymuned. Gan mai awdurdodau gwleidyddol sydd fel rheol yn gwneud mapiau, roedd yn credu ei fod, wrth wneud mapiau o Gymru, yn rhoi mwy o reolaeth ddemocrataidd i'r bobl sy'n byw yma – maent yn symboleiddio cael rheolaeth dros yr union ddarn o ofod sy'n Gymru. Am *Metal Wales* mae'n dweud bod ei ddewis o ddefnydd, darnau toredig o fetel o

point in space. For instance, when you stand in front of Soar y Mynydd chapel you see little of the mountain behind but the feeling when you've travelled to it through the mountains made me paint the chapel dwarfed by the surrounding hills.'

17²

WAL GYMREIG

1995, mixed media, 90 x 120 cm

'The painting *Wal Gymreig* is based on graffiti – eight slogans which were common on the walls in our district recently. The messages' strength is emphasized by putting them together. In this case the medium and the message come together to form a stronger statement than the individual components.'

PAUL DAVIES

Paul Davies (1947–93), with his brother Peter, was the founder of Becca, a group of young radical Welsh artists who wanted to create a focus for art about Wales. Paul Davies became interested in art which addressed specific situations and contexts that existed outside the art gallery. 'The art college is about producing hierarchical objects . . . I want a democracy of objects . . . I want to live art rather than make art . . . I'm a very political animal . . . I started with the peace movement . . . I went on all sorts of demonstrations . . . I soon realized I wasn't going to change anything through CND. Art is the only way to change things in a society, feelings in the society.' Paul Davies believed that the subject of a work of art (the message) was integral to making and communicating that work. He disliked the cult of personal authorship, the conventional media of paint on canvas, preferring environmental art, performance and the assemblages of found objects. These he built into creations that stated his wish to place political and language issues to the fore.

10³

METAL WALES

1980, mixed media, 6 x 4 m

Paul Davies created several versions of *Map of Wales*, in mud, sand and collages of rubbish, using different materials as metaphors for addressing different issues – ecological debate, poverty and concern for community. Because maps are normally made by political authorities, he felt that his making of maps of Wales gave a more democratic control to the people who live here – they are a symbol for having control over the physical space that is Wales. Of *Metal Wales* he said that his choice of materials, broken pieces of metal from broken industries,

42

ddiwydiannau toredig, cadwyni, gridiau, rhaffau – i gyd yn symbolau o ormes – yn adrodd stori diwydiannau adfeiliedig Cymru. Bu Paul Davies yn Ysgol Gelf St Martin a dechreuodd ei syniadau herfeiddiol flodeuo gyda'i adwaith i Lundain: 'Roedd St Martin's yng nghanol ardal o gynnyrch gormodol, biniau llawn gwastraff, gwastraff ein cymdeithas. Roeddwn i'n ymdeimlo ag anghyfiawnder mawr yn erbyn y gwastraff.' Mae nifer o weithiau tebyg gan Davies gyda theitlau fel *Wales in Chains* a *Car Crash Wales*.

ANN CATRIN EVANS

Ganed Ann Catrin Evans ym Mangor yn 1967. Aeth i Goleg Technegol Gwynedd ac arbenigo mewn dylunio 3-D, cyn mynd ymlaen i Bolytechnig Brighton a graddio gyda BA mewn coed, metel, cerameg a phlastigion. Bu'n artist preswyl yn nifer o ganolfannau yng Nghymru, ac roedd yn aelod o Dîm Cerfio Eira Gogledd Cymru ym Mharc Gorci, Moscow yn 1993. Yr un flwyddyn enillodd Fedal Aur yr Eisteddfod Genedlaethol, Llanelwedd. Enillodd gomisiwn i greu cerflunwaith cyhoeddus yng Nghaergybi yn 1994, ac ers hynny cafodd gomisiwn i greu cerflunwaith cyhoeddus ym Mharc Glynllifon er cof am yr awdur Gwenno Hywyn. Gof-artist yw Ann Catrin Evans, ac mae'n defnyddio'r efail yn ei stiwdio ym Mharc Glynllifon i weithio'r dur meddal yn ddarnau defnyddiol fel cnoceri drysau, canwyllbrennau, gemwaith a dodrefn.

9²
CNOCERI DRYSAU A CHANWYLLBRENNAU
1995, dur meddal gyredig, meintiau amrywiol
Fel llawer artist, caiff Ann Catrin Evans ei hysbrydoliaeth o'r dirwedd, ond mae'n unigryw yn y ffordd mae'n canolbwyntio ar elfennau mecanyddol, diwydiannol fel peiriannau fferm, cerbydau a pheilonau, i greu eitemau lluniaidd caboledig; pob un yn ddefnyddiol ond eto'n gerfluniadol ac addurnol. Dywed am beilonau: 'Rwy'n ymateb i ffurfiau crwn yr ynysyddion pyrex a cheramig a llinellau main, tyn y gwifrau sy'n hongian ac yn crymu'n naturiol. Dydw i ddim yn tynnu ysbrydoliaeth lythrennol o bethau fel hyn, ond mae gweddau arnyn nhw'n cael eu didoli a'u hailddiffinio.'

Laura Denning

NICHOLAS EVANS

Mae Nicholas Evans yn byw ac yn peintio yn Aberdâr ac yno hefyd y cafodd ei eni yn 1907. Roedd ei dad yn löwr, a'i fam hefyd am gyfnod byr, ac yn ôl yr arfer dilynodd ei dad i'r pwll glo ar ôl gadael yr ysgol. Ond wedi i'w dad gael ei ladd mewn damwain yn y pwll,

chains, grids, ropes – all symbols of repression – tell of the derelict industries of Wales. Paul Davies studied at St Martin's School of Art and his provocative ideas started to flourish in his reaction to London: 'St Martin's was in the middle of an area of surplus product, dustbins full of stuff, the waste of our society. I felt a great injustice against waste.' Several of Davies's similar assemblages from metal have titles like *Wales in Chains* and *Car Crash Wales*.

ANN CATRIN EVANS

Born in Bangor in 1967, Ann Catrin Evans specialized in 3-D Design at Gwynedd Technical College before completing a BA in Wood, Metal, Ceramics and Plastics at Brighton Polytechnic. She has held several residencies in Wales and was in the North Wales Snow Sculpture Team at Gorky Park, Moscow in 1993. The same year she won the prestigious Gold Medal at the National Eisteddfod in Builth Wells. She won a major public sculpture commission in Holyhead in 1994 and has since been commissioned to produce a public sculpture at Parc Glynllifon to commemorate the author Gwenno Hywyn. Ann Catrin Evans is an artist-blacksmith, using the forge in her studio at Parc Glynllifon to work the mild steel into functional objects such as door knockers, candlesticks, jewellery and furniture.

9²
DOOR KNOCKERS AND CANDLESTICKS
1995, forged mild steel, various dimensions
Like many artists, Ann Catrin Evans draws her inspiration from the landscape, though uniquely she focuses on the mechanical industrial elements such as farm machinery, vehicles and pylons to create fluid, beautifully crafted items, all functional yet all sculptural and decorative. On pylons she writes: 'I respond to the rounded shapes of the pyrex and ceramic insulators and the thin taut lines of the wires which hang and curve naturally. The inspiration from such things is not taken literally, but aspects are abstracted and redefined.'

Laura Denning

NICHOLAS EVANS

Nicholas Evans lives and paints in Aberdare where he was born in 1907. His father and mother (for a while) were both miners. As was the tradition, Evans followed his father into the pit when he left school but was persuaded by his mother to give it up after his

perswadiodd ei fam ef i adael y gwaith glo ac aeth i weithio ar y rheilffyrdd. Ond ar ôl ymddeol yn y 1960au, a dechrau ymddiddori mewn peintio, yn ôl i'r pyllau glo ac at y glowyr yr aeth am ei destunau. Yr ysgogiad mawr arall yn ei fywyd yw ei gred Gristnogol ddofn, a dyma'r ail brif thema yn ei waith. Mae'n gwneud ei beintiadau drwy roi paent du a glas/ddu'n uniongyrchol ar fwrdd gwyn gyda'i fysedd neu gyda darnau o ddefnydd. Nid yw byth yn gwneud lluniadau ymlaen llaw.

'Ni all yr un lliw ond "Bible-black" Dylan Thomas wir bortreadu y glöwr ar y ffas, yn gadael y pwll ac ymlwybro adref ar hyd y strydoedd culion. Gellid yn hawdd gymharu fy ffordd i o weithio â thrin clai; mae sychu'r paent i ffwrdd i arddangos y gwyn oddi tano yn ddigon tebyg i sgrapio'r clai oddi ar y model. Rwy' wedi bod yn bregethwr lleyg gyda'r Eglwys Bentecostaidd am dros hanner canrif gan bregethu ar hyd ac ar led cymoedd y de. Mae rhai'n gweld dylanwad fy nghrefydd ar fy lluniau; fe ddywedwn i eu bod yn dod o'r un ffynhonnell – o ddyfnderoedd fy enaid.' Mae Nicholas Evans wedi egluro ei athroniaeth yn y gyfrol, *Symphonies in Black*, a ysgrifennwyd gan ei ferch Rhoda.

18²

ABERFAN

1966, olew ar fwrdd, 120 x 120 cm

Oriel Gelf Glynn Vivian

Hanner awr wedi naw oedd hi ar 21 Hydref 1966, bore oer gwlyb na fydd trigolion pentref bach Aber-fan yng Nghwm Taf fyth ei anghofio. Roedd y glaw trwm wedi hidlo i mewn i'r domen slag a thywalltodd y llaid i lawr y bryn gan draflyncu Ysgolion Babanod a Chynradd Pantglas a rhai tai cyfagos. Lladdwyd 116 o blant a 28 o oedolion. Ysgrifennodd Evans: 'Heidiodd cannoedd o ddynion o'r Cymoedd i'r safle, llawer gydag offer symud pridd, eraill gyda rhawiau a rhai'n defnyddio'u dwylo yn yr ymdrech wyllt i geisio rhyddhau'r dioddefwyr. Roedd hi'n olygfa dorcalonnus gydag esgid fach yn ymddangos yma, a chap acw, ynghanol y rwbel. Ni fydd Cymru byth yn anghofio.'

T. C. EVANS

Roedd yr hynafiaethwr a'r llên-gwerinwr Thomas Christopher Evans (1846–1918) yn fwy adnabyddus wrth ei enw barddol 'Cadrawd'. Gof oedd wrth ei waith, ond roedd hefyd yn casglu llyfrau, llawysgrifau, arteffactau gwledig, hen ddodrefn, offer ffarm a bric-à-brac. Roedd Cadrawd yn ysgrifennwr toreithiog ar hanes lleol, ac mae'n enwog fel awdur *The History of the Parish of Llangynwyd*, y pentref ym Morgannwg lle cafodd ei eni a lle bu'n byw ar hyd ei oes. Yn y llyfr ceir

father was killed in a mining accident. He went on to work on the railways but, when he retired in the 1960s and took up painting, he returned to the pits and miners for his subject-matter. The other driving force in his life has been his strong Christian belief and this has provided the second main theme for his paintings. He works by applying black and blue/black paint, with fingers and rags, directly onto white board. He does not use preparatory drawings of any sort.

'In order to portray the collier at the coalface, leaving the pit, or plodding home along the narrow streets, no other colour than Dylan Thomas's "Bible-black" would do. One could easily compare my method of working with the craft of clay modelling, wiping away the paint to reveal the white beneath is akin to scraping away clay from a model. I have been a lay preacher with the Pentecostal Church for over half a century, preaching the length and breadth of the south Wales valleys. Some discern the influence of my religion upon my pictures; I would say that they emanate from the same source – from the depths of my soul.' Nicholas Evans has explained his philosophy in a book, *Symphonies in Black*, which was written by his daughter Rhoda.

18²

ABERFAN

1966, oil on board, 120 x 120 cm

Glynn Vivian Art Gallery

It was 9.30 on 21 October 1966, a cold wet morning which people in the small village of Aberfan in the Merthyr Valley will never forget. The heavy rain had seeped into a coal slag-heap above the village and the slurry avalanched downhill engulfing the Pantglas Infants and Junior School and some nearby houses. A total of 116 children and 28 adults were killed. Evans writes: 'Hundreds of men from the Valleys hurried to the site, many with earth-moving equipment, others using shovels, or even their hands in a frantic attempt to release the victims. Part of the heart-rending scene showed a little shoe here, or a cap there, in the debris. Wales will never forget.'

T. C. EVANS

The antiquary and folklorist Thomas Christopher Evans (1846–1918) was better known by his bardic name 'Cadrawd'. He was a blacksmith by trade who collected books, manuscripts, rural artefacts, old furniture, farm implements and bric-à-brac. Cadrawd was a prolific writer on local history and is famous as the author of *The History of the Parish of Llangynwyd*, the village in Glamorgan where he was born and spent all his life. The book includes his

ei ymchwil i'r rhamant werin Merch Cefn Ydfa, ac ystyrir y gyfrol yn un o'r casgliadau cyntaf o hanes lleol yng Nghymru.

research on the romantic folk story of the Maid of Cefn Ydfa, and it is recognized as one of the first collections of local history in Wales.

16[1]

Y WYDDOR (THE ALPHABET)
circa 1900, dyfrliw ar bapur, 110 x 88 cm
Amgueddfa Werin Cymru

Mae siart wyddor Cadrawd yn edrych fel amrywiad dwyieithog ar gymhorthion dysgu plant bach. Mae'n arddangos yr wyddor Gymraeg ac arwyddion barddol Gorsedd Morgannwg. Mae'r borderi'n cynnwys nifer o fotiffau graffig hanesyddol a thraddodiadol. Roedd Evans wedi astudio gwaith a syniadau'r gŵr ecsentrig Edward Williams (1747–1826), sy'n fwy adnabyddus wrth ei enw barddol, Iolo Morganwg. Iolo a sefydlodd set o ddefodau yr hawliai iddynt ddod i lawr o gyfnod y Derwyddon. Y rhain roddodd fod i seremonïau Gorsedd y Beirdd sy'n rhan o'r Eisteddfod Genedlaethol. Gellir gweld *Y Wyddor*, fel y rhan fwyaf o gasgliadau T. C. Evans, yn Amgueddfa Werin Cymru, Sain Ffagan.

16[1]

Y WYDDOR (THE ALPHABET)
circa 1900, water-colour on paper, 110 x 88 cm
Museum of Welsh Life

Cadrawd's alphabet chart looks like a bilingual variation on young children's learning aids. It shows the Welsh alphabet and the bardic symbols of the Glamorgan Gorsedd. The borders include a selection of historical and traditional graphic motifs. Evans had studied the writings and ideas of the eccentric Edward Williams (1747–1826), better known by his bardic name 'Iolo Morganwg', who had established a set of rituals which he claimed had been passed down from the time of the Druids. These evolved into ceremonies of the Gorsedd of Bards which are part of the National Eisteddfod. *The Alphabet* and most of T. C. Evans's collections are kept at the Museum of Welsh Life, St Fagans.

MICHAEL FLYNN

Ganed Michael Flynn i deulu pabyddol yn Iwerddon yn 1947. Astudiodd gelfyddyd mewn colegau yn Birmingham, Caerwrangon a Chaerdydd. Ers hynny mae wedi gweithio fel darlithydd gwadd mewn nifer o golegau tra'n parhau gyda'i waith fel artist. Mae ganddo stiwdio yng Nghaerdydd, ond mae'n treulio llawer o amser yn gweithio mewn stiwdios yn yr Almaen a Dwyrain Ewrop. Mae gwaith Flynn yn gymysgedd unigryw. Mae'n gerflunydd ffigurol, ac mae i'w waith ryw ansawdd haniaethol llawn mynegiant. Yn aml mae ei destunau'n seiliedig ar lenyddiaeth neu fytholeg – er nad yw'n portreadu chwedlau pobl eraill ond yn creu ei rai ei hunan. Mae ei waith wedi'i ddylunio i gael ei ddarllen. Mae'r rhan fwyaf o'i ddelweddau'n byw yn y byd go iawn, byd naturiol anifeiliaid a phobl, a'i arddull yn aml yn ddychanol yn gymysg â'r teimladol ddwys. Er bod ei ffigurau dynol yn noeth, nid ydynt yn erotig. Yn hytrach na'r pen mae'n defnyddio'r *corff* i gyfleu'r cyflwr dynol. Mae'r canlyniad yn aml yn ddarn llawn hiwmor ond gyda grym dramatig llawn mynegiant.

Michael Flynn, 1985, braslun o gwmni dawns yn ymarfer, 20 x 25 cm.

Michael Flynn, 1985, sketch of a dance company rehearsing, 20 x 25 cm.

MICHAEL FLYNN

Michael Flynn was born into a Catholic family in Ireland in 1947. He studied art at Birmingham, Worcester and Cardiff colleges and since then has worked as a visiting lecturer at various art colleges at the same time as continuing his work as an artist. He has a studio in Cardiff but spends a lot of time working in studios in Germany and Eastern Europe. Flynn's work is a unique mixture: he is a figurative sculptor whose work has abstract and expressive qualities. His subject-matter is often based on literature or mythology – although he does not portray other people's stories, he creates his own: his work is designed to be read. Most of his images live in the real world, the physical world of animals and humans; the style is caricature often mixed with pathos. His human figures, though naked, are not erotic. Instead of the head, he uses the *body* as a way of portraying the human condition. The final result is usually a piece with humour but with an expressive dramatic power.

21⁴

HEAD OF MAN

1987, racw, 53 x 70 x 25 cm

Mae'n debyg y byddai 'Running Man with Dog and Hare' yn deitl mwy addas na *Head of Man*, ond yng ngweithiau Flynn mae gan y testun gymaint o haenau fel y gellir dyfeisio llawer o storïau ohonynt. Un peth arwyddocaol am waith Flynn yw'r ffordd y mae'r cyfrwng mor addas i'r testun. Mae wedi'i reoli a'i fodelu i fynegi dynameg naturiol y testun. Nid arwynebau llyfn cyrff noeth cerfluniau'r traddodiad Ewropeaidd a geir yma, na chwaith arwyneb llyfn traddodiad ceramig Ewrop. Mae arwynebau racw Flynn yn edrych mwy fel carreg na cherameg.

Caiff symudiad ei gyfleu drwy ormodiaith. Mae *Head of Man* yn un o gyfres yn ymwneud â symud: mae nifer am ddynion yn rhedeg ar ôl cŵn neu ieir. Er mwyn ceisio dal hanfod symudiad, mae Michael Flynn wedi gwneud sawl astudiaeth o ddawnswyr (gweler t.45).

VALERIE GANZ

Ganed Valerie Ganz yn Abertawe yn 1936 ac astudiodd beintio, gwydr lliw a cherfluniaeth yng Ngholeg Celf Abertawe. Tan 1973 bu'n diwtor cerfluniaeth yn y coleg hwnnw, cyn mynd i beintio'n llawn amser gan ganolbwyntio fwyfwy ar dirwedd ddiwydiannol de Cymru. Mae'n fwyaf adnabyddus am ei gwaith yn portreadu meysydd glo y de. Mae eraill o'i hoff themâu'n wahanol iawn: dawnswyr bale a cherddorion jazz.

15⁴

KING AND EDDIE SCRIBBINS

1986, dyfrliw, 59 x 84 cm

Llyfrgell Genedlaethol Cymru

Yn 1986 treuliodd Valerie Ganz naw mis yn byw ac yn gweithio gyda'r glowyr a'u teuluoedd yng nglofa'r Six Bells ger Abertyleri. Roedd y pwll wedi bod yn cynhyrchu glo am naw deg o flynyddoedd ac roedd yn tra-arglwyddiaethu ar y cwm a'i drigolion. Er nad oedd hi'n sylweddoli hynny ar y pryd, roedd Ganz yn cofnodi byd oedd yn newid yn gyflym. O fewn dwy flynedd caeodd y pwll a diflannodd yr adeiladau. Mae teitl y peintiad yn cyfeirio at gyn-löwr a'i gi a arferai fynd am dro ar hyd yr un ffordd bob dydd.

17³

BREAKFAST AT THE COALFACE

1995, sercol a golch dyfrliw, 50 x 70 cm

'Rwy'n dal i dreulio llawer o amser dan ddaear. Mae hwn wedi'i seilio ar fraslun a wnes i ym Mhwll y Twr, y pwll glo dwfn olaf yn y de. Fe wnes i'r brasluniau dan

---

21⁴

HEAD OF MAN

1987, raku, 53 x 70 x 25 cm

Perhaps *Head of Man* should really be called 'Running Man with Dog and Hare' but in Flynn's work the subject-matter has many layers, many stories can be invented from them. One significant thing about Flynn's work is the way that the medium matches the subject so well: it is controlled, modelled to express the physical dynamics of the subject. The surfaces are not the smooth surfaces of European traditional sculpture of the nude figure, nor the smooth surfaces of the European ceramic tradition. Flynn's raku surfaces look like stone rather than ceramic.

Movement is shown in an exaggerated, expressive way. *Head of Man* is one of a series of pieces about movement: many are about men chasing dogs or hens. Whilst trying to capture the essence of movement, Michael Flynn has made many studies of dancers (see p.45).

VALERIE GANZ

Born in Swansea in 1936, Valerie Ganz studied painting, stained glass and sculpture at Swansea College of Art. She stayed on at the college as a tutor in sculpture until 1973 after which she became a full-time painter increasingly concentrating on the industrial landscape of south Wales. She is best known for her work portraying the south Wales coalfield. Her other favourite subjects have been very different: ballet dancers and jazz musicians.

15⁴

KING AND EDDIE SCRIBBINS

1986, water-colour, 59 x 84 cm

National Library of Wales

In 1986 Valerie Ganz spent nine months living and working alongside miners and their families at the Six Bells Colliery near Abertillery. The pit had been producing coal for ninety years and dominated the valley and its inhabitants. Although she did not realize it at the time, Ganz was capturing a world that was changing fast. Within two years the colliery had closed and the buildings had disappeared. The title of the painting refers to an ex-miner and his dog who walked along the same route each day.

17³

BREAKFAST AT THE COALFACE

1995, charcoal and water-colour wash, 50 x 70 cm

'I still spend a lot of time underground. This is based on a sketch I made at Tower Colliery, the last deep mine in south Wales. Sketches were done

ddaear lle mae'r amodau'n dal yn beryglus a chaled. Ar ôl mynd i lawr yn y caets i waelod y pwll, ambell waith byddai'n rhaid cerdded gymaint â phum milltir i gyrraedd y ffas. Fel y glowyr roeddwn innau'n gwisgo oferôl a helmed gyda lamp. Rwy'n ceisio cyfleu'r teimlad mai dim ond oherwydd bod y lamp wedi'i gosod yn gadarn y gellwch chi weld o'ch blaen, gan nad oes unrhyw olau arall.'

underground where the conditions are still dangerous and arduous. After you go down in the cage to the pit bottom you sometimes have to travel as much as five miles to get to the coalface. Like the miners, I wear overalls and a helmet with a lamp. I try to capture the way that, where there are no other lights, you can only see ahead of you because the lamp is fixed.'

HENRY GASTINEAU

Roedd Gastineau (1797–1876) yn un o lu o artistiaid crwydrol a deithiai o amgylch gwledydd Prydain yn lluniadu tirluniau a gâi eu troi'n brintiau wedyn. Câi rhai o'r engrafiadau eu gwneud gan yr artist gwreiddiol, tra bod eraill yn atgynyrchiadau gan engrafwyr medrus o luniadau a pheintiadau pobl eraill. Printiau oedd un o'r dulliau cynharaf o atgynhyrchu gweithiau celf. Gwnaed y rhan fwyaf o'r printiau o engrafiadau ar blatiau copr, sinc neu ddur. Roedd digonedd o lyfrau rhwymedig yn cynnwys cyfresi o 'olygfeydd darlunaidd' topograffaidd ar gael yn y ddeunawfed ganrif, ond ers hynny mae'r cyfrolau wedi'u rhannu'n dudalennau ar wahân, a'u gwerthu fel printiau wedi'u fframio. Yn ddiweddarach cafodd llawer ohonynt eu peintio â llaw yn ddienw, gan ddefnyddio dyfrliwiau.

HENRY GASTINEAU

Gastineau (1797–1876) was one of a large number of itinerant artists who travelled around Britain drawing landscapes which were later turned into prints. Some engravings were made by the original artists, some were merely reproductions by skilled engravers of other people's drawings and paintings. Prints were one of the earliest forms of reproduction of works of art. Most prints were made from engravings on copper, zinc or steel plates. Bound books with sets of topographical 'picturesque views' were widely available in the eighteenth century, but since then many have been split up into separate sheets and sold as framed prints. Many prints were later hand coloured anonymously using water-colours.

15[1]

MILL AT ABER-DYLAIS
(dyddiad anhysbys), llin-engrafiad wedi'i liwio â llaw gan Adlard yn null Henry Gastineau
Llyfrgell Genedlaethol Cymru

Mae Rhaeadr Aberdulais, ceunant coediog ger Castell Nedd, yn un o'r safleoedd diwydiannol cynharaf yn ne Cymru. Câi copr ei fwyndoddi yno yn yr unfed ganrif ar bymtheg, ac yn ddiweddarach gwnaed haearn a thunplat yno. Erbyn diwedd y ddeunawfed ganrif roedd Cwm Nedd wedi ennill y blaen ar Ddyffryn Gwy fel y lle mwyaf poblogaidd gan artistiaid crwydrol. Mae tri deg saith o ddarluniau o Aberdulais gan wahanol artistiaid ar gael. Gellir eu rhannu'n dri dosbarth: darlunwyr topograffaidd fel Gastineau, peintwyr tirluniau rhamantaidd, ac amaturiaid. Erbyn ei fod yn ugain oed roedd J. M. W. Turner yn gwneud bywoliaeth fel arlunydd topograffaidd. Fel llawer o beintwyr tirluniau'r cyfnod byddai Turner yn treulio llawer o amser ar deithiau braslunio (gweler t.86). Ymwelodd ag Aberdulais yn 1795 a gwneud braslun pensil o'r felin. Rhwng 1795 a 1796 gwnaeth ddyfrliw oedd bron yn union yr un fath. Roedd Penry Williams (gweler t.92) yn ymwelydd arall. Mae Rhaeadr Aberdulais heddiw yn eiddo i'r Ymddiriedolaeth Genedlaethol, ac mae yno arddangosfa o atgynyrchiadau o luniadau, peintiadau ac engrafiadau gan bedwar ar bymtheg o artistiaid a ymwelodd â'r lle rhwng 1765 a 1880. Mae'r casgliad hwn, sy'n dangos sut mae'r safle wedi newid dros y

15[1]

MILL AT ABER-DYLAIS
(date unknown), hand-coloured line engraving by Adlard after Henry Gastineau
National Library of Wales

Aberdulais Falls, a small area of wooded gorge near Neath, is one of the earliest industrial sites in south Wales. Copper was smelted there in the sixteenth century and later iron and tinplate were made there. At the end of the eighteenth century the Vale of Neath had overtaken the Wye Valley as the most popular location on the tourist route for visiting artists. Thirty-seven illustrations of Aberdulais by different artists have been located. Three main groups can be identified: topographical illustrators like Gastineau, romantic landscape artists and amateurs. By the age of twenty, J. M. W. Turner was making a living as a topographical artist. Like many landscape painters of the period, he spent a great deal of time on sketching tours (see p.86). Turner visited Aberdulais in 1795 and made a pencil drawing of the mill. Between 1795 and 1796 he produced a water-colour which used almost the same composition. Penry Williams (see p.92) also visited. Aberdulais Falls is today owned by the National Trust who have at the site a display of reproductions of drawings, paintings and engravings by nineteen artists who visited between 1765 and 1880. This collection forms a useful

blynyddoedd, yn ffynhonnell ymchwil hwylus iawn i archeolegwyr yn ogystal ag i arlunwyr.

resource for archaeologists, as much as for artists, showing how the site has changed.

ARTHUR GIARDELLI

Ganed Arthur Giardelli yn Llundain yn 1911. Bu'n astudio iaith a llenyddiaeth Ffrainc a'r Eidal yn Rhydychen a'r un pryd âi am wersi lluniadu i Ysgol Gelf Ruskin. Yn ystod yr Ail Ryfel Byd roedd yn dysgu yn Folkestone ac anfonwyd yr ysgol i Gymru lle mae wedi byw ers hynny. Bu'n dysgu cerddoriaeth am dipyn mewn ysgol ym Merthyr, ac yna dysgodd gelf a cherddoriaeth yn adran efrydiau allanol Prifysgol Cymru, Aberystwyth. Roedd Giardelli yn un o sylfaenwyr Grŵp 56 Cymru; ei nod wrth wneud hynny oedd 'gwrthryfela yn erbyn tra-arglwyddiaeth Llundain, hyrwyddo gwaith artistiaid oedd yn byw yng Nghymru, ac ar yr un pryd ymwrthod â'r ddelwedd stereoteip o gelfyddyd Gymreig, gan ddewis ei hystyried yn y cyd-destun ehangach Ewropeaidd.' Mae hyn wedi golygu mynd â gweithiau celfyddyd o Gymru i Ffrainc, yr Eidal, yr Almaen, yr Iseldiroedd, Slofacia a Gweriniaeth Tsiec. Mae Giardelli'n byw ar arfordir Penfro, prif ffynhonnell ei ysbrydoliaeth. Mae llawer o'i waith yn adeiladweithiau cerfweddol, cyfrwng sy'n nodweddiadol iawn o gelfyddyd yr ugeinfed ganrif ac yn adlewyrchu ei ddiddordebau Ewropeaidd.

ARTHUR GIARDELLI

Arthur Giardelli was born in London in 1911. He studied French and Italian language and literature at Oxford and took drawing lessons at the Ruskin School of Art. During the Second World War, the school where he was teaching in Folkstone was evacuated to Wales and he has lived in Wales ever since. He taught music for a while at a school in Merthyr and since then has taught art and music at the extra-mural department at the University of Wales, Aberystwyth. Giardelli helped to set up the 56 Group Wales; his aims in doing so were to 'revolt against the domination of London, to promote the work of artists living in Wales whilst rejecting the stereotyped images of Welsh art, preferring to place Welsh art in the wider European context'. That has involved taking Welsh art to France, Italy, Germany, Holland, Slovakia and the Czech Republic. Giardelli lives on the Pembrokeshire coast which has been his main source of inspiration. Much of his work is in relief construction, a medium that is very character-istic of twentieth-century art and which very much reflects his European interests.

3[3]
FRESHWATER WEST
1980, hesian a chregyn, 90 x 90 cm
'Fe ddechreuais ddefnyddio defnyddiau nad oeddent yn costio dim achos nad oeddwn yn gallu fforddio paent olew. Os gellir creu menyw o garreg pam na ellir creu glan-môr o sachau tatws, trwseri fflanel a darnau o bres. Mae hefyd bigmentau powdr wedi'u cymysgu â dŵr a PVA. Rwy' wedi peintio sawl dyfrliw yn Freshwater West gerllaw, felly mae'r siapiau a'r lliwiau yn fy mhen pan fydda i'n gweithio gartref ar yr adeiladwaith gerfweddol 90 x 90 cm. Rwy'n gosod y cyfan mewn cylch gan fod mwy o fôr na dim arall yn y byd.'

3[3]
FRESHWATER WEST
1980, hessian and shells, 90 x 90 cm
'I started using materials costing nothing when I couldn't afford oil paints. If you can make a woman out of stone why not the sea-shore out of potato sacks, flannel trousers and scraps of brass. There are also some powder pigments mixed with water and PVA. I have painted many water-colours at nearby Freshwater West so the shapes and colours are in my mind when I work at home on a 90 x 90 cm relief construction. I put it all in a circle because there is more sea than anything else in the world.'

JOHN GIBSON

Ganed John Gibson (1790–1866) ger Conwy, ond pan oedd yn naw oed symudodd y teulu i Lerpwl, y ddinas ffyniannus gyda'i phorthladd prysur, i wneud ei ffortiwn. Aeth Gibson yn brentis i saer dodrefn i ddechrau, ac yna at gerflunydd oedd yn gwneud cerrig beddau. Yn saith ar hugain aeth i fyw i Rufain, ac yno y bu am weddill ei oes. Yn Rhufain roedd yn gyfaill mawr i arlunydd arall o Gymro, Penry Williams (gweler t.92). Bu Gibson yn gweithio am gyfnod gydag un o'r cerflunwyr neo-clasurol mwyaf, mae'n debyg, Canova (mae ei *Three Graces* yn y V & A). Ceisiodd Gibson ail-greu naws Groeg

JOHN GIBSON

John Gibson (1790–1866) was born near Conwy. When he was nine his family moved to the booming metropolis and port of Liverpool to seek their fortune. Gibson was apprenticed, first to a cabinet-maker and then to a sculptor making gravestones. At the age of twenty-seven he moved to Rome where he spent the rest of his life. In Rome he was a great friend of another Welsh artist, Penry Williams (see p.92). Gibson worked for a time with probably the greatest neo-classical sculptor, Canova (his *Three Graces* is in the V & A). He tried to recreate the spirit of classical

glasurol yn ei gerfluniau, sydd ar y cyfan yn ddelfrydoledig ac yn aml yn seiliedig ar thema fytholegol. Roedd mwyafrif cerflunwyr y cyfnod yn portreadu ffigurau mewn gwisgoedd a steiliau gwallt cyfoes, ond ym marn Gibson 'nid oeddent yn destun addas i gerflunwaith', ac arbenigodd mewn ffigurau noeth neu hanner noeth. Roedd y Groegiaid gynt yn lliwio rhai o'u ffigurau a phan greodd Gibson ei *Tinted Venus* gyda'i llygaid glas, ei gwallt golau a'i chorff arlliwiedig, cafodd ei chymharu â'r darnau o gerflunwaith gorau yn y byd, *Venus de Milo* a *David* Michelangelo. Roedd Gibson yn llwyddiannus iawn a gadawodd eithaf ffortiwn ar ei ôl. Mae'r *Tinted Venus* a gweithiau eraill o'i eiddo yn Oriel Gelf Walker yn Lerpwl.

Mae casgliad arall o gerflunwaith Gibson yng Nghastell Bodelwyddan ger Llanelwy, cangen o'r Oriel Portreadau Genedlaethol. Mae gan Fodelwyddan ei wasanaeth addysg ei hun, mae yno gasgliad amrywiol o gelfyddyd ac mae'n lle hwylus iawn i astudio hanes Oes Fictoria, dylunio mewnol, celf, ffotograffiaeth a thechnoleg.

6¹

AURORA
1842, marmor gwyn, 175 cm
Amgueddfa Genedlaethol Cymru
Comisiynwyd y gwaith hwn gan Henry Sandbach o Lerpwl, noddwr hael y celfyddydau, fel anrheg i'w wraig. Disgrifiodd Gibson y ffigur fel 'negesydd y dydd, Aurora, duwies y bore . . . wedi codi o'r môr a seren olau Lwsiffer yn disgleirio ar ei thalcen'. Mae'r ffigur wedi'i ddelfrydu yn y traddodiad clasurol, gydag adenydd fel angel yn pwysleisio'r perffeithrwydd corfforol ac ysbrydol.

JOHN GINGELL

Ganed y cerflunydd John Gingell yng Nghaint yn 1935, aeth i Goleg Goldsmiths, ac yna bu'n dysgu celf mewn ysgolion yn Llundain am ychydig o flynyddoedd cyn dod i Gaerdydd, lle mae'n dysgu yn y Coleg Celf.

6²

BLUE FLASH a *POWERBOX*
1995, dur wedi'i weldio, uchder 20 m
Ymddiriedolaeth Gelf Bae Caerdydd
Y cyfarwyddyd a gafodd John Gingell oedd i drawsnewid is-orsaf drydan anferth. Bocs coch llyfn, 14 metr o uchder yw *Powerbox* lle daw trydan i mewn i'r safle o'r grid cenedlaethol; ar ei ben mae *Blue Flash*, fflachiad o oleuni glas. Caets glas rhwyllog yw *Meshchip* sy'n cynnwys offer rheoli switsys, ac ar ei ben ceir arch o wreichion melyn llachar ar ffurf dartiau.

Greece in his sculptures, which are mostly idealized and often based on mythological subjects. Most sculptors at the time portrayed figures with contemporary dress and hairstyles but Gibson said they were 'not a fit subject for sculpture' and specialized in the nude and the semi-nude figure. The ancient Greeks had coloured some of their marble figures. When Gibson created his *Tinted Venus*, with blue eyes, blond hair and tinted body, it was compared with the greatest of sculptures, the *Venus de Milo* and Michelangelo's *David*. Gibson was very successful and left a considerable fortune when he died. The *Tinted Venus* can be seen with other Gibson sculptures at the Walker Art Gallery in Liverpool.

Another collection of Gibson sculptures can be seen at Bodelwyddan Castle near St Asaph, a branch of the National Portrait Gallery. Bodelwyddan has its own education service, houses a varied selection of works of art, and is useful for studying Victorian history, interior design, art, photography and technology.

6¹

AURORA
1842, white marble, 175 cm
National Museum of Wales
Henry Sandbach of Liverpool, a rich patron of the arts, commissioned this figure from Gibson as a present for his wife. Gibson described it as 'the harbinger of the day, Aurora, goddess of the morning . . . just risen from the ocean with the bright star of Lucifer glittering over her brow.' The figure is idealized in the classical tradition, with wings like an angel to emphasize bodily and spiritual perfection.

JOHN GINGELL

Born in Kent in 1935, sculptor John Gingell studied at Goldsmiths College. He then taught art in schools in London for a few years before coming to live in Cardiff, where he teaches at Cardiff Art College.

6²

BLUE FLASH and *POWERBOX*
1995, welded steel, height 20 m
Cardiff Bay Art Trust
John Gingell's brief was to transform a large electricity substation. *Powerbox*, where electricity enters the site from the national grid, is a smooth red box, 14 metres high, topped by *Blue Flash*, a blue lightning flash. *Meshchip* is a blue mesh cage for switch-housing equipment surmounted by an arc of bright yellow dart-shaped sparks.

49

'Mae'r ddinas yn rym. Mae holl batrwm ein bywyd yn dibynnu ar hyn. Mae fel grym bywydol. Mae trydan yn perthyn i oleuni, mae'r ddau yn ffurfiau ar ynni electromagnetig. Pan holltir goleuni mewn prism fe gewch chi'r lliwiau cynradd, felly mae fy nefnydd i o goch, glas a melyn yn pwysleisio'r cysylltiad rhwng trydan a goleuni. Pan oeddwn i'n gweithio ar y darn yma fe edrychais eto ar ddefnydd Mondrian o liwiau cynradd ac ar syniadau'r Bauhaus.'

Mae'r rhain yn enghreifftiau o'r dwsinau o weithiau o gelfyddyd gyhoeddus a gomisiynwyd gan ymddiriedolaeth gelf ardal ddatblygu Bae Caerdydd.

ANTHONY GOBLE

'Mae pob peintiad yn adrodd stori, a honno'n stori wahanol i bawb sy'n edrych arno, hyd yn oed y peintiadau hynny nad ydyn nhw yn eu hanfod yn rhai naratif. Pan fyddwn ni'n darllen stori fe ddychmygwn ni'r cymeriadau. Pan fyddwn yn "darllen" peintiad fe welwn ni'r cymeriadau a'r sefyllfaoedd a dychmygu'r stori. Mae llawer o'm gwaith yn hunangofiannol, fel arfer yn tyfu o luniadau yn un o'r llyfrau braslunio y bydda i'n mynd â nhw gyda fi bob amser i'w defnyddio fel "llyfrau nodiadau" gweledol. Mae fy ngwaith yn lliwgar ac mae'n ymddangos ei fod yn boblogaidd ar gyfer cloriau llyfrau a rhaglenni a phethau felly.'

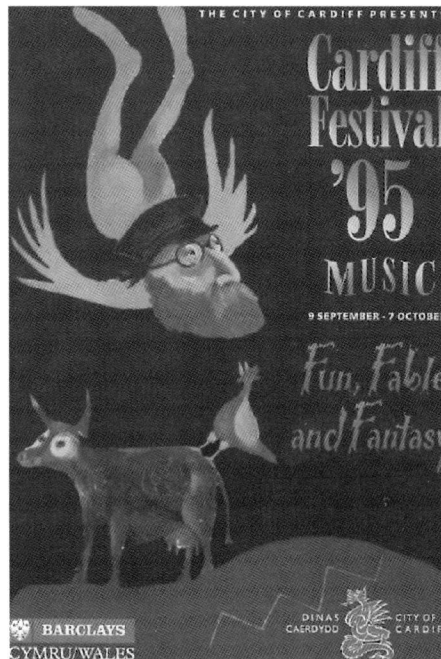

Rhaglen Gŵyl Caerdydd, yn seiliedig ar beintiad gan Anthony Goble.

Cardiff Festival programme, based on a painting by Anthony Goble.

14⁵
PONT HAFREN
1990, olew ar gynfas, 135 x 140 cm
'Fy Mhont Hafren i yw'r tŷ lle'm ganed (yn 1943) ar lannau Afon Hafren yn y Drenewydd. Ar yr arysgrif ceir y geiriau, "Aros yn y Drenewydd, Hanner Ffordd i'r Nefoedd, Efo Angel o Llanthony, I Baentio Pont Hafren". Collais yr iaith pan fu farw fy nhad a minnau'n rhyw bump neu chwech, ac fe symudais i fyw i ogledd Cymru. Ond roedd yn naturiol imi ddefnyddio Cymraeg yn y peintiad hwn. Roedd hi'n ddiddorol ac yn addysgiadol i ddarllen sylwadau rhai o blant Ysgol Gynradd Tredelerch Caerdydd ar y peintiad hwn pan oeddwn yn artist preswyl yn yr Amgueddfa Genedlaethol yn ddiweddar. Mewn ffordd, mae gwelediad pob un yn rhannol wir, doedd rhai o'r deongliadau ddim wedi fy nharo i gynt.'

Dyma rai o'r sylwadau:

'A city is power. Our whole life system depends on this. It's like a life-force. Electricity is related to light, they are both forms of electromagnetic energy. When you split light in a prism you end up with the primary colours so I feel my use of red, blue and yellow demonstrates the link between electricity and light. When I was working on this project I looked again at Mondrian's use of primary colours and the ideas of the Bauhaus.'

These are examples of the dozens of pieces of public art which have been commissioned by the art trust for the Cardiff Bay development area.

ANTHONY GOBLE

'Every painting tells a story, and a different story to everyone that sees it, even paintings that are not essentially narrative. When you read a story you imagine what the characters in the story look like. When you "read" a painting you see the characters and objects and imagine the story. A lot of my work is autobiographical, usually developed from drawings taken from one of the sketch pads always carried about with me and used as a visual "note pad". My work is colourful and people seem to like it for book covers and programmes and things like that.'

14⁵
PONT HAFREN
1990, oil on canvas, 135 x 140 cm
'My Pont Hafren was the house where I was born (in 1943) on the River Severn in Newtown. The inscription translates as, "Staying in Newtown, Halfway to Heaven, With an Angel from Llanthony, To paint Pont Hafren". I lost my Welsh when my father died when I was five or six and I moved to north Wales, but it seemed natural to use Welsh in this painting. It was both fascinating and enlightening to read what children from Trowbridge Junior School said about the painting at a residency I took recently at the National Museum. In a way, each child's perception is part of the truth, some of the interpretations had not occurred to me.'

Here are some of the children's comments:

'Mae'r peintiad hwn yn gwneud imi feddwl am fywyd artist, yn llawn syniadau. Efallai ei fod yn gafael yn y groes am ei fod am i Grist ddod i'w fywyd. Gall fod Tony yn peintio'r gorffennol.' Christopher Balzan
'Mae'n ceisio peintio'r storm i ffwrdd.' Amy Richards
'Mae'r aderyn wedi dod i ddweud wrth Tony fod yna ffordd i roi pen ar y trafferthion yn ei fywyd.' Carly Hill
'Mae Tony yn dal gafael mewn croes ar y tŵr: rwy'n credu bod hyn yn dod â lwc dda iddo fe.' Gareth Powell

MORGEN HALL

Ganed Morgen Hall yn California yn 1960. Symudodd y teulu i'r Alban pan oedd hi'n weddol ifanc a bu Hall yn gweithio fel cynorthwy-ydd stiwdio mewn crochendai yno cyn mynd i golegau celf yn Aberdeen a Chaerdydd. Mae'n gweithio yng Nghanolfan Celfyddydau Chapter Caerdydd, ac yn 1990 enillodd Fedal Aur Celfyddyd Eisteddfod Genedlaethol Cymru. Mae arddull eclectig, chwareus Hall yn ei llestri bwrdd hynod wreiddiol yn tynnu ar ddylanwadau o draddodiadau Ewropeaidd, yn ogystal â delweddau o hwiangerddi plentyndod, ysbrydoliaeth te parti'r hetiwr hurt yn Lewis Carroll, a pheth o wiriondeb Fictoriaidd dyluniadau William Burges yng Nghastell Coch (gweler Cerdyn 7).

'Rwy'n gwneud llestri bwrdd addurnol i'w defnyddio bob dydd. Rwy'n defnyddio priddwaith coch llyfn y gellir ei danio'n uchel, sydd o liw dwfn sinamon wedi llosgi. Mae'n torri trwy'r gwydredd tun hufennaidd fel oren poeth o amgylch yr ochrau. Yn ychwanegol at liw'r clai, fe ddefnyddir addurn slip glas i adeiladu patrwm a gwneud marciau, gyda gwrthsefyllydd papur a latex (neu Copydex) yn cael ei roi arno â sbwng neu frws.

'Mae fy ngwaith i gyd yn ymwneud â bwyd neu ddiod; o lestri te i blatiau wedi'u dylunio'n arbennig ar gyfer teisennau hufen, neu jariau dwy droedfedd o uchder i ddal jelly beans (ac am imi gael fy nghyhuddo unwaith o wneud potiau colesterol uchel yn unig, rwy' nawr yn gwneud llestri crudité ar gyfer dips braster isel a llysiau amrwd). Fel y rhan fwyaf o bobl sy'n gwneud llestri, dydw i ddim yn ystyried bod y gwaith wedi'i orffen pan ddaw allan o'r odyn ar ôl tanio'r gwydredd, dim ond pan mae'n cael ei ddefnyddio; dydy tebot ddim yn debot nes bod te ynddo (er fy mod i'n fodlon caniatáu jelly beans dychmygol yn y jariau enfawr).'

19⁴
DINNER TABLE
1994, cyfrwng cymysg, hyd 215 cm
'Mae bwyd – ei baratoi, ei gyflwyno a'i fwyta – wedi chwarae rhan fawr iawn yn fy mywyd i erioed, hyd yn oed yn blentyn pan oedd lle bwyta gyda fy rhieni. Yn y

'This painting makes me think of an artist's life, full of ideas. He might be holding the cross because he wants Christ in his life. Tony might be painting the past.' Christopher Balzan.
'He's trying to paint away the storm.' Amy Richards.
'The bird has come to tell Tony that there is a way to stop the trouble in his life.' Carly Hill.
'Tony is holding onto a cross on the steeple which I think is giving him good luck.' Gareth Powell.

MORGEN HALL

Morgen Hall was born in California in 1960. Her family moved to Scotland when she was young and Hall worked as a studio assistant in potteries there before attending art colleges in Aberdeen and Cardiff. She works at Cardiff's Chapter Arts Centre and in 1990 won the Gold Medal for Crafts at the National Eisteddfod. The playful eclectic style of Hall's highly original tableware draws on many influences from the European traditions as well as images from childhood nursery rhymes, the inspiration of Lewis Carroll's Mad Hatter's Tea Party and some of the Victorian zaniness of William Burges's designs at Castell Coch (see Card 7).

'I make decorative tableware which is intended for everyday use. I use a high-firing, smooth red earthenware which has a deep, burnt cinnamon colouring and breaks through the creamy tin glaze as a hot orange on the edges. As well as the clay's colouring, blue slip decoration is used to build up pattern and mark-making, with paper and latex (or Copydex) resist which is sponged or brushed on.

'All of my work is related to food or drink; from tea wares to plates specifically for cream cakes, or two-foot-high jars for jelly beans (– and because I was once accused of only making high-cholesterol pots, I now also make crudité servers for low-fat dips and chopped vegetables). Like many tableware producers, I do not consider the work completed when it is taken out of the kiln after the glaze firing, but only when it is being used – with my work a teapot is not a teapot until it has had tea in it (although I am prepared to allow for imaginary jelly beans with the large jars).'

19⁴
DINNER TABLE
1994, mixed media, 215 cm long
'Food – its preparation, presentation and consumption – has always featured large in my life, even from my childhood, when my parents ran a

cyfnod hwnnw hefyd, fe sylweddolais fy mod yn dwlu ar helpu fy nhad yn yr ardd. Bydd palu'r pridd coch, plannu'r hadau a chodi'r moron cyntaf o'r pridd bob tro'n cysylltu'r pridd â phethau i'w bwyta yn fy nghof; estyniad o hyn efallai yw gwneud llestri bwrdd. Yn union fel yr oeddwn wrth fy modd yn gwneud "cacenni mwd" rwy'n dal i gael pleser mawr wrth weithio gyda chlai. Gall pob plât gymryd tair awr i'w gorffen. Gwnaed y bwrdd gan Peter Furness.'

22[1]

TEA TROLLEY

1994, haearn gyr a phren

Dyluniwyd gan Morgen Hall a chynhyrchwyd gan Peter Furness, y gwaith metel gan Ann Catrin Evans (gweler Cerdyn 9 Llun 2). Y llestri bwrdd gan Morgen Hall.

22[2]

TEA CABARET

1994, clai wedi'i droi ag olwyn, 40 cm

'Mae'n ymddangos bod gan yr alcemi o gymysgu dail sych â dŵr berw, ac efallai ychydig laeth a siwgr i greu diod euraid, rywbeth yn gyffredin â'r alcemi aruthrol o gyfnewid pridd yn geramig. Wedi gweld llestri te o'r ddeunawfed ganrif wedi'u labelu'n "tea cabarets" yn yr Amgueddfa Genedlaethol, fe ddes i'n hoff iawn o wneud hambyrddau te ceramig, gan eu bod yn trawsnewid setiau cyffredin yn "gabaret te". Fe hoffwn i'r cabaret te fod yn wahoddiad na ellir ei wrthod i bobl ddod ynghyd i wneud te. Rwy'n ceisio gwneud setiau lle mae'r dolenni'n mynnu cael eu codi a'r pygiau'n awyddus i arllwys – gwneud y cyfan yn hynod o gyffyrddus eu defnyddio, ond ar yr un pryd yn wledd i'r llygad. Mae'r rhan fwyaf o'r gwaith wedi'i wneud ar yr olwyn, a'i droi â llaw ar olwyn gicio dull Leach. Crochenwaith slab yw'r hambwrdd.'

JOSEF HERMAN

Ganed Josef Herman yn Warsaw, Gwlad Pwyl yn 1911, a bu raid iddo ffoi i Wlad Belg a Ffrainc yn 1939 rhag ymosodiad yr Almaenwyr. Daeth i Brydain yn 1940 ac ymgartrefu yn Glasgow. Rhwng 1944 a 1954 bu'n byw yn Ystradgynlais lle peintiodd ei weithiau mwyaf cyfarwydd o'r glowyr. Bu'n rhannu tŷ am gyfnod gyda L. S. Lowry. Wrth drafod ei ffigurau urddasol anferth o ddynion yn gweithio, dywedodd Kyffin Williams (gweler t.90) eu bod yn portreadu'r 'holl ddynoliaeth o fewn un ffigur unigol'. Bu Will Roberts (gweler t.80) yn rhannu stiwdio gyda Herman am gyfnod ac, wrth gymharu'r ddau, dywedodd Kyffin Williams: 'Mae'r ddau'n rhannu cariad angerddol tuag at bobl a Mynegiadaeth Gogledd Ewrop . . . Dydy cariad ddim yn air sy'n ymddangos yn aml yng ngeiriadur y gelfyddyd newydd heddiw. Mae traddodiad hefyd ar goll, felly

restaurant. During those years I found that I also loved to help my father in the garden. Digging the rich earth, planting, and taking our first carrots from the soil will always link earth and edibles together – perhaps making tableware is an extension of this. Just as I then loved to dig and make "mud pies" I still take great pleasure in working with clay. Each plate can take three hours to make. The table was made by Peter Furness.'

22[1]

TEA TROLLEY

1994, wrought iron and wood

Designed by Morgen Hall and manufactured by Peter Furness with metal work by Ann Catrin Evans (see Card 9 Picture 2). Tableware by Morgen Hall.

22[2]

TEA CABARET

1994, wheel-thrown, turned clay, 40 cm

'The alchemy of mixing dried leaves with boiling water, and possibly milk and sugar to produce a golden brew does seem to have parallels with the grand alchemy of transforming earth into ceramic. After seeing eighteenth-century tea sets labelled "tea cabarets" at the National Museum in Cardiff, ceramic tea trays became favourite pieces to make, as they transform mere "sets" into "tea cabarets". I would like the tea cabaret to be an irresistible invitation for people to get together to make tea. I am trying to make sets where the handles are compelling to pick up and the spouts are eager to pour – to make the pots extremely comfortable to use, and at the same time delicious on the eye. Most of the work is wheel thrown and turned by hand on a Leach-style kick wheel. The tray is slab built.'

JOSEF HERMAN

Born in Warsaw, Poland, in 1911, Josef Herman fled to Belgium and France in 1939 from the German invasion. He arrived in Britain in 1940 and lived in Glasgow. Between 1944 and 1954 he lived in Ystradgynlais where he painted his best-known works of miners and shared a room for a time with L. S. Lowry. Kyffin Williams (see p.90) recently wrote that his monumental, dignified figures of working men are portrayed as 'depicting all humanity within a single figure'. Will Roberts (see p.80) worked with Herman at his studio for a time. Comparing the two men, Kyffin Williams has written that, 'they both share a great love of people and North European Expressionism . . . Love is a word that seldom appears in the dictionary of the new art of today. Tradition is also absent, so it is

mae'n dda gwybod bod y ddau artist pwysig hyn yn creu gweithiau sydd wedi'u hydreiddio'n ddwfn gan ddynoliaeth.'

12³

MINERS SINGING
1950–51, tempera ar fwrdd, 43 x 122 cm
Amgueddfa Genedlaethol Cymru
Mae Herman yn dweud iddo ddechrau gyda'r ffigur ar y chwith, yr un sydd â'i fraich i fyny, ond iddo beidio â gwneud synnwyr o'r ystum nes ei ymgorffori yn y grŵp o gantorion. Astudiaeth yw hon ar gyfer ei waith mwyaf, *Glowyr*, chwe phanel enfawr a wnaed ar gyfer Pafiliwn 'Mwynau'r Ynys' Gŵyl Prydain. (Mae'r murlun i'w weld yn Oriel Gelf Glynn Vivian, Abertawe.)

HARRY HOLLAND

Ganed Harry Holland yn Glasgow yn 1941 ac aeth i Ysgol Gelf St Martin. Bu'n dysgu celf yng nghanolbarth Lloegr cyn dod i Gaerdydd yn 1974, lle bu'n dysgu am bum mlynedd cyn rhoi'r gorau iddi a mynd yn beintiwr llawn amser. Gellir olrhain dylanwad y traddodiad clasurol a'r Dadeni ar ei beintiadau o ffigurau; realaeth yr Iseldiroedd, Vermeer a Chardin, ar ei fywyd llonydd. Trwy ei welediad unigryw o'r metaffisegol, mae Harry Holland yn dangos sut y gall parch tuag at y gorffennol gael ei ddefnyddio mewn sefyllfaoedd cyfoes.

24³

BREADWINNER
1978, olew ar gynfas, 90 x 120 cm
Cymdeithas Gelfyddyd Gyfoes Cymru/Tŷ ac Amgueddfa Scolton, Hwlffordd
Roedd y peintiwr ffigurol Americanaidd Edward Hopper yn ddylanwad cynnar ar Holland. Mae elfen gref o naratif ym mheintiadau grŵp Harry Holland; mae rhywbeth yn digwydd. Cyfeiriwyd atynt fel 'dramâu darluniol'. Yn *Breadwinner* mae'r wraig yn ymateb i'r gŵr yn cyrraedd adref. Mae'n eiliad ddistaw wedi'i fferu mewn amser, fel un ffrâm unigol mewn ffilm. Beth yw cyfrinach y bocs? 'Edrychwch ar y wisg,' medd Harry Holland.

HUGH HUGHES

Roedd Hugh Hughes (1790–1863) yn un o arlunwyr gwlad mwyaf toreithiog hanner cyntaf y bedwaredd ganrif ar bymtheg. Fe'i ganed ger Llandudno. Dechreuodd fel engrafwr pren a chynhyrchodd lyfr llwyddiannus o engrafiadau topograffaidd, *The Beauties of Cambria*.

good to know that these two important artists create works deeply imbued with humanity . . .'

12³

MINERS SINGING
1950–51, tempera on board, 43 x 122 cm
National Museum of Wales
Herman says that he began with the figure on the left with the raised arm but only made sense of the pose when he incorporated it into a group of singers. This picture is a study for one of his greatest mural paintings, *Miners*, six large panels painted for the Festival of Britain, 'Minerals of the Island' Pavilion. (The large mural, *Miners*, is on display at the Glynn Vivian Art Gallery, Swansea.)

HARRY HOLLAND

Harry Holland was born in Glasgow in 1941 and studied at St Martin's School of Art. He taught in art colleges in the Midlands, came to Cardiff to teach in 1974, finished teaching five years later and has painted full-time since then. The influences of the classical tradition and the Renaissance can be traced in his figure painting, Dutch realism, Vermeer and Chardin in his still lifes. In his unique visions of the metaphysical, Harry Holland shows how a regard for the past can be utilized in contemporary situations.

24³

BREADWINNER
1978, oil on canvas, 90 x 120 cm
Contemporary Art Society for Wales/Scolton House and Museum, Haverfordwest
The American figurative painter Edward Hopper was an early influence on Holland. There is a strong narrative element in Harry Holland's group paintings – something is happening. They have been referred to as 'pictorial dramas'. In *Breadwinner* the woman is reacting to the man arriving. It is a silent, frozen moment in time, like a single frame from a movie. What is the mystery of the box? 'Look at the dress,' says Harry Holland.

HUGH HUGHES

One of the most prolific artisan painters of the early nineteenth century was Hugh Hughes (1790–1863). He was born near Llandudno. Hughes began as a wood-engraver and produced a successful book of topographical engravings entitled *The Beauties of Cambria*.

53

1¹

1¹

PIG FAIR, LLANIDLOES
1847, olew ar gynfas, 45 x 68 cm
Llyfrgell Genedlaethol Cymru

Treuliodd Hugh Hughes gyfnod yn Llundain cyn dychwelyd i Gymru yn 1832. Bu am weddill ei oes yn gweithio fel peintiwr portreadau teithiol a darluniwr. Mae ei waith yn rhoi inni gyfres o dableaux yn dangos bywyd yng Nghymru yn rhan gyntaf y bedwaredd ganrif ar bymtheg. Roedd yn Galfin radical ac yn awdur ar bynciau crefyddol a gwleidyddol. Gwnaeth engrafiadau o rai o hoelion wyth y Methodistiaid yng Nghymru. Mae Peter Lord (gweler t.66) wedi cyhoeddi llyfr amdano, *Hugh Hughes, Arlunydd Gwlad*, ac mae pennod amdano hefyd yn y casgliad o ysgrifau gan Lord, *Gwenllian*. (Gweler t.119 am fwy o fanylion.)

SHANI RHYS JAMES

Ganed Shani Rhys James yn Awstralia yn 1953 i deulu artistig a theatraidd. Mae ei thad yn Gymro sy'n byw yn Awstralia, a'i mam yn Awstraliad sy'n byw yng Nghymru. Astudiodd Shani yn Ysgol Gelf St Martin yn Llundain, ac mae nawr yn gweithio ac yn byw yng nghanolbarth Cymru. Enillodd Fedal Aur Celfyddyd Gain yr Eisteddfod Genedlaethol yn 1992. Mae'r rhan fwyaf o'i gwaith yn ymwneud â hunaniaeth bersonol. Mae'n aml yn cynnwys ei hun yn ei pheintiadau, fel arlunydd a gwraig tŷ.

14¹

CAUGHT IN THE MIRROR neu *DISH/POT*
1995, olew ar gynfas, 180 x 210 cm

'Y rheswm pam mae gen i ddau deitl i'r peintiad hwn yw bod Dish/Pot yn cyfeirio at stori Beckett "Malone Dies". Yn y stori mae Malone, wrth gyfeirio at gyflwr ei fywyd, yn dweud "Dish/Pot". Fe ddefnyddiais i ef am fod gen i blât gwyn esthetig, ac ar y llawr hen fwced. Dau wrthrych hollol groes i'w gilydd. Mae'r ail deitl yn egluro mwy ar y peintiad – *Caught in the Mirror*. Oni bai amdano fyddai hi ddim yn amlwg bod y ffigur mor fach am ei fod yn cael ei adlewyrchu yn y drych. Dyna pam mae'r blwch yn ymddangos mor fawr, a'r ffigur mor fach, o'u cymharu â'r bwrdd. Mae'r holl beintiad wedi'i rannu'n gyfadrannau; pob un yn bwysig. Mae bron fel tirlun. Mae'r gofod i gyd yn llun haniaethol bron. Yr wyneb sy'n cyfathrebu'n ddynol. Mae'r ffigur yn bwysig i mi ym mhob un o'm peintiadau. Fe gaiff ei fychanu'n llwyr gan y gwrthrychau enfawr o'i gwmpas. Rwy' wedi peintio gwrthrychau gwahanol a thrin pob un yn wahanol er mwyn creu gweadau a siapiau gwahanol – er enghraifft, y plastig yn y blwch, cardbord y blwch ei hun a'r hen fwced enamel, ansawdd yr oferôl. Yn aml, fy stiwdio sy'n fy niddori i: y llawr, y bwrdd, y tuniau a'r cynhwyswyr plastig. Mae'r peintiad hwn yn rhan o

1¹

PIG FAIR, LLANIDLOES
1847, oil on canvas, 45 x 68 cm
National Library of Wales

Hugh Hughes spent some time in London but returned to Wales in 1832. He spent most of the rest of his life as a travelling portrait painter and illustrator. His work gives us a series of tableaux showing life around Wales in the early nineteenth century. He was a Calvinist radical and a writer on religious and political issues and produced a variety of engravings of the leaders of the Methodist church in Wales. Peter Lord (see p.66) has written a book in Welsh entitled *Hugh Hughes, Arlunydd Gwlad*, and a chapter on Hughes appears (in English) in Lord's collection of essays, *Gwenllian* (see p.119 for further details).

SHANI RHYS JAMES

Shani Rhys James was born in 1953 in Australia to an artistic and theatrical family. Her father is a Welshman who lives in Australia and her mother an Australian who lives in Wales. Shani studied at St Martin's School of Art in London. She now lives and paints in the country in mid-Wales. In 1992 Shani won the Gold Medal in Fine Art at the National Eisteddfod. Most of Shani's work is about personal identity. She usually includes herself in her paintings, as an artist or in a domestic role.

14¹

CAUGHT IN THE MIRROR or *DISH/POT*
1995, oil on canvas, 180 x 210 cm

'The reason I have two titles for this painting is because *Dish/Pot* refers to Beckett's story 'Malone Dies'. In it the character Malone, referring to his state of life, says "Dish/Pot". I used it because I have the aesthetic white plate and on the ground the old bucket. Two objects of total contrast. The second title further qualifies the painting – *Caught in the Mirror*. Otherwise it might not be clear that the reason the figure is so small is because it is caught in the mirror. Hence the box is seen as being so large and the figure is so small compared to the table. The whole painting is divided up into segments; each section is important. It becomes like a landscape. The whole space is almost abstract. It is the face that makes a human contact. The figure is important to me in all my paintings. It is dwarfed by the large objects all around it. I have painted different objects and each is treated differently to create the different textures and shapes – for example, the plastic in the box, the cardboard of the box and the old enamel bucket, the texture on the overall. It is my studio that I am often interested in; the floor, the table, the

gyfres a wnes i am fy stiwdio. Mae'n fawr ac yn creu'r teimlad o ehangder, ar raddfa ehangder gofod fy stiwdio.'

tins and plastic containers. This painting is part of a series done on my studio. It is large to create the sense of space, the scale of my studio space.'

ALFRED JANES

Ganed Alfred Janes yn Abertawe yn 1911. Aeth i Ysgol Gelf Abertawe ac ennill ysgoloriaeth i Ysgolion yr Academi Frenhinol yn Llundain. Bu'n dysgu peintio am flynyddoedd yng Ngholeg Celf Abertawe. Yn 1963 symudodd i Lundain a dysgu yng Ngholeg Celf Croydon tan 1982. Roedd yn dysgu portreadu, ac mae wedi peintio portreadau trwy gydol ei oes. Mae'n fwyaf adnabyddus fel aelod o'r grŵp o ysgrifenwyr ac artistiaid fu'n byw yn Abertawe rhwng y ddwy ryfel byd, ac fel y gŵr a beintiodd gymaint o bortreadau cofiadwy ohonynt – Dylan Thomas, Vernon Watkins, Daniel Jones. (Mae'r portread o Vernon Watkins i'w weld yn Oriel Gelf Glynn Vivian.) Mae astudio dyluniad a phatrwm bob tro'n bwysig iawn i Janes.

ALFRED JANES

Alfred Janes was born in Swansea in 1911. He attended Swansea School of Art and won a scholarship to the Royal Academy Schools in London. For many years he taught painting at Swansea College of Art. In 1963 he moved to London and taught at Croydon College of Art until 1982. Janes taught portraiture and has painted portraits for most of his life. He is best known as a member of a group of Swansea writers and artists between the wars, and as the man who made so many memorable portraits of them – Dylan Thomas, Vernon Watkins, Daniel Jones. (His portrait of Vernon Watkins is on display at the Glynn Vivian Art Gallery.) The study of design and pattern has always been important to Janes.

13[1]
SALOME
1938, olew ar gynfas, 80 x 62 cm
Cymdeithas Gelfyddyd Gyfoes Cymru/Amgueddfa ac Oriel Gelf Castell Cyfarthfa
'Mae'r peintiad hwn yn dangos uchafbwynt stori Salome yn y Beibl. Perswadiwyd Salome gan ei mam, Herodias, i ofyn am ben Ioan Fedyddiwr – roedd ei thad Herod wedi addo iddi unrhyw beth a ddymunai ar ôl iddi ddawnsio iddo ar ei ben-blwydd (Mathew 14). Fe ddewisais yr eiliad pan gyflwynodd Salome y pen i'w mam – ennyd o angerdd dwys, fe dybiwn. Yn arwain at y gwaith hwn roeddwn i wedi gwneud nifer o beintiadau'n canolbwyntio ar ddatblygiad dyluniadau a phatrymau a'r ffordd maen nhw'n cael eu hymgorffori ym mhrif themâu'r darluniau. Yn *Salome*, er enghraifft, mae'r addurniadau ar y gwisgoedd a'r ddilladaeth gefndirol yn deillio o'r weithred o dorri'r pen i ffwrdd.' Mae'r rhesymau pam y dewisodd yr arlunydd gynnwys dau ffigur yn ei bortread o Salome yn destun llawer iawn o ddadlau ymhlith ymwelwyr â Chyfarthfa.

13[1]
SALOME
1938, oil on canvas, 80 x 62 cm
Contemporary Art Society for Wales/Cyfarthfa Castle Museum and Art Gallery
'This painting shows the climax of the Salome story from the Bible. Salome was enticed by her mother, Herodias, into asking for the head of John the Baptist – Herod having promised Salome anything she requested when she danced for him on his birthday (Matthew 14). I chose the moment when Salome presented the head to her mother – a moment of intense intrigue I think. Leading up to this work I had carried out a series of paintings much concerned with the development of designs and patterns and their integration into the main themes of the pictures. In *Salome*, for instance, the decorations on the garments and background drapery derive from the act of decapitation.' The possible reasons why the artist chose to include two figures in his portrayal of *Salome* are of great debate amongst visitors to Cyfarthfa.

18[5]
THE QUEUE
1938, olew ar gynfas, 70 x 100cm
'Ers dyddiau coleg, yr hyn sy'n bwysig i mi yn anad dim yw'r lliw, y ffurfiau, y gwead a'r paent – y defnyddiau go iawn – yn hytrach na'r "stori mae pob llun yn ei hadrodd". Ond er nad yw llawer o beintiadau'r ganrif hon yn adrodd stori fel y cyfryw (gan ymwneud â'r cynnwys "cyffyrddadwy" yn unig, yn union fel y mae llawer o gerddoriaeth yn ymwneud â

18[5]
THE QUEUE
1938, oil on canvas, 70 x 100 cm
'Since my days as a student I have always been concerned, first and foremost, with the colour, the shapes, the texture and the paint – the actual ingredients – rather than "the story told by every picture". But whereas in this century many pictures tell no story as such, (they are solely concerned with these "tangible" contents, just as so much music is

threfniadau ac adeiledd sain yn unig; mae'r ffactorau "haniaethol" hyn, fel y'u gelwir, yn ennyn delweddau, yn deffro'r dychymyg ac yn gweithredu drwy atsain yn hytrach na thrwy gyfathrebu uniongyrchol), eto mae eraill sy'n dweud stori. Mae llawer o'm rhai i'n gwneud hyn, eraill ddim yn gwneud. Mae *The Queue* yn adrodd stori, y stori am y disgwyl am y rhyfel drwy gyfnod hir y "ffug ryfel" a'i rhagflaenodd, a'r tyndra a'r disgwyl eto – am ddognau, am amseroedd gwell, am bopeth – wedi'r rhyfel. Fe ddechreuais ar y peintiad yn union cyn chwe blynedd yn y fyddin, a'i orffen yn union wedi'r cyfnod hwnnw.'

21³

VELE AL VENTO

1968, pren a phersbecs, 41 x 55 cm

'Dydy *Vele al Vento* (Hwyliau yn y Gwynt) ddim yn adrodd stori – o leiaf nid yn benodol. Abertawe oedd fy nhref i, tref glan môr, yn llawn cychod a gwynt a glaw a haul a chymylau ac mae'r peintiad yn fy atgoffa o'm cartref.' Ers diwedd yr Ail Ryfel Byd mae llawer o waith Janes wedi bod yn collage ac adeiladwaith 3-D wrth iddo arbrofi gyda gwahanol dechnegau a chyfryngau.

AUGUSTUS JOHN

Mae Augustus John (1878–1961) yn un o beintwyr enwocaf Cymru. Un rheswm am hyn yw'r ffaith ei fod yn berson cymdeithasgar iawn, yn chwilio am enwogrwydd, i'r gwrthwyneb yn llwyr i'w chwaer Gwen (gweler isod). Ef oedd yr arch fohemiad, yn aml yn teithio o amgylch gwledydd Prydain fel un o'r sipsiwn. Fe'i ganed yn Ninbych-y-Pysgod (er mai yn Hwlffordd roedd cartref y teulu) ac astudiodd yn Ysgol Gelf y Slade yn Llundain. Câi ei gydnabod yn lluniadydd penigamp, ac astudiodd yr Hen Feistri. Bu'n dysgu am flwyddyn yn Lerpwl, ond yna gwrthryfelodd yn erbyn sefydliadau academaidd, gan ddewis bywyd prysur y peintiwr ffasiynol. Daeth yn ffrindiau pennaf gyda Dylan Thomas, a chyflwynodd y bardd i Caitlin Macnamara a ddaeth wedyn yn wraig iddo. Mae ei bortread enwog o Dylan Thomas yn Amgueddfa ac Oriel Genedlaethol Cymru, ynghyd â chasgliad ardderchog o'i weithiau. (Mae gan Amgueddfa ac Oriel Dinbych-y-Pysgod hefyd gasgliad cynhwysfawr.) Roedd ei enwogrwydd a'i fedr anghyffredin yn help mawr iddo fel peintiwr portreadau ac fel un o hoelion wyth y sefydliad celfyddydol. Wrth iddo heneiddio, ciliodd ei fedrau a dechreuodd ei enw da bylu tra cynyddai bri ei chwaer. Pan fu hi farw honnir iddo ddweud, 'Hanner can mlynedd wedi i mi farw bydd pawb yn fy nghofio fel brawd Gwen John.'

concerned purely and simply with arrangements and structures of sound; these so-called "abstract" factors evoke images, activate the imagination and function by resonance rather than direct communication), others do. Many of mine do and others don't. *The Queue* does. The story is about waiting for the war throughout the long "phoney war" preceding it and the tension and more waiting – for rations, for better times, for everything – after it. It was begun immediately before and finished immediately after six years in the army.'

21³

VELE AL VENTO

1968, wood and perspex, 41 x 55 cm

'*Vele al Vento* (Sails in the Wind) does not tell a story – at least it is not explicit. My town was Swansea, a seaside town, full of boats and wind and rain and sun and clouds and the picture reminds me of home.' Since the Second World War, much of Janes's work has been in collage and 3-D construction as he has experimented with different techniques and media.

AUGUSTUS JOHN

Augustus John (1878–1961) is one of Wales's most famous artists. One of the reasons for this is that he was a gregarious person who sought fame, in complete contrast to his sister Gwen (see below). He was the archetypal bohemian, often travelling around Britain as a gypsy. Augustus John was born in Tenby (although the family home was Haverfordwest) and trained at the Slade School of Art in London. He was acknowledged as a great draughtsman and he studied the Old Masters. He taught for a year in Liverpool but then rebelled against academic institutions, preferring the life of the busy society artist. John became a great friend of Dylan Thomas and introduced him to Caitlin Macnamara, who became his wife. His famous portrait of Dylan Thomas is in the National Museum and Gallery of Wales, along with an excellent collection of his work. (Tenby Museum and Art Gallery also has a collection of his work.) John's notoriety and exceptional skill helped him in his career as a portrait painter and as a pillar of the art establishment. As he grew older his skills left him and his reputation dimmed while the reputation of his sister steadily grew. When she died he is reputed to have said: 'Fifty years after my death I shall be remembered as Gwen John's brother.'

24²

24²

W. H. DAVIES

1918, olew ar gynfas, 76.2 x 63.5 cm

Amgueddfa Genedlaethol Cymru

Ganed William Henry Davies (1871–1940) yng Nghasnewydd. Yn ei ugeiniau treuliodd chwe blynedd yn teithio o amgylch America. Wrth neidio oddi ar drên cafodd ddamwain erchyll a cholli un o'i draed. Mae'r gyfrol *The Autobiography of a Super-Tramp* (1908) yn adrodd ei brofiadau. Ysgrifennodd farddoniaeth syml, delynegol am natur, ac fe'i cofir yn bennaf am ei gân 'Leisure': 'What is this life if full of care, we have no time to stand and stare . . .' Fel Augustus John, roedd Davies hefyd yn mwynhau ei enwogrwydd ymhlith yr *intelligentsia*. Yn ei hunangofiant mae John yn sôn am Davies: 'Roeddwn i'n awyddus iawn i wneud record o'r dyn bychan athrylithgar yma, gyda'i wynepryd hardd a'i groen tywyll, a'r toupee uchel du. Eisteddai fel rhywun wedi'i ysbrydoli, ei ddwylo ymhleth o'i flaen, ei lygaid wedi'u hoelio fel petai ar baradwys, a'i glustiau o bosibl wedi ymgolli yng nghân aderyn anweledig.'

GWEN JOHN

Ganed Gwendoline Mary John (1876–1939) yn Hwlffordd, er y cysylltir y teulu fel arfer â Dinbych-y-Pysgod lle ganed ei brawd Augustus John (gweler uchod) ddeunaw mis yn ddiweddarach. Dilynodd Gwen ei brawd i'r Slade yn Llundain. Ceisio dal effaith golau oedd ei diddordeb hi; peintiodd bortreadau'n bennaf, ond lawer llai na'i brawd. Roedd ei dull o beintio, fel ei chymeriad, yn ddiymhongar, yn ddwysach a llai lliwgar na'i brawd. Tra oedd Augustus yn llwyddiannus ac enwog yn ei fywyd, yn rhannol oherwydd ei gysylltiadau cymdeithasol a'i ffordd fohemaidd o fyw, cyfyngedig oedd y gydnabyddiaeth gafodd Gwen. Yn 1904 aeth i fyw ym Mharis lle cwrddodd â'r cerflunydd Rodin a dod yn y man yn feistres iddo. Wedi i Rodin farw arhosodd yn Ffrainc a byw bywyd meudwyes. Oherwydd ei natur swil, fewnblyg ni pherthynai i unrhyw grŵp o artistiaid, ond mae ei bri wedi codi i'r entrychion ers ei marw, ac fe'i hystyrir gan rai yn Argraffiadydd gorau Prydain.

24¹

GIRL IN A BLUE DRESS

circa 1915, olew ar gynfas, 35 x 21 cm

Amgueddfa Genedlaethol Cymru

Anaml y byddai Gwen John yn gadael y fflat lle gweithiai ym Mharis. Bywyd llonydd a phortreadau o ferched a beintiai gan fwyaf, a'r cyfan yn arddangos yr un gorffeniad unffurf mat. Un o wyth portread tebyg o'r un gwrthrych yw hwn. Roedd gan Gwen ddiddordeb mawr yn effaith golau ar ei gwrthrych, ond ar ôl tua 1910 canolbwyntiodd ar dôn gan ddefnyddio llai a llai o

24²

W. H. DAVIES

1918, oil on canvas, 76.2 x 63.5 cm

National Museum of Wales

William Henry Davies (1871–1940) was born in Newport. In his twenties he spent six years travelling around America but lost a foot in an accident while jumping from a train. Davies wrote of his experiences in *The Autobiography of a Super-Tramp* (1908). He wrote simple, lyrical poetry about nature, and is perhaps most often remembered for his poem 'Leisure': 'What is this life if full of care, we have no time to stand and stare . . .' Like John, Davies enjoyed his fame among the artistic intelligentsia. John wrote in his autobiography: 'I was eager to make a record of this little man of genius, with his fine features, dark complexion and high black toupet [*sic*]. He sat as one inspired, his hands clasped before him, his eyes focused, as it were, on paradise, and his ears, it might be, intent on the song of an invisible bird.'

GWEN JOHN

Gwendoline Mary John (1876–1939) was born in Haverfordwest although the family are more often associated with Tenby, where her artist brother Augustus John (see above) was born eighteen months later. Gwen followed Augustus to the Slade in London. She was interested in capturing the effects of light and painted mainly portraits, though far less of them than her brother. Her style of painting, like her character, was reserved, more concentrated and less flamboyant than his. Whilst Augustus John was successful and famous in his lifetime, partly due to his socializing and his bohemian life-style, Gwen had limited recognition. She settled in Paris in 1904 where she met the sculptor Rodin and became his mistress; after Rodin died she stayed in France and became a recluse. Her timid, introspective nature meant that she never belonged to any group of artists, but her reputation has soared since her death and she has since been called Britain's finest Impressionist.

24¹

GIRL IN A BLUE DRESS

circa 1915, oil on canvas, 35 x 21 cm

National Museum of Wales

Working in the Paris flat that she rarely left, Gwen John painted mostly still lifes and portraits of women which feature the same uniform, matt finish. This is one of eight similar portraits of the same sitter. Gwen John was interested in the effects of light on her subjects, but after about 1910 she concentrated on tone and used an increasingly

57

amrediad lliw, yn fwyaf arbennig llwydion, pinciau a gleision; aeth ei dyluniadau'n symlach ac yn fwy fflat, ac fel arfer ni fyddai ynddynt ond un ffigur.

limited range of colours, in particular greys, pinks and blues; her designs became simpler and flatter, and are usually of a single figure.

ALLEN JONES

Roedd Allen Jones yn un o brif arweinwyr y mudiad Celfyddyd Bop ym Mhrydain. Mae ei dad yn Gymro ac mae ei rieni'n byw yn awr yn Abertawe. Cafodd Jones ei eni yn Southampton yn 1937, ac aeth i Goleg Celf Hornsey a'r Coleg Brenhinol gyda chenhedlaeth o artistiaid talentog iawn: David Hockney, Patrick Caulfield a Derek Boshier. Yn y 1950au daeth diwylliant yr ifanc i'r blaen, ynghyd â miwsig roc a rôl, a theimlai'r grŵp fod yn rhaid adlewyrchu ynni ac uniongyrchedd y diwylliant poblogaidd hwn yn eu celfyddyd nhw hefyd. Roedd Celfyddyd Bop yn lliwgar, yn ddigywilydd a gwrth-sefydliad; câi ei hysbrydoliaeth o gyfathrebu torfol, ffilmiau, hysbysebion, ffasiwn, stribedi comig a miwsig pop. 'Ganed' Celfyddyd Bop mewn arddangosfeydd yng Nghanolfan Celfyddyd Gyfoes Llundain yn 1956 gydag arlunwyr fel Peter Blake, Richard Hamilton a Kitaj. Am gyfnod, Allen Jones a'i gyfoedion oedd mudiad mwyaf arwyddocaol celfyddyd gyfoes Prydain. Roedd gan eu cyfoeswyr yn America eu Celfyddyd Bop eu hunain – caniau cawl Campbell Andy Warhol a'i brintiau sgrin sidan o Marilyn Monroe, a hambyrgers enfawr saith troedfedd meddal Claes Oldenburg.

ALLEN JONES

Allen Jones was one of the leading figures in the British Pop Art movement. Allen Jones's father is Welsh and his parents now live in Swansea. Jones was born in Southampton in 1937 and attended the Hornsey and Royal colleges of art with a talented generation of artists: David Hockney, Patrick Caulfield and Derek Boshier. The 1950s saw the start of youth culture and rock and roll music and the group felt that they wanted to reflect the energy and immediacy of popular culture in their art. Pop Art was colourful, brash and anti-establishment. The inspiration came from mass communication, films, advertising, fashion, comic strips and pop music. Pop Art was born at exhibitions at the Institute of Contemporary Arts in London in 1956 with artists like Peter Blake, Richard Hamilton and Kitaj. Allen Jones and his friends became for a while the most significant movement in contemporary art in Britain. Their contemporaries in the USA had their own brand of Pop Art – Andy Warhol's Campbell soup cans and his silk screens of Marilyn Monroe, and Claes Oldenburg's soft seven-foot giant hamburgers.

Poster Allen Jones, *Legs*, 1967, 3 x 6 m, Cyngor Celfyddydau Cymru. Ffotograff: Julian Sheppard.

Allen Jones's poster *Legs*, 1967, 3 x 6 m, Arts Council of Wales. Photo: Julian Sheppard.

ALBUM PORTRAIT TWO

1971, lithograff (argraffiad o 75), 64 x 48 cm

Cyngor Celfyddydau Cymru

Mae hwn yn un o ffolio o brintiau a werthwyd fel set albwm. Roedd llawer o Gelfyddyd Bop ar ffurf printiau, yn arbennig rhai sgrin sidan, gan y teimlai'r artistiaid fod hyn yn ychwanegu at yr ethos o beidio â bod yn elitaidd ond bod ar gael i bawb. Mae'r blociau o liwiau cynradd fflat yn nodweddiadol o Gelfyddyd Bop. 'Mae pob un o'r peintiadau yn yr albwm yn ail ddehongliad o beintiad hunanbortread cynharach. Mae fy mhen arddulliaidd yn y cornel gwaelod ar y dde wedi'i amgylchynu gan siapiau lliwgar a dynnir o siâp blodyn. Coes y blodyn oedd fy nhei yn yr hunanbortread. Cyfeiriad ffotograffig yw'r ferch ar y top chwith at fy ngwraig ar y pryd.' Mae Allen Jones yn gwneud cerflunwaith yn ogystal â pheintio a phrintio.

Yn 1967/8 comisiynodd Cyngor y Celfyddydau nifer o arlunwyr cyfoes blaenllaw Cymreig, Allen Jones a Terry Setch yn eu plith, i ddylunio posteri i'w harddangos yn gyhoeddus ar fyrddau hysbysebu ar draws Cymru. Ni ellid defnyddio'r byrddau i werthu unrhyw beth; nid oedd ganddynt neges, a'u hunig bwrpas oedd bod yn weithiau anferth o gelfyddyd na allai'r cyhoedd eu hanwybyddu. Roedd yr ymateb, fel y gellid disgwyl, yn gymysg, ond llwyddodd y cynllun i godi cwestiynau am natur celfyddyd gyhoeddus.

ANEURIN JONES

Ganed Aneirin M. Jones ar fferm ei dad yng ngorllewin Cymru yn 1930. Wedi astudio celfyddyd gain yng Ngholeg Celf Abertawe treuliodd ddwy flynedd yn Celtic Studios Abertawe yn gwneud ffenestri lliw i eglwysi. Roedd Jones yn bennaeth celf yn Ysgol y Preseli pan agorodd yn 1958 nes iddo ymddeol yn 1986 i ganolbwyntio ar beintio. Ei brif destun yw cymeriadau gwledig. Dywed ei fod yn gwneud brasluniau o bobl ar ddarnau o bapur heb iddynt wybod hynny – ongl y cap, y ffordd mae rhywun yn sefyll, beth maen nhw'n ei wneud gyda'u dwylo. Mae'n defnyddio llawer iawn o frasluniau wrth fynd ati i adeiladu ei beintiadau.

12⁵

ALUN

1992, acrylig, 135 x 135 cm

'Dyma ddarlun trawiadol o'm gwaith, un sydd wedi apelio at lawer o bobl. O bosib maen nhw'n gallu uniaethu gyda'r cymeriad fel gwerinwr neu fel rhywun o'r mynyddoedd, neu un o'u cyndeidiau hyd yn oed. Mae wedi'i ddylunio i arddangos cryfder a gwaith corfforol. Ond y patrwm cadarn a apeliodd fwyaf ata' i, hefyd y syniad o'r dwylo mawr a'r traed fel rhan o'r ddaear, ac mae'r paent yn dew er mwyn creu teimlad.'

13²

ALBUM PORTRAIT TWO

1971, lithograph (edition of 75), 64 x 48 cm

Arts Council of Wales

This is one of a folio of prints sold as an album set. A lot of Pop Art was made in the form of prints, especially silk screen, as the artists felt this added to the ethos of being non-exclusive and more available. The blocks of flat primary colours are very typical of Pop Art. 'Each of the pictures in the album is a reinterpretation of an earlier self-portrait painting. My stylized head in the bottom right-hand corner is surrounded by coloured shapes abstracted from the shape of a flower. The stem of the flower was my tie in the self-portrait. The girl top left is a photographic reference to the lady who was my wife at the time.' Allen Jones produces sculpture as well as painting and printmaking.

In 1967/8 the Arts Council commissioned a number of prominent contemporary Welsh artists, including Allen Jones and Terry Setch, to design posters for public display on hoardings around Wales. The hoardings could not be used to sell anything: they had no message or purpose other than to be giant works of art which the public could not ignore. The public's reaction was understandably mixed but the scheme raised the question of what public art could be.

ANEURIN JONES

Aneurin M. Jones was born on his father's farm in rural west Wales in 1930. After studying fine art at Swansea College of Art he spent two years with Swansea's Celtic Studios making stained glass windows for churches. Jones was head of art at Ysgol y Preseli when it opened in 1958 until he retired to concentrate on his painting in 1986. Rural characters are his main subjects. He says he makes sketches of people on scraps of paper without them being aware of him – the angle of a cap, the way someone stands, what they do with their hands. He uses lots of sketches when he is building up his paintings.

12⁵

ALUN

1992, acrylic, 135 x 135 cm

'Here is a striking picture from my work, one that has appealed to a large number of people. Possibly they can identify with the character as a peasant or a person from the mountains, or even one of their forebears. It has been designed to show strength and physical work. But it was the strong pattern that appealed to me most, also the idea of the large hands and the feet as part of the earth, and the paint is thick to create feeling.'

CATRIN JONES

Artist ifanc yw Catrin Jones a gafodd ei hyfforddi yn adran gwydr lliw Coleg Celf Abertawe. 'Er bod gwydr lliw yn cael ei gysylltu fel rheol ag eglwysi, mae'r rhan fwyaf o waith gwydr cyfoes ar gyfer adeiladau seciwlar. Gelwir y dechneg o wneud gwydr lliw heb blwm yn "appliqué". Rwy'n defnyddio'r dechneg hon yn aml, sy'n golygu gweithio gyda lliw a siâp yn unig, yn hytrach na llinelliad. Rwy'n dylunio hefyd drwy ddefnyddio collage, gan wneud ymdrech i drosglwyddo ei ansawdd ddigymell i'r gwydr gorffenedig. Mae collage yn dechneg a gaiff ei defnyddio gan lawer o artistiaid y mae eu gwaith wedi'i drosi i wydr lliw, pobl fel Matisse, John Piper a Glenys Cour.' (Gweler Cerdyn 5 Llun 4.)

15³
CALLAGHAN COURT

1990, nifer o ffenestri lliw, cyfanswm 23 m.sg.; ffenestr gron 1.8 m dia.

'Fe gefais gomisiwn gan Gymdeithas Tai Cymuned Moors i ddylunio ffenestri i Callaghan Court, cartref hen bobl yn Sblot; ardal ganol-dinas yn ne Caerdydd. Mae cysylltiad hir rhwng Sblot a'r diwydiant dur yng ngweithfeydd East Moors, a gaewyd yn llwyr yn 1978. Yn ystod fy ymchwil, fe welais fod y gweithfeydd dur wedi cyffwrdd i ryw raddau â bywyd pob un o drigolion Sblot, ac o edrych yn ôl roedd yr atgofion yn rhai dymunol iawn – yn arbennig am fan lle byddai gwaith ar gael o hyd pan oedd angen.

'Dydy fy nyluniad ar gyfer y gwaith ddim yn portreadu'r gweithfeydd mewn ffordd raffigol – does dim llinell gorwel na phroffil – yn hytrach mae'n darlunio rhywbeth o natur gynhenid a nodweddion hanfodol diwydiant sy mor weledol rymus â hwn. Mae ffenestri'r cyntedd yn seiliedig ar ddelweddau estynedig o'r "berwi" yn y twba o ddur tawdd a welir trwy'r drws llwytho. Mae hyn yn creu effaith ffenestr naturiol neu rywbeth tebyg i ogof. Mae hyn, cychwyn y broses o wneud dur, yn crynhoi holl rym y diwydiant. Ar hyd y gwaelod mae adran graidd chwyddedig o ddur, yn dangos cynhyrchu'r ffiledau dur sy'n llifo'n eirias boeth trwy'r melinau rowlio.

'Yn fframio'r delweddau canolig, mae golygfeydd cyfarwydd o East Moors. Yn y paneli ar y gwaelod chwith, ceir golygfeydd o'r ierdydd stoc, a adlewyrchir ar y dde gan olygfeydd cyffelyb o'r prif weithfa.

Cwrt Callaghan, Caerdydd: ffenestr gwydr lliw gan Catrin Jones.

Callaghan Court, Cardiff: stained glass window by Catrin Jones.

CATRIN JONES

Catrin Jones is a young artist who trained in the stained glass department at Swansea Art College. 'Although stained glass is usually associated with churches, most opportunities for contemporary glasswork are to be found in secular buildings. The technique of making stained glass windows without lead is called "appliqué". I often use this technique, which is to do with working only with colour and shapes, rather than the drawn line. I also design by using collage, and try to continue its spontaneous quality through into the finished glass. Collage is a technique used by many artists whose work has been translated into stained glass, such as Matisse, John Piper and Glenys Cour.' (See Card 5 Picture 4)

15³
CALLAGHAN COURT

1990, several stained glass windows totalling 23 sq.m.; round window 1.8 m dia.

'I was commissioned by the Moors Community Housing Association to design windows for Callaghan Court, a sheltered, old people's home in Splott, an inner-city area in south Cardiff. Splott has had a long association with the steel industry through the East Moors steelworks, which finally closed in 1978. During my research I discovered that the Splott steelworks impinged to some extent on the lives of every inhabitant of Splott, and that, in retrospect, the memory was a fond one – in particular as a place where work was always available when needed.

'My design for the installation does not portray the steelworks graphically – no skyline or profile – but illustrates something of the intrinsic nature and the essential qualities of so visually powerful an industry. The foyer windows are based on enlarged images of "the boil" in the molten steel bath, viewed through the charging door, which have a natural window, or cave-like effect. This, the beginning of the steel-making process, epitomizes the power of the industry. Along the bottom runs a magnified core-section of steel, showing the production of steel billets running hot through the rolling mills.

'Framing the central images are familiar sights from East Moors. In the bottom left-hand panels are views of the stockyards, which are mirrored on the right by similar views of the arch-

Ar ben ffenestri'r llawr mae yna ddarnau o ddelweddau hawdd eu hadnabod, ond ar raddfa afluniedig, o ddrysau llwytho ffwrnais a sgwpiau. Mae ailadrodd motiff bariau dur eirias yn rholio yn tynnu'r llygad at y ffenestri uchaf, sy'n arwain at ddyluniad llawn awyrgylch yn cynnwys golygfeydd o'r broses arllwys dur tawdd. Mae hyn yn creu effaith simneaidd, ac un a all gael ei ddehongli fel mwg cyfarwydd ar y gorwel. Y penseiri oedd Moxley Jenner Ltd, Bryste, a'r ymgymerwyr gwydro oedd Alurite Windows Ltd, Caerdydd.

'Fe ddefnyddiais wydr Almaenig oedd â graddfeydd amrywiol o anhydreiddedd. Mae hyn yn cynnal lefel y golau tra'n cadw preifatrwydd y dderbynfa. Mae rhai ardaloedd yn dryloyw er mwyn i'r preswylwyr allu edrych allan. A gwnaed y rhan fwyaf o'r gwaith patrwm manwl trwy ysgythriad asid ar wydr opalin.'

DAVID JONES

Roedd tri dylanwad mawr ar fywyd a gwaith David Jones (1895–1974): ei brofiadau dramatig yn y fyddin yn y Rhyfel Byd Cyntaf, ei ddiddordeb dwfn mewn crefydd a'i dröedigaeth at yr Eglwys Gatholig, a'i ddiddordeb brwd yn ei gefndir a'i Gymreictod. Fe'i ganed yn Llundain, ac yno y treuliodd y rhan fwyaf o'i oes, ond roedd teulu ei dad yn Gymry. Roedd yn ddyn ecsentrig, swil, nerfus, addfwyn ac ysbrydol. Yn 1921, fe'i derbyniwyd i'r Eglwys Gatholig, ffydd a ddarganfu yn ffosydd y Rhyfel Byd Cyntaf. Y rhyfel oedd profiad mwyaf ysgytwol a dylanwadol ei fywyd. Ysgrifennodd am y profiadau hyn ugain mlynedd yn ddiweddarach yn *In Parenthesis*. Mae ei waith ysgrifenedig a'i beintio yn aml yn ymwneud â chelfyddyd, hen hanes, crefydd a thestunau Celtaidd, yn enwedig ymddangosiad y Cymry yn niwedd yr ymerodraeth Rufeinig. Ac mae'n llawn storïau hanesyddol, alegorïau, symbolau a mytholeg. Disgrifiwyd ei arddull fel un sy'n cynnwys collages a montages o ddarnau o chwedlau, syniadau a dyfyniadau wedi'u hadeiladu o amgylch un thema. Yn yr un ffordd mae ei beintiadau a'i luniadau'n llawn symbolau, delweddau a chyfeiriadau mytholegol. Roedd hefyd yn gwneud arysgrifau ac, yn ôl rhai, dyma oedd ei waith pwysicaf.

16⁵
CARA WALLIA DERELICTA
1959, dyfrliw didraidd ar ben peintiad o wyn China, 59 x 39 cm
Llyfrgell Genedlaethol Cymru
Roedd David Jones yn gyfaill i'r cerflunydd, engrafwr a gweledydd Catholig Eric Gill. Am gyfnod bu'n byw gyda theulu Gill yng Nghapel-y-ffin, Mynydd Du, ger Y Fenni. Mae'n debyg i ddiddordeb Jones mewn llythrennu gael ei hybu gan ei berthynas â Gill

plant. Capping the ground-floor windows are scale-distorted portions of easily recognizable images of furnace charge doors and ladles. The eye is drawn up into the upper windows by the repeated use of the running hot steel bars motif, which leads on to a more atmospheric design, incorporating scenes from the pouring process. This gives a chimney-like effect, and can also be read as the familiar smoke on the skyline. The architects were Moxley Jenner Limited, Bristol and the glazing contractor Alurite Windows Limited of Cardiff.

'I used German glass with differing degrees of opacity, which both maintains light-levels and reserves privacy in the foyer. Some areas remain transparent to allow the residents to see out. Most of the detailing and pattern work was achieved by acid-etching into opalized glass.'

DAVID JONES

The life and work of David Jones (1895–1974) were driven by three main influences: his dramatic experiences in the army in the First World War, his deep interest in religion and conversion to Roman Catholicism, and his keen interest in his background and Welshness. He was born and lived most of his life in London but his father's family was Welsh. He was an eccentric, shy, nervous, gentle, spiritual man. In 1921 Jones was received into the Catholic Church, which he discovered when he was in the trenches in the First World War. The war was the most momentous and influential experience of his life. Jones's literary epic, *In Parenthesis*, about his experiences in the trenches, was written twenty years later. His writing, like his painting, is often about art, ancient history, religion and Celtic subjects, especially the emergence of the Welsh in the late Roman empire, and is full of historical narratives, allegories, symbols and myths. The style has been described as including collages and montages of fragments of stories, of ideas, of quotations built around a theme. Similarly, his paintings and drawings are built up with symbols, images, and mythological references. Inscriptions were his third and, some believe, his most important art form.

16⁵
CARA WALLIA DERELICTA
1959, opaque water-colour on an underpainting of Chinese white, 59 x 39 cm
National Library of Wales
David Jones became a friend of the sculptor, engraver and Catholic visionary Eric Gill. He lived for a time with the Gill family at Capel-y-ffin in the Black Mountains. Jones's interest in lettering was probably fostered by his association with Gill and

a chan ei brofiadau o gynhyrchu llyfrau. Yn ddiweddarach gwnaeth Jones nifer o arysgrifau lle dewisodd ei destunau o amryw ffynonellau ac ieithoedd. Yn y gweithiau hyn daw'r peintiwr a'r bardd ynghyd mewn ffordd unigryw. Er na chafodd ei eni yng Nghymru, oherwydd ei ddyheadau a chynnwys ei waith cyfeirir ato'n aml fel yr artist mwyaf Cymreig.

20[1]

TRYSTAN AC ESSYLLT
1960–62, pensil a dyfrliw, 77 x 57 cm
Amgueddfa Genedlaethol Cymru
Mae'r peintiad hwn, un o weithiau mwyaf David Jones, yn sôn am y ddiod serch drychinebus yn stori Trystan ac Esyllt. Dyma waith yn ei hoff gyfrwng, ac mae'n llawn manylion cymhleth. Rhoddodd y gorau i un fersiwn. 'Rwy'n cael trafferth mawr gyda'm peintiad Trystan. Rwy' wedi'i drosglwyddo nawr i ddarn arall o bapur – tasg erchyll – ond allwn i ddim gwneud beth oeddwn i am ei wneud ar y papur gwreiddiol, a doeddwn i ddim am golli'r teimlad ohono drwy wneud y newidiadau a'r addasiadau diddiwedd rwy' am eu gwneud . . . wn i ddim a lwydda i – dyma'r peth mwyaf anodd i mi geisio'i wneud erioed.'

JACK JONES

Pobl a thirwedd Abertawe oedd yr ysbrydoliaeth arferol i weithiau Jack Jones (1922–93). Mae rhyw elfen gyntefig, naïf, ddiniwed yn ei beintiadau sy'n aml yn apelio'n fawr at blant. Caiff peintiadau Jones eu cymharu'n aml â gwaith L. S. Lowry, a oedd yn byw yn Salford, Manceinion ac a dreuliodd ei oes yn gwneud peintiadau o dai a melinau'r ardal, gyda'i ffigurau 'coes matsien' enwog yn y rhan fwyaf ohonynt.

1[2]

HAFOD INN
(dyddiad anhysbys), acrylig ar gynfas, 50 x 60 cm
Llyfrgell Genedlaethol Cymru
Teitl llawn y peintiad hwn yw *Hafod Inn, Cuba Inn and Zion*. Mae'r cyfansoddiad yn syml gan ddangos golygfa mewn ffordd sy'n debyg i set llwyfan. Mae'r cymeriadau'n dod ynghyd ac yn cyfarch ei gilydd mewn ffordd sy'n portreadu cwmni trefol cytûn. Treuliodd Jack Jones y rhan fwyaf o'i oes yn Abertawe, a'r amgylchedd yn union o'i amgylch roddodd y defnydd i'w beintiadau. Mae archwilio ei beintiadau yn ffordd o weld sut mae'r ardal wedi newid.

by his experiences in book production. Later in life, Jones made a number of inscriptions in which he chose his own texts from a variety of sources and languages. In these works the poet and painter come together in a unique way. Although he was not born in Wales, because of his aspirations and the content of his work, David Jones is frequently referred to as being the 'most Welsh' artist.

20[1]

TRYSTAN AC ESSYLLT
1960–62, pencil and water-colour, 77 x 57 cm
National Museum of Wales
This painting, one of David Jones's greatest works, tells of the disastrous love potion in the story of Trystan and Esyllt (Tristan and Iseult). Executed in his favourite medium, it is full of complex detail. He abandoned one version. 'I'm struggling with my Tristan picture. I've transferred it now onto another piece of paper – which is a ghastly operation – but I could not do what I wanted with it on the original paper, and I did not want to loose the feeling of it by making the endless alterations   and adjustments which I wish to make . . . I don't know whether I shall pull it off – it's the hardest thing I have tried to do.'

JACK JONES

The work of Jack Jones (1922–93) is usually inspired by the people and landscape of Swansea. His paintings have a primitive, naïve simplicity about them which children often like. Jones's paintings are frequently compared with those of L. S. Lowry who lived in Salford, Manchester and spent his life making paintings of the houses and mills of the district, usually populated by his famous 'match-stick' figures.

1[2]

HAFOD INN
(date unknown), acrylic on canvas, 50 x 60 cm
National Library of Wales
The full title of this painting is *Hafod Inn, Cuba Inn and Zion*. The composition is simple showing a scene like a stage set. Characters come together, greeting each other, in a way that creates a portrait of a harmonious urban community. Jack Jones lived most of his life in the town of Swansea and his immediate environment provided the material for his paintings. They offer a means of researching how the district has changed.

JONAH JONES

Ganed Jonah Jones yn 1919 yn swydd Durham. Cafodd hyfforddiant yng ngweithdai Eric Gill ac am flynyddoedd roedd ganddo stiwdio ym Mhorthmadog. Mae llawer o'i waith yn cynnwys llythrennu. Mae wedi cynhyrchu llawer o weithiau comisiwn, ffenestri lliw, cerfluniau a chofebion cyhoeddus gan gynnwys yr un i Dylan Thomas yng Nghornel y Beirdd yn Abaty San Steffan, Westminster.

3⁵

MURLUN CASTLE HILL
1991, mosäig, 2.4 x 10.5 m
Amgueddfa ac Oriel Dinbych-y-Pysgod.
Mae'r murlun hwn ar wal allanol oriel ddarluniau Amgueddfa Dinbych-y-Pysgod sy'n sefyll ar benrhyn creigiog yn edrych allan dros y môr. Cafodd y tesserae (teils bach) eu rhoi ynghyd yn stiwdio'r artist yn Llantrisant ac yna eu codi ar y safle.

Mae'r ddelwedd yn haniaeth o'r môr, a hynny trwy lygad gwylan wrth iddi lithro dros y patrwm a wneir gan y tywod a'r llanw. Cyflwynir y murlun i'r môr ac ar yr arysgrif ganolog y mae geiriau o'r Llyfr Gweddi Gyffredin: 'The sea is His and He made it.' Mae naw arysgrif debyg yn ymestyn ar hyd y wal, pob un yn ddarn o farddoniaeth neu ryddiaith yn cyfeirio at y môr. Gosodir yr arysgrifau yn erbyn naw panel mosäig cyfatebol; ar bob un mae argraff neu haniaeth o'r môr, ei donnau a'i grychion.

JONAH JONES

Jonah Jones was born in 1919 in County Durham. He trained in the Eric Gill workshops and for many years had a studio near Porthmadog. Much of his work has incorporated lettering. Jones has been commissioned to produce many pieces of stained glass, sculpture and public monuments including the memorial to Dylan Thomas in Poet's Corner, Westminster Abbey.

3⁵

CASTLE HILL MURAL
1991, mosaic, 2.4 x 10.5 m
Tenby Museum and Art Gallery
This mural is on an outside wall of the picture gallery at Tenby Museum which stands on a rocky headland overlooking the sea. The tesserae (small tiles) of the mosaic were assembled in the artist's studio in Llantrisant and erected on site.

The image is an abstract of the sea, from a gull's viewpoint as it glides over the pattern made by the sand and the incoming tide. The mural is dedicated to the sea with a central inscription from the Book of Common Prayer: 'The sea is His and He made it'. Nine such inscriptions extend across the wall, each with a passage of poetry or prose relating to the sea. The inscriptions are set against nine corresponding panels of mosaic; each an impression or abstract of the sea, its waves and ripples.

Jonah Jones, *Murlun Castle Hill* (manylyn), Amgueddfa ac Oriel Dinbych-y-Pysgod.

Jonah Jones, *Castle Hill Mural* (detail), Tenby Museum and Art Gallery

63

MARY LLOYD JONES

Ganed Mary Lloyd Jones yn 1934. Bu'n athrawes mewn ysgolion uwchradd yn Llundain a Dyfed ac yn ddarlithydd gwadd mewn tecstilau a pheintio mewn nifer o golegau celf cyn mynd yn arlunydd llawn amser yn 1988. 'Y tir yw thema ganolog fy ngwaith, ac mae hyn yn codi o'm gwreiddiau ym mynyddoedd canolbarth Cymru. Tynnu sylw at ein perthynas â'r byd naturiol yw fy mhrif nod. Mae'r dewis o destun wedi'i gyflyru i ryw raddau gan y ffaith imi dreulio fy nyddiau cynnar yn ardal Pontarfynach ger Aberystwyth lle mae Cwm Rheidol a Chwm Ystwyth a chadwyn mynydd Pumlumon yn ffynonellau dihysbydd o ddeunydd crai. Rwy'n cael fy nhynnu hefyd gan fynyddoedd Preseli, ac ucheldiroedd gwyllt ac arfordir Sir Benfro. Nid atgynhyrchu golwg allanol lle yw fy nod ond ymgais i gyfleu ysbryd ac awyrgylch man arbennig. Yn fy ngwaith rwy'n ceisio creu cysylltiadau â'r gorffennol, â bywydau'r cenedlaethau aeth heibio, â chof gwerin a chwedlau. Mae pob un o'r rhain yn cyfrannu at naws tirwedd. Trwy ddefnyddio lliw yn fynegiannol, trwy symleiddio a dramateiddio ffurf, rwy'n gobeithio awgrymu'r grymoedd a'r egnïon anhysybys sydd ynghudd yn y tir.'

15⁵

CYFOETH/WEALTH

1992, olew ar gynfas, 91 x 120 cm

'Mae olion cloddfeydd plwm a fu unwaith y rhai pwysicaf ym Mhrydain i'w gweld yng ngogledd Ceredigion. Roedd y mwyn a gloddid yma yn arbennig iawn achos roedd yn cynnwys arian, llawer ohono ar brydiau. Gan i mi gael fy ngeni yn yr ardal yma mae llawer o'm peintiadau wedi datblygu o'm hymateb i'r bryniau noethlwm yn nannedd y gwynt gyda'u gwastraff llwyd ac oren nodweddiadol o'r hen gloddfeydd plwm. Fe gâi rhai o'r rhain eu cloddio cyn amser y Rhufeiniaid, ond daethant i'w hanterth yn hanner olaf y bedwaredd ganrif ar bymtheg. Ychydig o dirfeddianwyr oedd yn elwa ar gyfoeth mewnol yr ardal. Ond i'r mwyafrif, roedd bywyd yn y bryniau hyn yn galed a byr. Gellir darllen hanes y tir yn y shafftiau, y tomennydd a'r adfeilion sy'n dal i aros ac yn rhoi ymdeimlad o'r lle i ni heddiw. Mae'r cloddio wedi peidio dros dro ond mae'r coedwigo wedi creu arwedd arall. Dros y blynyddoedd diwethaf mae'r coed wedi cael eu torri lawr gan adael ffurfiau geometrig hynod ar y dirwedd. Mae'r broses o gwympo coed yn swnllyd, yn anifeilaidd a gadewir y tir yn edrych yn ddigon tebyg i faes brwydr. Y tir creithiog hwn yw testun y peintiad hwn. Y deunydd crai yw bryncir ryw ddwy filltir i'r dwyrain o Bonterwyd ar y ffordd i Langurig. Mae nifer o domennydd gwastraff llwyd yr hen gloddfeydd yn gorwedd yn union o dan y bryncir garw sydd newydd gael ei ddinoethi o'i goed. Yn fy mheintiad rwy'n ceisio dangos tir sydd wedi'i ddarnio a'i gleisio, gan arddangos ei feinweoedd amrwd

MARY LLOYD JONES

Mary Lloyd Jones was born in 1934. She taught at secondary schools in London and Dyfed and worked as a visiting lecturer in textiles and painting in art colleges before becoming a full-time artist in 1988. 'The central theme in my work is the land which grows from my roots in the mountains of mid-Wales. My aim is to draw attention to our relationship with the natural world. My choice of subject is governed to some extent by the fact that my early years were spent in the Devil's Bridge area near Aberystwyth where the Rheidol and the Ystwyth valleys and the Pumlumon mountain range provide endless source material. I am also drawn to the Preseli hills, to the wild uplands and to the Pembrokeshire coast. My aim is not to reproduce the outward appearances but to attempt to convey the spirit of a particular place. Through my work I try to create links with the past, to the lives of previous generations, to folk memory and to the myths and legends, all of which contribute to the atmosphere of a landscape. Through the expressive use of colour, simplification and dramatization of form I hope to hint at the unknown forces and energies hidden in the landscape.'

15⁵

CYFOETH/WEALTH

1992, oil on canvas, 91 x 120 cm

'The remains of what were the most important lead mines in Britain can be seen in north Ceredigion. The mineral found here was special because it contained varying and sometimes large amounts of silver. Having been born in this area, much of my painting has developed from my response to the bare and windswept hills with their characteristic grey and orange waste from the old lead mines. Some of these mines were worked before the Roman period, but mining here peaked during the last half of the nineteenth century. It was only a small minority of landowners who were able to benefit from the mineral wealth of the area. For the majority, life in these hills was hard and short. The history of the land can be read in the shafts, tips and ruined buildings which still remain and provide the sense of place which we experience today. Whilst mining has for the present stopped, blanket forestation has created a new feature. In recent years, trees are being felled leaving strange geometric shapes in the landscape. The process of felling is noisy and brutal and the ground is left looking much like a battlefield. This scarred land is the subject of this painting. The source material is a hillside roughly two miles east of Ponterwyd on the road to Llangurig. Several grey waste tips from the disused mine lie just below a raw hillside newly stripped of trees. In my painting I try to show a land

clwyfedig. Mae'r llinellau sy'n dawnsio yn atseinio patrwm y coed cwympedig ond hefyd yn awgrymu'r bywyd oddi tanynt sy'n dal i fynd yn ei flaen. Rwy' wrth fy modd yn chwarae gyda lliwiau fel bod lliwiau cynnes a lliwiau oer yn gweithio ar ei gilydd. Fe allai gwaith dosbarth yn seiliedig ar y peintiad hwn gynnwys cymysgu lliwiau gan ddefnyddio lliwiau cynradd, a hefyd astudio darnau o graig a cheisio peintio'r lliwiau.'

20[4]

LLYN-Y-FAN

1989/90, cyfrwng cymysg, 152 x 427 cm

'Mae godidowgrwydd y safle a chymeriad rhyfeddol y chwedl sy'n gysylltiedig â'r lle wedi fy ngorfodi dros y blynyddoedd i wneud un bererindod ar ôl y llall i Lyn y Fan i hel lluniadau ac argraffiadau ar gyfer fy mheintiadau. Mae'r peintiad hwn, sydd wedi'i wneud trwy ddefnyddio llifion ar galico, yn adrodd stori Llyn y Fan. Mae'r chwedl yn hen iawn a dywedir bod meddygon enwog Myddfai yn ddisgynyddion i ferch y llyn a ddysgodd i'w meibion bopeth a wyddai am iachau a meddyginiaethau llysieuol. Mae'r rysetiau hyn i'w gweld yn y Llyfrgell Genedlaethol, a rwy' wedi rhoi llawer ohonyn nhw yn fy llun. Pan ddychwelodd y ferch i'r llyn galwodd y gwartheg wrth eu henwau – gallwch ddarllen ei chân galw yn y peintiad. Mae'r gwartheg wedi'u peintio yn null peintiadau ogof i bwysleisio oed y chwedl. Mae'r cyfeiriad at BST a BSE yn dwyn ein sylw at ein perthynas ag anifeiliaid heddiw, ac yn codi cwestiynau moesol ynghylch defnyddio cemegion i godi'r cynnyrch llaeth a phwysau'r gwartheg, ac ynghylch gwneud bwyd gwartheg o offal heintiedig. Mae gan bob tref a phentref chwedlau sy'n gysylltiedig â safleoedd arbennig.'

THOMAS JONES

Roedd Thomas Jones (1742–1803) yn hanu o Bencerrig, Maesyfed. Treuliodd ddau gyfnod hir yn yr Eidal. Cynhyrchodd sawl llyfr braslunio yn llawn o luniadau pensil gofalus a ddefnyddiodd mewn peintiadau diweddarach, ond hefyd gwnaeth nifer o frasluniau olew o fyd natur a oedd yn eithaf chwyldroadol ar y pryd. Yn ddiweddarach o lawer, datblygwyd y dechneg hon yn bennaf gan yr Argraffiadwyr a'i galwodd yn *plein air* (awyr agored).

1[4]

A WALL IN NAPLES

circa 1782, olew ar bapur wedi'i osod ar gynfas, 11.4 x 16 cm
Yr Oriel Genedlaethol, Llundain
Gweler yr adran ar yr Oriel Genedlaethol, Llundain (t.100) am werthfawrogiad o'r peintiad hwn. Mae peintiadau tebyg yn Amgueddfa ac Oriel Genedlaethol Cymru.

---

hacked and bruised, exposing raw and scarred tissue. The dancing lines echo the pattern of felled trees but also suggest underlying life which continues. I enjoy orchestrating colour so that warm and cold colours activate each other. Work based on this painting could involve colour mixing using primary colours, and studying pieces of rock and trying to paint the colours.'

20[4]

LLYN-Y-FAN

1989/90, mixed media, 152 x 427 cm

'The spectacular setting and the strange character of the legend associated with the place has resulted in my making successive pilgrimages to Llyn y Fan over the years, collecting drawings and impressions for my paintings. This painting, made by using dyes on calico, tells the story of Llyn y Fan. I believe that the story is of great age. The famous doctors of Myddfai are said to be the descendants of the lady of the lake who taught her sons all she knew of healing and herbal medicine. The recipes for these medicines are to be found in the National Library in Aberystwyth and I have put a number of them into the painting. When the lady of the legend returned to the lake, she called the cows by name – you can read her calling song in the painting. The cows in the painting are painted in the style of cave art. This is in order to emphasize the great age of the story. The reference to BST and BSE brings the focus to our relationship with animals today and to the ethical questions related to the use of chemicals to increase milk yield or weight and to the manufacturing of cattle feed from the infected offal of sheep. Every town or village has its store of stories linked with specific sites.'

THOMAS JONES

Thomas Jones (1742–1803) was from Pencerrig, Radnorshire. Jones went to Italy for two long stays. He produced several sketch-books of careful pencil drawings which he used in later paintings, but he also made a number of oil sketches from nature which were quite revolutionary at the time. The technique was developed much later, particularly by the Impressionists who called it *plein air* (open air).

1[4]

A WALL IN NAPLES

circa 1782, oil on paper laid down on canvas, 11.4 x 16 cm
National Gallery, London
See the section on the National Gallery, London, (p.100), for an appreciation of this painting. The National Museum and Gallery of Wales in Cardiff has similar paintings.

PETER LORD

Ganed y cerflunydd Peter Lord yn 1948 yn Exeter, a bu'n astudio celfyddyd gain ym Mhrifysgol Reading. Mae ei gyfraniad i hanes diwylliant gweledol Cymru yn aruthrol (gweler t.119), ac ar hyn o bryd mae'n Gymrawd Ymchwil yng Nghanolfan Uwchefrydiau Cymreig a Cheltaidd Prifysgol Cymru yn Aberystwyth.

10⁴&⁵

FFENESTRI DAFYDD AP GWILYM
1994, gwydr wedi'i dywod-chwythu a'i ysgythru a'i enamlo
Eglwys Plwyf Llanbadarn Fawr
Cymuned heb ddyfodol iddi yw un nad yw'n ymwybodol o'i gorffennol. Y gred honno a sbardunodd benderfyniad Cyngor Cymdeithas Llanbadarn Fawr yn 1985, gyda chydweithrediad awdurdodau'r Eglwys, i gomisiynu arddangosfa barhaol o hanes yr ardal i'w gosod yn nhransept deheuol eglwys y plwyf. Cafodd yr eglwys ei hailadeiladu wedi difrod tân yn 1257, a'r unig greiriau cyn-Normanaidd i oroesi yw'r ddwy groes garreg a arferai sefyll yn y fynwent cyn dod â nhw i mewn i'r eglwys yn 1916. Mae'r groes fawr a welir yn y darlun isod wedi'i gwneud o wenithfaen ac mae'n un o'r ychydig groesau Cymreig sy'n cynnwys cerfio ffiguraidd yn ogystal â'r clymau nodweddiadol a ddatblygwyd gan y Celtiaid Cristnogol (gweler Cerdyn 5).

Dyluniwyd yr arddangosfa newydd gan Peter Lord, a chomisiynwyd y crefftwyr canlynol: Wendy Brown, Elizabeth Edmundson, Mihangel Morgan, Ieuan Rees, Paul Roberts, Andrew Rowe a Gillian Still. Dyluniwyd y ffenestri sydd mewn gwydr wedi'i dywod-chwythu

PETER LORD

Born in 1948 in Exeter, the sculptor Peter Lord studied Fine Art at Reading University. He has made a great contribution to the study of the visual culture of Wales (see p.119) and is currently Research Fellow at the University of Wales Centre for Advanced Welsh and Celtic Studies in Aberystwyth.

10⁴&⁵

DAFYDD AP GWILYM WINDOWS
1994, etched, sandblasted and enamelled glass
Llanbadarn Fawr Parish Church
Without a consciousness of the past a community has no future. In this belief the Community Council of Llanbadarn Fawr near Aberystwyth, with the co-operation of the Church authorities, commissioned in 1985 a permanent exhibition of the history of the parish to be located in the south transept of its church. The church was rebuilt after a fire in 1257, and the only pre-Norman relics which have survived are the two stone crosses which stood in the churchyard until 1916 when they were brought inside. The large cross seen in the picture below is made from granite and is one of only a few Welsh crosses to include figurative carving as well as the typical interlacing which was developed by the Christian Celts (see Card 5).

The exhibition was designed by Peter Lord and the following craftspeople were commissioned: Wendy Brown, Elizabeth Edmundson, Mihangel Morgan, Ieuan Rees, Paul Roberts, Andrew Rowe and Gillian Still. The windows, in etched, sandblasted and

Rhan o arddangosfa eglwys plwyf Llanbadarn Fawr.

Part of the exhibition at Llanbadarn Fawr parish church.

a'i enamlo a'i ysgythru, gan Peter Lord, a chynrychiolant y pedwar tymor. Ysgythrwyd arnynt ddyfyniadau o waith Dafydd ap Gwilym, bardd enwocaf Cymru'r bedwaredd ganrif ar ddeg a brodor o'r ardal. Adeiladwyd sgrin o binwydden byg a gynlluniwyd i gyd-fynd â phaneli'r organ. Mae'r sgrin yn rhannu'r transept, lle mae'r arddangosfa, oddi wrth gorff yr eglwys. Ynddi gosodwyd dwy ffenestr y naill ochr a'r llall i'r drws. Mae Cerdyn 10 Llun 4 yn dangos y ddau banel 'Gaeaf' ynghyd â'r allor wenithfaen a gorffwysfa a sedd garreg gyda'r groes garreg fawr yn y pellter. Mae Cerdyn 10 Llun 5 yn dangos ffenestr Dafydd ap Gwilym 'Hydref'.

Mae llawysgrifau teulu Sulien ymhlith arteffactau olaf y traddodiad Celtaidd i oroesi yng Nghymru, a dethlir y rhain mewn caligraffeg a thorri llythrennau gan Ieuan Rees (gweler t.78). Daw'r ffris (gweler t.120) o alargan Ladin Rhygyfarch sy'n disgrifio dyfodiad y Normaniaid ar ddiwedd yr unfed ganrif ar ddeg: 'Nid oes dim o werth i mi bellach ond y gallu i roi; na chyfraith na dysg na'r enwogrwydd mwyaf, nac urddas dyrchafedig tras bonheddig; na'r anrhydedd a feddwn gynt, na chyfoeth ychwaith, na dysgeidiaeth ddoeth, gweithredoedd neu wyddorau, nac addoli Duw, na hen ddyddiau, ni cheidw dim ei le na grym o gwbl ond cwymp yr ysbryd toredig dan bwysau syrthni ac yn nwfn y cysgodion ni ŵyr ei bod yn ddydd'. Defnyddiwyd y dechneg o chwythu tywod dan bwysau trwm yn erbyn haen o blastig i dorri llythrennau'r gerdd. Yng nghanol y llawr gosodwyd plac ac arno enwau Sulien a'i bedwar mab gan gynnwys Rhygyfarch, awdur yr alargan.

Seiliwyd yr allor, gorffwysfa a sedd a brodwaith y pedwar clustog pen-glin a ddyluniwyd gan Wendy Brown, ar y gerdd 'Vita Sulgeni', a ysgrifennwyd gan Ieuan ap Sulien ddiwedd yr unfed ganrif ar ddeg. Disgrifir Ceredigion fel 'ffurf bwrdd ag iddo bedair ochr. I'r dwyrain ceir mynydd uchel [Pumlumon] sy'n dir pori ardderchog i'r defaid; i'r de dyfrheir y tir gan afon fawr; i'r gorllewin mae'r môr, a cheir afon fawr arall i gyfeiriad y gogledd. Oddi wrth y pedair ochr yma – y môr, y mynydd a'r ddwy afon, hawdd adnabod yr holl wlad doreithiog hon'. Mae pob un o'r clustogau pen-glin yn cynrychioli un o'r pedair ochr.

Mae ffenestr o waith Elizabeth Edmundson, yn uchel yn y mur dwyreiniol, yn portreadu'r tri sant, Teilo, Padarn a Dewi, yn null llawysgrif Geltaidd Gristnogol.

DONALD McINTYRE

Ganed Donald McIntyre yn swydd Efrog i rieni Albanaidd yn 1923, a threuliodd flynyddoedd mwyaf cofiadwy ei blentyndod yng ngorllewin yr Alban. Fe'i hyfforddwyd yn ddeintydd yn Glasgow a bu'n dilyn yr

enamelled glass, designed by Peter Lord, represent the four seasons. They bear quotations from the poems of Dafydd ap Gwilym, a native of the parish and the most famous Welsh poet of the fourteenth century. A screen made in pitch pine and designed to match the existing organ panelling has been erected to divide the transept, which houses the exhibition, from the body of the church. There are two windows on either side of the doorway in the screen. Card 10 Picture 4 shows the two 'Gaeaf' (Winter) panels with the granite altar, stone rest and seat and the large stone cross in the distance. Card 10 Picture 5 shows the Dafydd ap Gwilym window 'Hydref' (Autumn).

The last artefacts made in the Celtic tradition in Wales to have survived are the manuscripts of the family of Sulien and these are celebrated in calligraphy and letter cutting by Ieuan Rees (see p. 78). The lettering frieze (see p.120) is taken from Rhygyfarch's Latin elegy on the coming of the Normans at the end of the eleventh century: 'Nothing is of use to me now but the power of giving: neither the law nor learning, nor great fame; not the deep resounding glory of nobility, not honour formerly held, not riches, not wise teaching, not deeds nor arts, not reverence for God, not old age; none retains its station nor any power. The broken spirit falls, weighed down by lethargy and immersed in shadows; it does not know that it is day.' The letters are sandblasted into plastic laminate. In the centre of the floor is a plaque bearing the names of Sulien and his four sons, including Rhygyfarch, the author of the poem.

The altar, rest and seat and the four embroidered kneelers, designed by Wendy Brown, are based on the poem 'Vita Sulgeni', written by Ieuan ap Sulien at the end of the eleventh century. Ceredigion is described as having 'the form of a table with four sides. A lofty mountain [Pumlumon] rises at the source of the sun, advantageous in providing much pasture for flocks. An immense river irrigates the right side of the county, and then the wide sea washes the western side; but a wide river divides the region of the north. Thus, by the sea together with the mountain and the two rivers, this fertile region is discerned on all sides.' Each of the four kneelers represents one of the four sides.

A window made by Elizabeth Edmundson, high in the east wall, features the saints Teilo, Padarn and Dewi, in the manner of a Celtic Christian manuscript.

DONALD McINTYRE

Donald McIntyre was born in Yorkshire of Scottish parents in 1923 and spent the most memorable years

yrfa honno yn y fyddin a chyda'r gwasanaeth ysgolion nes ei fod yn ddeugain oed pan roddodd y gorau i ddeintydda i ennill ei fywoliaeth fel peintiwr llawn amser. 'Roedd gennyf ddiddordeb cyffredinol mewn celfyddyd o'r cychwyn ac er i mi astudio deintyddiaeth yn y brifysgol roedd fy ymwneud â pheintio'n cynyddu. Roeddwn yn edmygu gwaith y Lliw-wyr Albanaidd (The Scottish Colourists) a nifer o beintwyr eraill yn yr Alban, ac yn arbennig Syr William Gillies.

'Mae fy mhatrwm peintio'n dechrau gyda theithiau braslunio a'u hyd yn amrywio o wythnos i dri mis. Fe fyddai fy ngwraig a minnau'n mynd yn ein fan a honno fyddai ein llety a'n stiwdio, ond nawr rydym yn rhentu bwthyn. Yn y gwanwyn cynnar mae'r teithiau gan amlaf ac mae'r tywydd yn dueddol o fod yn oerach ac yn fwy stormus na'r disgwyl. Mae hyn yn siwtio'r peintio'n iawn ond ddim cystal i'n cysur! Mae'r brasluniau a wneir ar y tripiau'n cael eu trosglwyddo'n beintiadau yn ddiweddarach yn y flwyddyn. Mae hyn weithiau'n golygu mod i'n eistedd mewn stiwdio chwilboeth ganol haf yn peintio morlun gaeafol oer. Mae fy nhestunau wedi amrywio dros y blynyddoedd ond tirluniau a morluniau yw'r prif themâu o hyd. Rwy'n peintio am fy mod i'n hoffi peintio, mae'n ymdrech galed weithiau, ond rwy'n ei mwynhau.'

3⁴

ANGLESEY SHORE

1995, paentiau acrylig, 30 x 40 cm

'Fe gafodd *Anglesey Shore* ei wneud yn y fan a'r lle, ac fe ddefnyddiais baentiau acrylig yn null dyfrliwiau. Mae hon yn olygfa rwy' wedi'i braslunio ymhob math o dywydd. Wrth ddod yn ôl i'r un lle i wynebu'r penrhyn creigiog mae'r olygfa'n cael ei thrawsnewid dros y misoedd gan y tymhorau ac o funud i funud gan y tywydd. Gwynt, storm, moroedd garw o dan wybren ddu, awyr las ar ddiwrnod llonydd, môr tawel, ffigurau lliwgar ar y traeth – gall y rhain i gyd roi themâu newydd i'r un safle. Ond yn fwy cynnil ac yn llai amlwg gall newidiadau dros dro sy'n digwydd mewn eiliadau newid patrwm y golau a'r cysgodion a hynny'n cyflwyno lliwiau newydd ac amrywiadau mewn tôn. Mae ceisio dal cyffroadau byrhoedlog fel hyn yn gwneud imi fraslunio mor gyflym â phosibl.'

ELERI MILLS

Ganed Eleri Mills yn 1955 a chafodd ei magu yn Llangadfan, Powys. Wedi graddio mewn brodwaith yng Ngholeg Polytechnig Manceinion, bu'n gweithio yn ei stiwdio ei hun yno am ddeng mlynedd cyn symud yn ôl i'w phentref genedigol yng nghanolbarth Cymru. Mae pob un o'i gweithiau'n weledigaeth bersonol ddofn a'r un themâu'n cael eu hailadrodd – ei theulu, ei

of his childhood in the west of Scotland. Qualifying as a dentist in Glasgow, he remained in this profession, working in both the army and the school service until the age of forty when he left dentistry to make a living as a full-time painter. 'I had always had a general interest in art and though I studied dentistry at university my involvement with painting deepened. The Scottish Colourists and many other Scottish artists, not the least of which was Sir William Gillies, inspired my admiration.

'My painting regime begins with sketching journeys which range in length from one week to three months. Many of these were made with my wife in our van which served as studio and living quarters, though we now rent cottages. The trip is often made in the early spring and the conditions tend to be colder and more wild and stormy than one might expect. This suits my painting but not my comfort. The sketches done on these trips are translated into finished pictures later in the year. This can put me in the position of sitting in a sweltering studio mid-summer trying to paint a cold wintry seascape. My subject-matter has varied over the years but landscapes and seascapes remain predominant. I paint because I love painting; I find it a struggle, yet one that I enjoy.'

3⁴

ANGLESEY SHORE

1995, acrylic paints, 30 x 40cm

'*Anglesey Shore* was done on the spot with acrylic paints, using them in the manner of water-colours. The view is one I have often sketched in various weathers. Returning to the same place to face this rocky headland, I have found the subject transformed through the months by the seasons and through the minutes by the weather. Wind, storm, and high seas beneath a dark lowering sky, clear blue heavens on a calm day with a tranquil sea, colourful figures on the beach – all these can provide new themes in the same location, but, less obvious more transient changes which occur within minutes can alter the pattern of light and shadow bringing new colours and variations in tone. Trying to capture such transient excitements prompts me to sketch as quickly as possible.'

ELERI MILLS

Eleri Mills was born in 1955 and brought up in Llangadfan, Powys. After taking a degree in embroidery at Manchester Polytechnic, she worked in her own studio in Manchester for another ten years before moving back to live in her native village in mid-Wales. Each of her pictures is a deeply personal vision with recurring themes – her

gwreiddiau, ei chynefin, ei hymwybyddiaeth Gymreig – ac mae'n defnyddio ffurfiau arddulliedig o fewn cyd-destun naratif. Mae adleisiau o Klimt, Rothko a Chagall yn rhai o'i delweddau. Yn ei defnydd o'i chyfrwng mae'n gwthio'r syniad o frodwaith traddodiadol i gyfeiriadau newydd, gyda'i ffordd ddyfeisgar o bwytho, a'r defnydd cynnil o wahanol ffabrigau ynghyd â'r sercol, pastel a phaent mwy traddodiadol. Yn 1987 cafodd Eleri Mills Fedal Aur Celfyddyd Gain yr Eisteddfod Genedlaethol.

'Mae cysylltu pobl ac anifeiliaid gyda man arbennig yn gallu bod yn wefreiddiol ac mae eu presenoldeb munud awr yn peri i'r tir ymddangos hyd yn oed yn fwy pwerus ac arwyddocaol. Rwy'n cael pleser o weithio gydag arfau syml iawn – nodwydd, siswrn, brws paent. Y mae'r dasg o bwytho â llaw yn rhoi her i mi oherwydd yr amrywiaeth a'r posibiliadau dibendraw ac nid yw'r dulliau traddodiadol o frodio yn fy nghyfyngu, ond yn hytrach yn cynnig modd arall o gyfleu syniadau. Y mae'r gwaith paratoi bob amser yn cynnwys darluniau a pheintiadau a dydw i ddim yn teimlo bod yna unrhyw wahaniaeth rhwng y gwaith papur a'r gwaith ffabrig gan fod y ddau mor angenrheidiol i'w gilydd.'

23¹

YN Y COED/IN THE TREES
1994, pwytho â llaw, appliqué a phaent acrylig ar liain, 83 x 62 cm
Mae *Yn y Coed* yn dangos dau blentyn Eleri Mills. Mae'r darn hwn yn tynnu'n ddwfn ar ei 'synnwyr o le' yn y ffordd fwyaf personol; mae hefyd am ddiniweidrwydd, breuddwydion a defod newid byd. 'Mae'r tir wedi bod yn rhan annatod ohonof oddi ar yr adeg pan oeddwn yn blentyn ac yn helpu o gwmpas y fferm. Wedi dychwelyd yma i fyw rwy' unwaith eto yn edrych ar y pethau cyfarwydd hyn ac mae "teimlad" y lle o bwys mawr i mi.'

CEDRIC MORRIS

Ganed Syr Cedric Morris (1889–1982) yn Sgeti, Abertawe i deulu o ddiwydianwyr amlwg. Aeth i astudio celfyddyd ym Mharis lle daeth dan ddylanwad grwpiau fel y Fauves yn ei ddefnydd beiddgar o liwiau llachar a thechneg lydan. Yn fuan wedi iddo gyrraedd Paris torrodd y Rhyfel Byd Cyntaf a bu raid iddo ddychwelyd i Brydain. Ymgartrefodd yn Newlyn yng Nghernyw, canolfan boblogaidd iawn gan artistiaid.

14³

SELF-PORTRAIT
1919, olew ar fwrdd, 38 x 28 cm
Amgueddfa Genedlaethol Cymru
Mae hwn yn un o beintiadau cynharaf Morris ac mae ei arddull yn uniongyrchol a di-lol. Fe'i gwnaeth pan oedd

family, her roots, her *cynefin* (habitat), her Welsh sensibility – using stylized figuration within a narrative context. There are echoes of Klimt, Rothko and Chagall in some of the imagery. In her use of the medium she is pushing traditional notions of embroidery in new directions with the innovative use of stitching, the subtle use of different fabrics and the more traditional charcoal, pastel and paint. In 1987 Eleri Mills was awarded the Craft Gold Medal at the National Eisteddfod.

'The association of people and animals with a place is very inspiring and their fleeting presence makes the land itself even more powerful and significant. I delight in the simplicity of my tools – needle, scissors, paintbrush – and continue to find the process of handstitching endless in its variety and range of expression. I do not feel restricted in any way by the traditions of embroidery and regard the stitching to be just another way of drawing or expressing ideas on a background. The preparation work always takes the form of drawings and paintings and I feel no distinction between the paperwork and fabric work as each is vital to the other.'

23¹

YN Y COED/IN THE TREES
1994, hand-stitching, appliqué and acrylic paint on cloth, 83 x 62 cm
In the Trees features Eleri Mills' own two children. It draws strongly from her 'sense of place' in the most personal way and it is also about innocence, memories, dreams and rites of passage. 'The land has always been there in my mind, beginning with a childhood spent helping on the farm. Since my return to live here I am able to look again at the old familiar things. The "feel" of the place is important to me and the memories that it can evoke.'

CEDRIC MORRIS

Sir Cedric Morris (1889–1982) was born in Sketty, Swansea into a family of wealthy industrialists. He went to Paris to study art and was influenced by groups such as the Fauves in his use of bold colours and broad technique. Soon after his arrival in Paris the First World War began, causing him to return to Britain. Morris then lived in Newlyn in Cornwall which had become a favourite centre for artists.

14³

SELF-PORTRAIT
1919, oil on board, 38 x 28 cm
National Museum of Wales
This is one of Morris's earliest paintings and the approach is direct and unpretentious. It was painted

yn byw yn Newlyn. Nid oes sicrwydd a yw'r ddelwedd a welir dros ei ysgwydd yn ddarlun sy'n hongian ar y wal neu'n olygfa trwy'r ffenestr. Mae'r golau cryf yn awgrymu'r naill a'r llall. Ymunodd â'r gymdeithas 'Seven and Five' oedd yn ymddiddori mewn celfyddyd haniaethol. Roedd y grŵp, o saith peintiwr a phum cerflunydd yn wreiddiol, yn cynnws David Jones, John Piper a Henry Moore. Deuai Morris yn ôl yn achlysurol i Gymru i beintio. Daeth yn brifathro Ysgol Beintio East Anglia.

JOHN MEIRION MORRIS

Yn y coleg cyfyngwyd hyfforddiant John Meirion Morris i gelfyddyd glasurol Groeg a Rhufain, ac i gopïo natur (byw-luniad). Ar ôl gadael coleg bu'n darlithio yn Ghana lle y daeth ar draws traddodiadau cerflunio symbolaidd canol Affrica. Bu hyn yn ysgogiad iddo astudio celfyddyd Geltaidd ar ôl dod yn ôl i Gymru. Bu'n ddarlithydd ym Mhrifysgol Cymru, Aberystwyth rhwng 1968 a 1981, ac yn bennaeth celf a dylunio yn y Coleg Normal, Bangor rhwng 1985 a 1990. Roedd yn un o sefydlwyr y grŵp o artistiaid Cymreig, Gweled.

Brân, draig/aderyn ffyrnig John Meirion Morris a ysbrydolwyd gan gelfyddyd Geltaidd (1983, efydd, 25.4 x 20 cm).

Brân, John Meirion Morris's fierce dragon/bird which was inspired by Celtic art (1983, bronze, 25.4 x 20 cm).

'Mewn oes sydd mor arwynebol, mor dechnolegol, caf fy hun yn ymdreiddio'n reddfol i'r byd mewnol ac ysbrydol ei naws. Caf mai yn y dychymyg, drwy fyfyrdod, y daw pob delwedd o werth i mi. Bellach credaf nad oes gwir gelfyddyd heb fod iddi bresenoldeb ysbrydol ac nid dogma unrhyw sefydliad crefyddol yw dweud hyn. Roedd y cerflunwaith brodorol a ddarganfûm yn Affrica yn gadael lle i'r dychymyg ond yn ymwybodol o'r gymdeithas gyfan yr un pryd. Deuthum i weld celfyddyd fel rhan o gymdeithas, rhan o ddiwylliant brodorol oedd yr un pryd – yn ddigon eironig – ag apêl ryngwladol.'

5³

MODRON
1987, efydd, 68 x 38 cm
Mae llawer o waith Morris, yn debyg i lawer o gelfyddyd Geltaidd, yn gymesurol. Mae *Modron* wedi cael ei alw'n fetaffisegol a chyfriniol, icon o dduwies. Yn ogystal â cherflunwaith Affrica, y dylanwad mawr arall ar ei waith yw cyfnod La Tène yn hanes celfyddyd Geltaidd (gweler isod t.97) a cherflunwaith Brancusi, Giacometti ac Epstein. 'Gweld delwedd ysbrydol ei naws tra'n myfyrio a ysgogodd y darn hwn. Ar y pryd

---

when he was living in Newlyn. Nobody is sure if the image over his shoulder is a landscape painting hanging on the wall, or the view through his window. The strong light suggests it could be either. He joined the Seven and Five Society whose members looked towards abstract art. The group, originally consisting of seven painters and five sculptors, included David Jones, John Piper and Henry Moore. Morris occasionally returned to Wales to paint. He became principal of the East Anglian School of Painting.

JOHN MEIRION MORRIS

In college, John Meirion Morris's training was confined to the classical art of Greece and Rome, and to copying nature (life drawing). After college he lectured in Ghana and discovered the symbolic sculpting traditions of central Africa. This spurred him on to study Celtic art when he returned to Wales. He lectured in Aberystwyth between 1968 and 1981, and was head of art and design at Coleg Normal, Bangor from 1985 to 1990. John Meirion Morris was a founder of the Welsh artists' group Gweled.

'In an age which is so super-ficial, so technological, I find myself delving more and more into the inner and spiritual world. I find that every image of value to me comes from my imagination, through medita-tion. I believe all true art has a spiritual presence but it isn't the dogma of a religious or political establishment that is saying this. The native sculpture I discovered in Africa allowed room for the imagination and yet was considerate to the whole society. I came to see art as part of a society, part of a native culture and ironically of international appeal.'

5³

MODRON
1987, bronze, 68 x 38 cm
Much of Morris's work, like a lot of Celtic art, is symmetrical. *Modron* has been called metaphysical and mystical, a goddess icon. In addition to African sculpture, the other great influences on his work have been the La Tène period of Celtic art (see below, p.97) and the sculptures of Brancusi, Giacometti and Epstein. 'This piece of sculpture was motivated by "seeing", whilst meditating on a

teimlais bresenoldeb cryf delwedd a ymddangosodd fel cyfuniad rhyfeddol o fenyw feichiog a phlanhigyn. Ond mae yna deimladau gwrthgyferbyniol. Yn y rhan waelod teimlais ryw ollyngdod mawr; fel pwysau corff marw yn disgyn i waelod fy nghorff fy hun. Yn rhan ucha'r ddelwedd, teimlais rym dyrchafol ysbrydol ar ffurf pen blagur a breichiau blagur. Yn nhermau myfyrdod, bu'n debyg i'r profiadau defodol o farw a geni, a hyd yn oed aileni, – y profiadau sylfaenol crefyddol hynny sydd fel pe baent yn hyrwyddo "ymdeimlad oesol" ynom. Felly roedd yn rhaid i'r cerflun gorffenedig fod â phresenoldeb defodol, ynghyd â'r potensial i hybu profiad oesol i eraill, mewn ffordd fyw – fel pe bai'n gerflun ar gyfer sefydliad crefyddol. Er fy mod yn agnostig, rwy'n defnyddio'r gair "crefyddol" achos rwy'n credu bod bwriad crefyddol i *Modron*, sef ysgogi profiad ysbrydol ac oesol mewn eraill.

J. F. MULLOCK

James Flewitt Mullock (1818–92) oedd peintiwr Fictoriaidd amlycaf Casnewydd. Roedd Casnewydd yn dref a ddatblygai'n gyflym iawn yn y bedwaredd ganrif ar bymtheg. Cynyddodd y boblogaeth ar ei degfed yn oes Mullock, a oedd ei hun y cyntaf o naw o blant. Yn ogystal â chroniclo datblygiad cyflym Casnewydd, bu gan Mullock ran allweddol yn llywio ffyniant masnachol y dref. Roedd ei deulu'n hanu o'r dosbarth canol entrepreneuraidd, a bu Mullock yn helpu i sefydlu cyrff addysg, y llyfrgell gyhoeddus, amgueddfa, oriel gelf a'r ysgol wyddoniaeth a chelf a ddaeth yn ddiweddarach yn goleg celf. Er na chafodd unrhyw hyfforddiant celfyddydol, buan y gwnaeth Mullock enw iddo'i hun â'i beintiadau olew o anifeiliaid, yn bennaf drwy nawdd y byddigions lleol. Byddai hefyd yn peintio grwpiau o bobl, yn aml gyda'u hanifeiliaid anwes. Mae'n adnabyddus hefyd am ei olygfeydd topograffyddol o Gasnewydd.

2⁴

NEWPORT MONMOUTHSHIRE
circa 1860, print lithograffig wedi'i liwio â llaw, 33 x 57.5 cm
Amgueddfa ac Oriel Gelf Casnewydd
Lluniadwyd y ddelwedd hon ar garreg litho gan Mullock a'i defnyddio fel wyneb ddarlun *Mullock's Guide to Newport* (1875). Roedd y lithograff yn ffordd hwylus iawn o gynhyrchu llawer o luniau i'w gwerthu. Mae lluniau topograffyddol yn ddefnyddiol iawn i haneswyr. Defnyddiwyd y balast llongau ar ochr ddwyreiniol Afon Wysg yn ddiweddarach i atgyfnerthu tir ar yr ochr orllewinol gyferbyn, lle adeiladwyd y faestref ddiwydiannol Pillwenlli. Mae llyfr Oriel Gelf Casnewydd ar Mullock (*Art and Society in Newport: James Flewitt Mullock and the Victorian Achievement*) yn arweiniad defnyddiol i ddatblygiad Casnewydd yn y cyfnod Fictoriaidd a'r rhan a chwaraeodd Mullock ynddo.

---

spiritual image. I had a strong presence of an idea that appeared as an amazing combination of a pregnant woman and a plant. But there are contrasting feelings. In the bottom part of the image I found a strong relief, like the weight of a dead body falling to the bottom of my own body. In the top part of the image I felt a lifting, spiritual energy in the form of a bud's head and the arms of a bud. It was like the ritualistic experience of dying and birth, and even re-birth, the fundamental religious experiences that seem to promote a perpetual feeling in us. Thus the finished sculpture, that I was going to make, had to have a ritualistic, devotional presence which could be felt by others, as if it were a statue for a religious establishment. Although I am an agnostic, I use the word "religious" as I think *Modron* has a religious aim – to create a spiritual experience in others.'

J. F. MULLOCK

James Flewitt Mullock (1818–92) was Newport's most important Victorian artist. Newport was a place of great expansion in the nineteenth century. The population increased tenfold in Mullock's lifetime, (he himself was the first of nine children). As well as chronicling the rapid development of Newport, Mullock played a part in shaping the commercial prosperity of the town. His family came from the entrepreneurial middle class and Mullock helped set up education bodies, the public library, museum, art gallery and the school of science and art which later became the art college. Although he had no art training, Mullock soon established himself as an animal artist, painting in oils, mainly through the patronage of the local aristocracy. He also painted groups of figures, often with their treasured pets. The third subject he is known for is his topographical views of Newport.

2⁴

NEWPORT MONMOUTHSHIRE
circa 1860, hand-coloured lithographic print, 33 x 57.5 cm
Newport Museum and Art Gallery
This image was drawn on the litho stone by Mullock and used for the frontispiece to *Mullock's Guide to Newport (1875)*. The lithograph was a common way of producing many pictures which could be sold. Topographical pictures are especially useful to people studying history. The ships' ballast on the east bank of the River Usk was later used to consolidate land on the opposite west bank where the industrial suburb of Pillwenlly was built. Newport Museum and Art Gallery's book on Mullock (*Art and Society in Newport: James Flewitt Mullock and the Victorian Achievement*) is a helpful guide to the development of Victorian Newport and the part played by Mullock.

71

DAVID NASH

Ganed David Nash yn Surrey yn 1945. Bu'n astudio yng ngholegau celf Kingston, Brighton a Chelsea, ond wedyn, yn 1967 daeth i Flaenau Ffestiniog ac mae wedi byw yno ers hynny. Mae'n un o gerflunwyr mwyaf adnabyddus a llwyddiannus gwledydd Prydain. Pren yw prif gyfrwng Nash ac mae'n ei ddefnyddio ym mhob dull posibl: mae'n tyfu ei goed ei hun, yn eu cwympo, yn cerfio'r pren a hyd yn oed yn ei losgi ac yn defnyddio'r sercol i luniadu.

6³

DESCENDING VESSEL

1993, derwen wreiddiedig farw gerfiedig, 18 m

Parc Cerflunwaith Margam

Yn 1993 treuliodd Nash wythnos ym Mharc Margam yn creu *Descending Vessel* o goeden farw oedd ar fin cael ei chwympo. Torrodd ymaith y canghennau a'r rhisgl, cerfio rhan ucha'r goeden ac yna ei llosgi. 'Yn y gorffennol rwy' wedi defnyddio pren o'r felin, unedau safonol rheolaidd; wedyn pren gwyrdd yn ffres o'r goeden, a nawr y goeden ei hun. Po fwyaf rwy'n edrych ar y goeden, mwyaf rwy'n gweld ohoni: ei gofod a'i lleoliad, ei maint a'i hadeiledd, ei saernïaeth a'i chydbwysedd. Mwy na hynny, rwy'n gweld mor unigryw yw pob coeden a thu hwnt i hynny rwy'n ei gweld fel arwydd cryf o fywyd. Tŵr nerthol, egnïol, olwyn weddïo o ynni naturiol yn chwyrlio.'

Mae Parc Margam ger Aberafan yn un o lawer o barciau cerflunwaith yng ngwledydd Prydain sy'n rhoi cyfle i ni weld amrywiaeth o weithiau yn yr awyr agored. Llefydd tebyg yng Nghymru sy'n ddelfrydol i astudiaethau ysgol yw Parc Glynllifon ger Caernarfon a Bae Caerdydd (gweler Cerdyn 6 Llun 2).

PETER NICHOLAS

Ganed Peter Nicholas yng Nglyn Ebwy yn 1934. Astudiodd yng Ngholeg Celf Caerdydd ac yn y Coleg Celf Brenhinol. Bu'n dysgu am flwyddyn mewn ysgol uwchradd ym Merthyr, yn darlithio yng Nghasnewydd ac yna daeth yn bennaeth ysgol yng Nghyfadran Celf a Dylunio Sefydliad Addysg Uwch Gorllewin Morgannwg. Mae'n gerflunydd llwyddiannus gyda darnau o'i waith mewn casgliadau ar hyd y byd.

6⁴&⁵

GŴYR

1995, marmor o Bortiwgal ar waelod o wenithfaen 'Eboni' o India, 50 x 20 x 6 cm

Astudiaethau: lluniadau pensil a dyfrliw, 12 x 18 cm yr un

'Cerfiad bach yw hwn oedd yn caniatáu i mi gyflawni cerflun gorffenedig mewn cyfnod byr iawn, ffaith bwysig pan fydd rhaid darlunio syniadau'n gyflym er

DAVID NASH

David Nash was born in Surrey in 1945. He studied at Kingston, Brighton and Chelsea colleges of art but has lived and worked in Blaenau Ffestiniog since 1967. He is one of Britain's best-known and most successful sculptors. Nash works mainly with wood and uses it in every possible way: growing his own wood, cutting it, carving it and even burning it and using the charcoal to draw with.

6³

DESCENDING VESSEL

1993, carved dead rooted oak tree, 18 m

Margam Sculpture Park

In 1993 Nash spent a week in Margam Park creating *Descending Vessel* from a dead tree which was due to be felled. He cut off the branches and bark, carved and then charred the top part of the tree. 'In the past I have used sawmill wood, regular standard units; later greenwood, fresh from the tree, now the tree itself. The more I look at the tree, the more I see the tree: its space and location, its volume and structure, its engineering and balance. More than that, I see the uniqueness of each single tree and beyond that I see it as a great emblem of life. A potent vibrant tower, a whirling prayer wheel of natural energy.'

Margam Park near Port Talbot is one of several sculpture parks in Britain which offer the chance to see a variety of work in outdoor settings. In Wales there are other collections of sculpture in the open air, ideal for school studies: at Parc Glynllifon near Caernarfon and Cardiff Bay (see Card 6 Picture 2).

PETER NICHOLAS

Peter Nicholas was born in Ebbw Vale in 1934. He studied at Cardiff College of Art and the Royal College of Art. Nicholas taught for a year in a secondary school in Merthyr, lectured at Newport and then became head of school at the Faculty of Art and Design at West Glamorgan Institute of Higher Education. He is a successful sculptor with works in collections around the world.

6⁴&⁵

GŴYR

1995, Portuguese marble set on a base of Indian 'Ebony' granite, 50 x 20 x 6 cm

Studies: pencil and water-colour drawings each 12 x 18 cm

'This is a small carving which allowed me to achieve a complete sculpture in a short period of time, an important factor when ideas must be

mwyn hyrwyddo'u datblygiad. Ochr yn ochr â'r cerfiad, fe wnes i "lluniadau chwim" er mwyn darlunio sgil-effeithiau'r syniadau ac osgoi cymhlethu'r gwaith mewn llaw. Mae'r "cynllun" cerfio – corff yn lled-orwedd/cysgu – yn alegori am benrhyn Gŵyr, lle rwy'n byw, ei dirwedd a'i gymeriad.

'Y problemau ffurfiol oedd gwneud y cerfiad yn berthnasol i faint a dimensiynau'r deunydd. Nid "bloc o garreg" arferol oedd y darn marmor ond darn hirsgwar gyda chornel ar goll, yn eithaf ysgafn, ac yn cynnwys wyneb a chefn wedi'u cysylltu â chefnen gul. Roedd cyfyngiadau tebyg yn ddigon cyfarwydd i gerfwyr mae gen i'r parch mwyaf atyn nhw. O'u plith gallaf ddewis John Skeaping (fy narlithydd a'm mentor yn y Coleg Celf Brenhinol), Eric Gill a Henry Gaudier-Brzeska, a fu'n arfer crefftwraeth wych wrth gynhyrchu dyluniadau hudolus radicalaidd mewn carreg, ac a gafodd ddylanwad mawr ar fy nghenhedlaeth i o fyfyrwyr. Yr offer a ddefnyddiwyd oedd: torrwr-disg onglog drydan fach â chanddo ddisg chwe modfedd â blaen diemwnt, pwyntiau pen-morthwyl bach a chanolig, cynion fflat a thrwyn byr tebyg gyda morthwyl haearn, rifflwyr o siapiau amrywiol, blociau carborwndwm o wahanol safonau. Yna, cafodd ei rwbio yn arwyneb dymunol â phapur gwydrog gwlyb a sych.'

THOMAS PARDOE

Mae Gweithfeydd Tsieni Nantgarw, ychydig filltiroedd i'r gogledd o Gaerdydd, yn enwog fel cartref porslen o'r bedwaredd ganrif ar bymtheg gynnar. (Ar hyn o bryd caiff y safle ei warchod ac mae amgueddfa wedi agor yno.) Mae nifer o fannau lle cynhyrchwyd 'crochenwaith Cymreig', gan gynnwys Crochendy Cambrian, Abertawe a Chrochendy De Cymru, Llanelli. Sefydlwyd Nantgarw gan William Billingsley, a oedd ei hun yn addurnwr tsieni penigamp. Yn 1813 llwyddodd i gynhyrchu porslen cain iawn o fformiwla gyfrinachol a ddefnyddiwyd wedyn yn Abertawe. Roedd Thomas Pardoe (1770–1823) yn artist ceramig amryddawn a thoreithiog a fu'n gweithio mewn mwy nag un crochendy gan gynnwys Abertawe. Roedd ei waith yn cynnwys tirluniau, anifeiliaid, ffigurau a phlanhigion ac mae'r cyfan yn nodweddiadol o'r cyfnod.

22³
CWPAN A SOSER NANTGARW
1820, porslen wedi'i beintio, 8 x 15 cm
Amgueddfa Gweithfeydd Tsieni Nantgarw
Bu Nantgarw yn cynhyrchu porslen am lai na deng mlynedd. Rhwng 1820 a 1823 roedd Thomas Pardoe yn gweithio yno yn peintio'r stoc oedd yn weddill pan ddaeth y cynhyrchu i ben.

visualized quickly in order to promote their development. Parallel to the carving, "speed-drawings" were made to visualize the spin-off of ideas and avoid complicating the work in hand. The "plot" for the carving – a reclining/sleeping figure – is an allegory for Gŵyr (the Gower peninsula where I live), its landscape and character.

'The formal problems in making the carving related to the size and dimensions of the material. The piece of marble was not the conventional "block of stone" but a rectangle with a corner missing, quite lightweight, presenting a back and a front linked by a narrow ridge. Such constraints were well known to many carvers for whom I have the greatest respect. Amongst these I can select John Skeaping (my lecturer and mentor in the Royal College of Art), Eric Gill and Henri Gaudier-Brzeska who produced magical, radical design in stone with exquisite craftsmanship and influenced my student generation greatly. The tools used in making this carving were: a small, electric, angled disc-cutter with a 6-inch diamond tipped disc, small and medium hammer-head points, similar flat and bull-nosed chisels with an iron hammer, various shaped rifflers, various grades of carborundum blocks. Finally it was rubbed to an agreeable surface with wet and dry sandpaper.'

THOMAS PARDOE

Nantgarw China Works, a few miles north of Cardiff, is famous as the home of early nineteenth-century porcelain. (The site is currently being conserved and has been re-opened as a museum.) There have been several sites where 'Welsh pottery' has been made, including the Cambrian Pottery, Swansea, the Glamorgan Pottery, Swansea and the South Wales Pottery, Llanelli. Nantgarw was set up by William Billingsley, himself an excellent china decorator. In 1813 he succeeded in producing a fine porcelain from a secret formula which was later used at Swansea. Thomas Pardoe (1770–1823) was a versatile and prolific ceramic artist who worked at several potteries, including Swansea. His range included landscape, animals, figures and plants and his work is typical of the period.

22³
NANTGARW CUP AND SAUCER
1820, painted porcelain, 8 x 15 cm
Nantgarw China Works Museum
Nantgarw produced porcelain for less than ten years. Between 1820 and 1823, Thomas Pardoe worked at Nantgarw painting their remaining stock when porcelain production ended.

LUNED RHYS PARRI

Ganed Luned Rhys Parri yn
Llanelwy yn 1970. Gwnaeth gwrs
sylfaen ym Mangor cyn graddio
ym Mhrifysgol Cymru, Caerdydd.
Mae ganddi weithdy ym Mharc
Glynllifon, ger Caernarfon. Gan
dynnu ar atgofion plentyndod a
storïau a gâi eu hadrodd gan y
teulu mae Luned Rhys Parri wedi
dechrau ar gyfres o ddarnau
wedi'u seilio ar gapeli. Mae'n ail-
greu golygfeydd y tu mewn i
focsys cardbord: atgofion y gellid
cerdded i mewn iddynt.

21^2
TYPEWRITER AND HEN
1995, cardbord, paent, cwyr, meintiau
amrywiol
Cywaith Cymru
Ieir a theipiaduron yw dau o'r
'actorion' sy'n ymddangos dro ar ôl
tro yng ngolygfeydd Luned Rhys
Parri, y ddau'n codi o'i hatgofion

Un o gadeiriau gor-fawr Luned Rhys Parri (1994,
cardbord a chyfrwng cymysg, Canolfan Tŷ'r Ffynnon,
Bangor). Ffotograff: Cywaith Cymru.

One of Luned Rhys Parri's over-sized armchairs (1994,
cardboard and mixed media, Wellfield Centre, Bangor).
Photograph: Cywaith Cymru/Artworks Wales.

am fferm ei mam-gu. Mae'n cofio ei mam yn teipio'n
brysur yn y tŷ i rythm nad annhebyg i bigo prysur y
cywion ar y buarth. Mae atgofion o'r fath yn awgrymu
pynciau cymdeithasol ehangach yn ogystal â'i meddyliau
personol hi. Mae'n dod ag esgidiau i mewn i'w gwaith i
olrhain camau troed y cenedlaethau. Cardbord yw
cyfrwng ei gweithiau diweddaraf ac maent yn gerfluniol
iawn, yn aml wedi'u gosod ar y llawr fel y gellir cerdded
o'u hamgylch, mewn gwrthgyferbyniad â'r gwaith yn ei
chyfres capeli a grogai ar lefel y llygaid. Mae'n sôn am
Picasso fel prif ffynhonnell ei hysbrydoliaeth: mae'n
edmygu ei ddyfeisgarwch gyda phethau hapgael a
phethau syml. Comisiynwyd Luned gan Gywaith Cymru
– corff celfyddydau cyhoeddus Cymru – i lanw
archfarchnad wag gyda gwaith a wnaed yn y fan a'r lle.
Gwnaeth gadeiriau breichiau anarferol o fawr, baddonau,
ieir, silff ben tân, bwrdd wedi torri, teipiadur a mwy eto o
ieir. Wrth ymateb i'r fath ofod anferthol camystumiwyd y
gwrthrychau; daethant yn wawdluniau o'r pethau go
iawn ond trwy hynny rhoddwyd iddynt eu bywydau eu
hunain. Roedd hi hefyd yn ail-greu'r teimlad o faint ym
mhrofiad plentyn.

Laura Denning

PAUL PETER PIECH

Dylunydd graffig a gwneuthurwr printiau oedd Paul
Peter Piech (1920–96). Defnyddiodd ei sgiliau eithriadol i
gyhoeddi negesau grymus i gefnogi nifer o achosion

LUNED RHYS PARRI

Born in St Asaph in 1970, Luned
Rhys Parri attended a founda-
tion course at Bangor and then
took a degree in Cardiff. She has
a workshop at Parc Glynllifon,
near Caernarfon. Drawing on
childhood memories and anec-
dotes told by family members,
Luned Rhys Parri began
working on a series of pieces
based on chapels. She has
recreated scenes inside card-
board boxes: memories you
could walk into.

21^2
TYPEWRITER AND HEN
1995, cardboard, paint, wax, various
sizes
Cywaith Cymru / Artworks Wales
Two recurrent 'actors' in Luned
Rhys Parri's scenes are chickens
and typewriters, both of which
are drawn from memories of her
grandmother's farm. She remembers her mother
busily typing inside the house, to a rhythm not
dissimilar to the busy pecking of the chickens
outside. Memories like these speak of wider social
issues as well as her personal thoughts. She brings
footwear into her work, to trace the footsteps of
generations. All fashioned from cardboard, her more
recent work is very sculptural, often placed on the
floor to be walked around, in contrast to her chapel
series, which was hung at eye level. Picasso is cited
as a major source of inspiration: she admires his
virtuosity with found objects and simple materials.
Luned Rhys Parri was commissioned by Cywaith
Cymru – the public arts body for Wales – to fill an
empty supermarket with work created on site. She
made oversized armchairs, baths, chickens, a
mantelpiece, a broken table, a typewriter, and more
chickens. Responding to the vast space, the objects
were exaggerated; they became caricatures of the real
thing, and in this way were given a life of their own.
She was also recreating the sensation of size
experienced by a child.

Laura Denning

PAUL PETER PIECH

Paul Piech (1920–96) was a graphic designer and
printmaker who used his great skills to convey
powerful messages in support of the many

dyngarol oedd yn agos at ei galon. Fe'i ganed yn Brooklyn, Efrog Newydd i fewnfudwyr o'r Wcrain. Astudiodd gelfyddyd gain ac yna aeth i fyd hysbysebu. Yn ystod yr Ail Ryfel Byd cafodd ei anfon i Brydain gyda Llu Awyr yr UD, priododd Gymraes ac aros ymlaen, gan dreulio deng mlynedd olaf ei oes yng Nghymru. Ar ôl cyfnod yn Ysgol Gelf Chelsea bu Piech yn gweithio fel cyfarwyddwr celf mewn asiantaethau hysbysebu blaenllaw yn Llundain. Gadawodd y byd hysbysebu i ddysgu graffeg a gweithio ar ei liwt ei hun. Defnyddiodd seicoleg hysbysebu i 'werthu syniadau' yn ei waith dros gymdeithasau fel Oxfam, CND, Gwrth-Apartheid, Cyfeillion y Ddaear ac Amnest Rhyngwladol. 'Rwy' am wneud i bobl sylweddoli fod pethau yn y byd y dylen nhw fod yn ymwybodol ohonyn nhw, pethau na allan nhw ddibynnu ar eu cael gan bapurau newydd.' Wrth gyfeirio at y symbolau sy'n digwydd dro ar ôl tro yn ei waith, meddai, 'Rwy'n defnyddio Crist i ddynodi gwirionedd, yr haul am fywyd tragwyddol, dwylo am waith a chalon am gariad.'

9³
COAL
1994, torlun pren dau liw, 16 x 6 cm
Dyma ddyluniad clawr casgliad o sonedau gan John Gurney a gyhoeddwyd gan Stride Publications Exeter. Roedd Paul Piech yn argraffu ei dorluniau pren a leino ar wasg law ganmlwydd oed a gadwai yn y garej. Arferai wneud mwy o dorluniau pren, ond yn ddiweddarach aeth i ddefnyddio leino'n bennaf er mwyn gweithio'n gyflymach.

9⁴
HOLIDAYS
1994, torlun pren, 21 x 17 cm
Dyluniwyd *Holidays* i ddarlunio soned John Gurney am y merlod a weithiai dan ddaear yn y pyllau glo.

17¹
LINES WRITTEN ON A PAPER HANDKERCHIEF
poster torlun pren dau liw, 60 x 40 cm
Cerdd gan Harri Webb © Meic Stephens
Ganed yr awdur a'r bardd Harri Webb (1920–94) yn Abertawe, aeth i Brifysgol Rhydychen a bu'n lyfrgellydd yn Nowlais ac Aberpennar. Roedd yn genedlaetholwr radical ac yn feddyliwr annibynnol a chanddo ryw hiwmor eironig a glywir yn llawer o'i waith. Yn ôl Webb, cyfathrebu â'r gynulleidfa fwyaf posibl oedd ei dasg. Mae hyn yn debyg i Piech a ddywedodd, 'Rwy' nawr yn rhoi'r hyn a ddysgais mewn hysbysebu i mewn i bropaganda.' Yn ei flynyddoedd olaf llunio posteri oedd prif ddiddordeb Piech. Roedd llawer yn cynnwys geiriau ei arwyr: Martin Luther King, Mahatma Ghandi, J. F. Kennedy, Steve Biko, Saunders Lewis. 'Rwy' am i'm gwaith agor

humanitarian causes close to his heart. Born in Brooklyn, New York, to Ukrainian immigrants, he studied fine art and then went into advertising. During the Second World War he was drafted to Britain with the US Air Force, married a Welsh woman and stayed on, spending the last ten years of his life in Wales. After attending Chelsea School of Art, Piech worked as an art director in leading London advertising agencies. He left advertising to teach graphics and to work freelance. He used advertising psychology to 'sell ideas' in the work he did for such organizations as Oxfam, CND, Anti-Apartheid, Friends of the Earth, Amnesty International. 'I want to make people aware that there are things in the world that they should know about, things that they can't rely on newspapers for.' Speaking of the recurring symbols in his work, he said: 'I use Christ for truth, the sun for eternal life, hands for labour, the heart for love.'

9³
COAL
1994, two-colour woodcut, 16 x 6 cm
This is the cover design for a book of sonnets by John Gurney, published by Stride Publications of Exeter. Paul Piech printed his wood and linocuts on a 100-year-old hand press, housed in his garage. He used to make more woodcuts but later he used mainly lino in order to work quickly.

9⁴
HOLIDAYS
1994, woodcut, 21 x 17 cm
Holidays illustrates John Gurney's sonnet about the ponies who worked underground in the coal mines.

17¹
LINES WRITTEN ON A PAPER HANDKERCHIEF
two-colour linocut poster, 60 x 40 cm
Harri Webb poem © Meic Stephens
The author and poet, Harri Webb (1920–94), was born in Swansea, educated at Oxford University and worked as a librarian in Dowlais and Mountain Ash. He was a radical nationalist and independent thinker with a wry sense of humour which is reflected in much of his writing. Webb said that his job was to communicate to as wide an audience as possible – sentiments similar to Piech's. 'What I learned in advertising I now put into propaganda,' wrote Piech. The production of posters mono-polized Paul Piech's later work. Many carry the words of his heroes: Martin Luther King, Mahatma Ghandi, J. F. Kennedy, Steve Biko, Saunders Lewis.

llygaid pobl ond mae'n rhaid iddo hefyd beri iddyn nhw eisiau gweithredu.' Mae llythrennu gymaint rhan o adeiledd gweledol ei waith ag yw'r delweddau graffig grymus sy'n ymddangos yn dwyllodrus o syml. Mae gwaith Piech yn nhraddodiad William Blake a'r Americanwr Ben Shahn.

'I want my work to open people's eyes, but it also has to make them want to do something about it.' Lettering is just as much part of the visual structure of the work as his deceptively simple, powerful graphic images. Piech's work is in the tradition of William Blake and the American Ben Shahn.

EDWARD POVEY

Ganed Ed Povey yn Llundain yn 1951. Pan oedd yn un ar hugain oed penderfynodd ei fod am fod yn arlunydd ac aeth i ddosbarthiadau celf yn Eastbourne ac yna ym Mangor. Yn ystod y deng mlynedd nesaf peintiodd Povey bum murlun ar hugain, gan gynnwys nifer o rai allanol enfawr yng ngogledd Cymru. Yn 1991 cafodd gomisiwn i beintio murlun mawr gyda'r teitl *The Hall of Illusion* yn neuadd gyngerdd Prifysgol Cymru, Bangor. Yn ddiweddar mae Povey wedi canolbwyntio ar beintio cynfasau llai.

EDWARD POVEY

Ed Povey was born in London in 1951. At the age of twenty-one he decided that he wanted to be an artist and attended art classes in Eastbourne and then Bangor. During the next ten years Povey painted twenty-five murals, including several large exterior murals in north Wales. In 1991 he was commissioned to paint a large mural entitled *The Hall of Illusion* in the concert hall at University of Wales, Bangor. Recently, Ed Povey has been concentrating on painting smaller canvases.

$19^{1 \& 2}$

POTS

1981, paent tŷ sylfaen olew ar sment wedi'i breimio, 15 x 9.3 m
'Murlun yw hwn sydd yng Nghrochendy Porthmadog. Fe gafodd ei gomisiynu gan Craftscentre Cymru gyda chymorth Cyngor Celfyddydau Cymru a Crown Industries. Mae'n dapestri o Fywyd. Fe gymerodd y gwaith 600 awr i mi ei orffen yn gweithio ar fy mhen fy hun, ar sgaffaldiau saith llwyfan, yn ystod un o hafoedd gwlypaf Cymru. Mae'r crochendy ar ei fwyaf prysur yn fyw dan holl weithgareddau gwneud crochenwaith, sychu, cario, gwydro a thanio. Y ffigur canolog yw artist y crochendy y mae ei feiliau llaes yn ddolen gysylltiol rhwng byd real y crochendy (uchod), sy'n llawn enwogion a chymeriadau lleol gan gynnwys fy nheulu fy hun a'm ffrindiau, a byd peintiedig y gorffennol (isod), sy'n tynnu at ei gilydd holl linynnau'r datblygiad a'r diwylliant sydd wedi gweu'r Porthmadog a adwaenwn ni heddiw.

'Mae'r gorffennol wedi'i rewi yma; yr injan stêm gyntaf, annelwig, ar wyneb craciog y pot coffi; chwarelwyr wedi'u cloi mewn clai, y gwneuthurwyr llongau'n bell a glas. Eto wrth droed y murlun mae'r cymeriadau hanesyddol yn dod yn fyw ac yn tyfu i'r un maint â'r bobl "real" yn y crochendy ar y top ac mae'r blynyddoedd rhyngddynt yn diflannu. Mae'r cyfarwyddwyr yn symbolaidd yn dal powlenaid o beli sigledig tebyg i'n planed, ac fel maen nhw i raddau'n dal tynged eu gweithwyr yn eu dwylo felly rydyn ni i gyd yn byw dan fygythiad tensiynau ansicr ein planed. Mae'r bowlen yn bygwth troi a sarnu ei chynnwys dros y bobl.

'Yng nghanol y crochenwaith gofidus gorffwyll yma rwy'n myfyrio ar lestr wedi'i wydro gyda golygfa o

$19^{1 \& 2}$

POTS

1981, oil-based housepaint on primed cement, 15 x 9.3 m
'This is a mural at Porthmadog Pottery, commissioned by Craftscentre Cymru with aid from the Welsh Arts Council and Crown Industries. It is a tapestry of Life. The work took altogether 600 man-hours for me to complete, alone, on a seven-stage scaffolding, in what was one of Wales's wettest summers. The pottery, at its most hectic, is alive with all the details of pot-throwing, drying, carrying, glazing and firing. The central figure is the pottery artist, whose voluminous veils act as a bold link between the real world of the pottery (above), filled with the famous and with local characters, and my own friends and family, and the painted world of the past (below), which draws in all the strands of development and culture which have woven to produce the Porthmadog we know.

'The past is frozen here; the first steam engine, dim, on the crazed surface of a coffee pot; slate workers, locked in moulded clay; the shipbuilders distant and blue. Yet at the foot of the mural the historic characters take on life and grow to the same size as the "real" people in the pottery at the top, and the aeons of time between them are removed. The directors symbolically hold a precarious bowl of balls resembling our planet, and even as they hold to some extent the destiny of their employees so are we all living under the threat of the precarious tensions of our planet. The bowl threatens to tip up and empty itself upon the people.

'In the midst of this worrying, frantic pottery I meditate upon a pot glazed with a scene of the

76

Ganolfan Byd fy ffydd ar y pryd, crefydd o Bersia'n wreiddiol sy'n dysgu undod. Rydyn ni i gyd yma gyda'n gilydd: fy ffrindiau, fy nheulu, yr enwog a'r distadl, yr uchel a'r isel gyda'n hanes a'n gofidiau – yn gweu, er gwell neu er gwaeth, dapestri ein bywyd.'

PETER PRENDERGAST

Ganed Peter Prendergast yn Abertridwr, Morgannwg yn 1946 i rieni Cymreig a Gwyddelig. Aeth i Ysgol Gelf Caerdydd, y Slade a Phrifysgol Reading ac mae wedi dysgu celfyddyd ar bob lefel. Dechreuodd beintio pan oedd yn yr ysgol yn Abertridwr, cwm glofaol yn y de: 'Roedd fy athro celf, Gomer Lewis, yn credu ei bod hi'n holl bwysig i ni edrych ar ein hamgylchedd; o ganlyniad roedden ni'n lluniadu'r tai teras, y pyllau glo lleol, y mynyddoedd a'r chwareli o gwmpas yr ysgol. Lluniadu drwy edrych oedd y ffordd y daethon ni i ddysgu am ein pentref. Gomer hefyd a'm cyflwynodd i weithiau Cézanne, Van Gogh, Roualt, Jackson Pollock a Stanley Spencer.

'Mae fy mheintio i dros y pum mlynedd ar hugain diwethaf 'ma yn ymwneud â byw, peintio a magu teulu yng ngogledd Cymru, yn bennaf o amgylch Bethesda, tref chwareli fechan, ond yn ddiweddar o amgylch pentref chwareli digon tebyg, Deiniolen, yng nghanol Eryri. Rwy'n dechrau drwy wneud lluniadau i'm helpu i ddeall yr hyn sy'n gorwedd o dan yr hyn rwy'n mynd i'w beintio. Yna rwy'n ceisio mynd â'r peintiadau y tu hwnt i'r lluniadau i fod yn ymateb dyfeisgar neu'n gyfatebiaeth weledol i'r hyn rwy' wedi'i ddysgu, ei ddychmygu neu'i deimlo

'I mi mae peintio'n golygu wynebu fy hunan, y dirwedd a'r testun. Rwy'n byw a pheintio yng Nghymru gan fod tirwedd, hanes a diwylliant Cymru'n bwysig i mi. Fe all Cymru ymddangos fel gwlad sy'n cael ei rhannu gan iaith. Rwy'n credu bod peintio yn llais sy'n uno ysbryd a diwylliant y ddwy iaith. Er fy mod yn gyson ymwybodol o hanes a chwedloniaeth Cymru, ei diwylliant a'i phobl, dydw i ddim yn peintio lluniau sy'n darlunio'r rhain gan fy mod i'n credu bod peintio yn iaith yn ei hun a bod adrodd stori'n perthyn i draddodiad arall. Felly mae fy agwedd i at beintio yn syml a bwriadol gul. Dydw i ddim yn gweld fy hun fel peintiwr ffigurol na pheintiwr an-ffigurol chwaith. Rwy'n peintio'r dirwedd sy'n fy nghyffroi, weithiau y chwareli llechi oherwydd y gweithiwr a adawodd ei ôl ar y dirwedd yn y modd mwyaf uniongyrchol.

'Rwy'n dechrau trwy gofnodi'r hyn rwy'n credu mod i'n ei weld; rwy'n ceisio gwneud mesuriadau cywir o'r gofod, y pellter rhwng y coed a'r tai, symudiadau yn yr awyr, y cysylltiad rhwng yr awyr a'r ddaear, rwy'n ceisio dod o hyd i ffordd rythmig o uno popeth rwy'n ei

World Centre of my faith at the time, a Persian-born religion which teaches unity. We are all here together: my friends, my family, the famous and infamous, the high and the low, with our history and our predicament – weaving for better or worse, the tapestry of our life.'

PETER PRENDERGAST

Peter Prendergast was born in Abertridwr, Glamorgan in 1946, of Welsh and Irish parents. He was educated at Cardiff School of Art, the Slade and the University of Reading and has taught at all levels of art education. He first started to paint while at school in Abertridwr, a coalmining valley: 'My art teacher, Gomer Lewis, believed that it was important to look at our own environment; consequently we drew the terraced houses, the local coal mines, the mountains and the quarries near our school. Drawing from observation was the way that we learned about our village. It was also Gomer who introduced me to the works of Cézanne, Van Gogh, Roualt, Jackson Pollock and Stanley Spencer.

'My painting for the past twenty-five years has been about living, painting and bringing up my family in north Wales, mostly around Bethesda, a small slate quarry town, but lately around a similar quarry village called Deiniolen in the heart of Snowdonia. I start by making drawings, to help me to understand the underlying structure of the subjects that I paint. I then attempt to take the paintings beyond the drawings into being inventive responses or visual equivalents of what I have learned, imagined or felt.

'Painting, for me, is about confronting myself, the landscape and the subject. I live and paint in Wales because the landscape, history and culture are important to me. Wales has always seemed a country divided by its language. I believe that painting is a voice that unites the spirit and culture of both languages. Although I am always aware of the history and myths of Wales, its culture and its people, I have not painted pictures to illustrate these as I believe painting is a language of its own and that story-telling is part of another tradition. Therefore my approach to painting is deliberately narrow and simple. I see myself neither as a figurative nor a non-figurative painter. I draw landscape that excites me, sometimes the slate quarries because of the working man who has left his mark on the landscape in the most direct way.

'I start by recording what I think I can see; I try to make accurate measurements of the spaces, the distance between the trees and houses, the movement in the sky, the link between the sky and

77

weld a dyfeisio rhywbeth sy'n cyfateb yn weledol a threfnedig.'

land, I try to find a way rhythmically to unite all I can see and invent a visual and organized equivalent.'

4²

COLD WINTER'S DAY, NANT FFRANCON VALLEY
1992, acrylig ar bapur ar fwrdd, 71.7 x 118 cm
Hiscox Holdings Cyf (casgliad preifat)
'Mae'r peintiad hwn yn un o nifer a wnes yn y fan a'r lle rhwng 1990 a 1992. Mae'r lleoliad ar yr hen ffordd gyferbyn â'r un bresennol. Mae'r peintiad ar bapur wedi'i ludio ar fwrdd, ac wedi'i beintio â phaent acrylig. Fe'i gwnaed dros sawl mis sy'n golygu bod y peintiad wedi mynd drwy lawer cyfnod o newid o ran tywydd a thymer. Fy nod cyntaf oedd lluniadu a pheintio popeth a welwn, ond yn y diwedd cadw yn y gwaith dim ond yr hyn oedd yn wirioneddol ei angen, a dal eiliad arbennig – yn yr achos yma gorfoledd diwrnod oer o aeaf.'

4²

COLD WINTER'S DAY, NANT FFRANCON VALLEY
1992, acrylic on paper on board, 71.7 x 118 cm
Hiscox Holdings Ltd. (private collection)
'This painting was one of several works I produced on the spot between 1990 and 1992. The location is on the old road opposite the present road. The painting is on paper glued on board, painted with acrylic paint. It was made over several months, meaning that the painting went through many phases and weather changes, including responses to changes of mood, while being made. My aim was, in the first instance, to draw and paint all that I could see, finally keeping in the work only the marks that were necessary, and to capture a particular moment – in this case the exhilaration of a cold winter's day.'

THOMAS RATHMELL

Ganed Tom Rathmell (1912–90) yn Wallasey ar Lannau Mersi a chafodd ei hyfforddiant yng Ngholeg Celf Lerpwl a'r Coleg Celf Brenhinol. Bu'n dysgu yng Ngholeg Celf Casnewydd o 1949 i 1972, yn gyntaf fel darlithydd mewn peintio ac yna fel Pennaeth Celfyddyd Gain.

THOMAS RATHMELL

Tom Rathmell (1912–90) was born in Wallasey, Merseyside and trained at the Liverpool College of Art and the Royal College of Art. He taught at Newport College of Art from 1949 to 1972 as a lecturer in painting and then as Head of Fine Art.

2⁵

NEWPORT
1984, olew ar gynfas, 101.5 x 127 cm
Amgueddfa ac Oriel Gelf Casnewydd
Mae Thomas Rathmell yn fwyaf adnabyddus fel peintiwr tirluniau a ffigurau, ond roedd hefyd yn beintiwr portreadau dawnus. Lluniadodd a pheintiodd nifer o dirluniau o Gasnewydd a'r ardal o gwmpas. Mae'n ddiddorol cymharu'r olygfa hon o Christchurch ag un Mullock a wnaed tua 1860 (gweler Cerdyn 2 Llun 4).

2⁵

NEWPORT
1984, oil on canvas, 101.5 x 127 cm
Newport Museum and Art Gallery
Thomas Rathmell is best known as a landscape and figure painter but he was also an accomplished portrait artist. He drew and painted many landscapes of Newport and the surrounding district. It is interesting to compare this view of Newport from Christchurch with Mullock's view of Newport made about 1860 (see Card 2 Picture 4).

IEUAN REES

Ganed Ieuan Rees yn 1941 ac astudiodd yn y Coleg Celf Brenhinol. Mae'n ennill ei fywoliaeth fel artist/crefftwr trwy weithiau comisiwn gan gwsmeriaid dros y byd ym meysydd llythrennu, caligraffeg, llythrennu herodrol, llawysgrifau goliwiedig a cherfio llythrennau. Am flynyddoedd bu'n teithio yng Ngogledd America yn dysgu ei sgiliau, ac wrth ei fodd yn bod yn llysgennad i Gymru. Mae placiau coffa o waith Ieuan Rees i'w gweld dros Gymru gyfan ac mae wedi gwneud cofadeiliau llechfaen i Wynford Vaughan Thomas a Carwyn James yng Nghymru ac i Lewis Carroll a Syr Laurence Olivier yn Abaty San Steffan, Westminster.

IEUAN REES

Ieuan Rees was born in 1941 and studied at the Royal College of Art. He earns his living as an artist/craftsman from commissioned work in the fields of lettering, calligraphy, heraldry, illuminated manuscripts and letter carving, working for customers around the world. For several years he travelled North America, teaching his skills, happy to work as an ambassador for Wales. Commemorative plaques by Ieuan Rees can be found all over Wales and he has made slate memorials for Wynford Vaughan Thomas and Carwyn James in Wales and for Lewis Carroll and Sir Laurence Olivier at Westminster Abbey.

1996, tsieni esgyrn, 27 cm

'Rwy' wedi bod yn ymwneud â'r Eisteddfod Genedlaethol ers cyn cof, fel arddangoswr ac fel beirniad. Mae'r Eisteddfod yn mynd i wahanol ardal bob blwyddyn ar wahoddiad y *fro* yn hytrach na thref arbennig. Roedd Eisteddfod 1996 ym Mro Dinefwr sy'n ymestyn o Rydaman a Llandeilo yn y de-orllewin, heibio i Lanymddyfri ac i fyny i Ystrad-ffin yn y gogledd. Bob blwyddyn mae'r Eisteddfod yn comisiynu plât addurnedig. Mae fy nghynllun ar gyfer y plât hwn yn cynnwys cameos sy'n cynrychioli gwahanol rannau o'r fro, y pyllau glo, tref rygbi Rhydaman, afon bysgota'r Tywi sy'n torri'r ardal yn ei hanner. Mae hefyd yn ardal cestyll a chapeli. Roedd safle'r Eisteddfod yn Llandeilo yn agos at Gastell Dinefwr, a welir ar dop y plât, sydd â lle pwysig iawn yn hanes Cymru.

'Mae fy nghynllun ar gyfer logo'r Eisteddfod, y llythyren D gyda chigfran, yn seiliedig ar y tair cigfran ddu yn arfbais Syr Rhys ap Thomas (1449–1525) o Gastell Dinefwr. Roedd Syr Rhys yn un o dirfeddianwyr mwyaf de Cymru, noddwr beirdd o fri yn ei ddydd a phrif gynghreiriad Harri Tudur yn ei ymgais i gipio'r goron yn 1485. Roedd hefyd yn ddisgynnydd i'r Arglwydd Rhys a oedd yn gyfrifol am ŵyl fawr Aberteifi yn 1176 a ysbrydolodd yr Eisteddfod fel y mae heddiw.'

Brasluniau rhagbaratoadol Ieuan Rees ar gyfer plât a logo Eisteddfod Genedlaethol Bro Dinefwr, 1996.

Ieuan Rees's preliminary sketches for the Eisteddfod plate and the Bro Dynefwr Eisteddfod logo, 1996.

1996, bone china, 27 cm

'I have been involved with the National Eisteddfod for as long as I can remember, as an exhibitor and adjudicator. The Eisteddfod travels to a different area each year. It is invited there by the *bro* [district] rather than an individual town. The 1996 Eisteddfod was held in Bro Dinefwr, which stretches from Ammanford and Llandeilo in the south-west, past Llandovery and up to Ystrad-ffin in the north. Each year the Eisteddfod commissions a decorative plate. My design for this plate includes cameos representing different parts of the district, the coal-mining, rugby town of Ammanford, the fishing river of Afon Tywi which bisects the region. This is also a region of castles and chapels. The Eisteddfod site was in Llandeilo near Dinefwr Castle, seen at the top of the plate, which has an important place in Welsh history.

'My design for the Eisteddfod logo, a letter D with a raven, is based on the three black ravens in the coat of arms of Sir Rhys ap Thomas (1449–1525) of Dinefwr Castle. He was one of the biggest landowners in south Wales, a leading bardic patron of his age and the chief Welsh ally of Henry Tudor in his bid for the throne in 1485. Rhys ap Thomas was also a descendant of the great Lord Rhys whose cultural festival at Cardigan in 1176 inspired the modern Eisteddfod.'

CERI RICHARDS

Ceri Richards (1903–71) oedd peintiwr mwyaf nodedig Cymru ymhlith yr avant-garde Ewropeaidd, ac fe'i hystyrir gan rai yn beintiwr mwyaf arwyddocaol Cymru'r ugeinfed ganrif. Fe'i ganed yn Nynfant, Abertawe, aeth i Goleg Celf Abertawe a'r Coleg Celf Brenhinol. Bu'n dysgu yng Ngholeg Celf Caerdydd, Ysgol Gelf Chelsea, y Coleg Brenhinol a'r Slade. Yn ogystal â bod yn lluniadydd a pheintiwr amryddawn, dawnus, roedd hefyd yn brintiwr, dylunydd ffenestri lliw a lluniwr adeileddau. Roedd golygon Richards tuag at Ewrop a daeth dan ddylanwad adeileddau Picasso, Swrrealaeth a Moderniaeth haniaethol. Roedd cerddoriaeth yn bwysig iawn yn ei blentyndod a daeth

CERI RICHARDS

Ceri Richards (1903–71) was Wales's outstanding artist of the European avant-garde and is considered by some as Wales's most important twentieth-century artist. He was born in Dunvant, Swansea and attended Swansea College of Art and the Royal College in London. He taught at Cardiff College of Art, Chelsea School of Art, the Royal College and the Slade. As well as being a draughtsman and painter of great versatility and virtuosity, he was also a printer, stained glass designer and a maker of constructions. Richards looked to Europe and was influenced by Picasso's constructions, by Surrealism and abstract Modernism. He was surrounded by

79

yn bianydd penigamp. Mae'n aml yn cyfeirio at y cysylltiadau rhwng celfyddyd a cherddoriaeth yn ei waith. Mae'r gyfres o beintiadau sy'n seiliedig ar *La Cathédrale Engloutie* (Y Gadeirlan a Suddwyd) Debussy yn cael eu cyfrif fel rhai o weithiau gorau'r ganrif o safbwynt celfyddyd Brydeinig.

4³

CYCLE OF NATURE

1944, olew ar gynfas, 102.2 x 152.7.cm

Amgueddfa Genedlaethol Cymru

Roedd llawer o waith haniaethol Ceri Richards yn seiliedig ar themâu'n codi o farddoniaeth. Mae *Cycle of Nature* yn cyfeirio at gerdd Dylan Thomas 'The Force that Through the Green Fuse Drives the Flower' (1933). Mae'r peintiad yn rhannol Swrreal ond mae hefyd yn cynnwys llifeiriant o ffurfiau o natur, mwy yn null y Neo-Ramantwyr (gweler Graham Sutherland t.84). Yn 1945 cafodd ei gomisiynu i ddarlunio'r gerdd gan Poetry London, a gwnaeth dri lithograff yn ymgorffori'r testun cyfan. Mae gan Oriel Gelf Glynn Vivian gasgliad mawr o'i waith.

WILL ROBERTS

Will Roberts yw un o beintwyr amlycaf Cymru. Fe'i ganed yn Rhiwabon ger Wrecsam yn 1910. Pan oedd yn saith oed symudodd y teulu i dde Cymru ac mae wedi treulio'r rhan fwyaf o'i oes yng Nghastell Nedd. Bu'n dilyn dosbarthiadau yng Ngholeg Celf Abertawe am dair blynedd yn y tridegau cynnar pryd roedd yn gweithio fel gemydd. Ar ôl y rhyfel, bu'n gweithio am gyfnod yn stiwdio Josef Herman, arlunydd o Wlad Pwyl (gweler Cerdyn 12 Llun 2), a roddodd lawer o gefnogaeth iddo a'i helpu gyda'i beintio.

Yn fachgen treuliodd Will Roberts lawer o amser ar fferm ger Dinbych a gwnaeth y profiad hwnnw argraff barhaol arno. Mae llawer o'i waith yn canolbwyntio ar fferm Tyn y Waun yng Nghimla ger ei gartref presennol. Mae'r fferm, y buarth a'u trigolion yn ymddangos mewn cannoedd o'i beintiadau. Ffermwyr anhysbys yn gweithio yn y caeau yw llawer o destunau Roberts, a'r rheini'n ddieithriad yn wynebu oddi wrth yr artist. Yn wir, anaml iawn maent yn cynrychioli unrhyw ffermwr arbennig, ond yn hytrach yn ymgorffori'r 'gweithiwr urddasol wrth ei waith'. Mae'r peintiadau lle gwelir wyneb y gwrthrych fel rheol yn bortreadau personol iawn o'i wraig a'i ferch.

11²

PEELING POTATOES

1962, olew ar gynfas, 90 x 76 cm

Casgliad Tudor Davies

---

music as a child and was a fine pianist. He often referred to the links between art and music in his work. The series of paintings based on Debussy's *La Cathédrale Engloutie* (The Sunken Cathedral) are recognized as some of the most important works of British art this century.

4³

CYCLE OF NATURE

1944, oil on canvas, 102.2 x 152.7 cm

National Museum of Wales

Many of Ceri Richards's abstract works are based on themes from poetry. *Cycle of Nature* refers to Dylan Thomas's poem 'The Force that Through the Green Fuse Drives the Flower' (1933). The painting is partly Surrealist but contains a mass of forms abstracted from nature, more in the language of the Neo-Romantics (see Graham Sutherland p.84). In 1945 he was commissioned by Poetry London to illustrate the poem with three lithographs which included the text. The Glynn Vivian Art Gallery in Swansea holds a large collection of his work.

WILL ROBERTS

Will Roberts is one of Wales's most distinguished painters. He was born in Rhiwabon near Wrexham in 1910. When he was seven his family moved south and he has lived for most of his life in Neath. He attended classes at the Swansea College of Art for three years in the early 1930s when he worked as a jeweller. After the war, he worked for some time at the studio of the Polish immigrant painter, Josef Herman (see Card 12 Picture 2), who encouraged and helped him with his painting.

As a boy, Will Roberts spent a lot of time on a farm near Denbigh and that experience made a lasting impression on him. Much of his work as an artist has concentrated on a farm, Tyn y Waun, at Cimla near his home. The farm, farmyard and its inhabitants feature in hundreds of his paintings. Many of Roberts's subjects are anonymous farmers working in the fields, invariably facing away from the artist – in fact they rarely seem to represent any one farmer in particular but to embody the 'noble labourer at work'. Most of his paintings in which we do see the face of the sitter are very intimate portraits of Will Roberts's wife and daughter.

11²

PEELING POTATOES

1962, oil on canvas, 90 x 76 cm

The Tudor Davies Collection

PEELING POTATOES astudiaeth

1962, pensil ar bapur, 25 x 20 cm

Mae hwn yn un o bortreadau prin Will Roberts o rywun y tu allan i'w deulu. 'Roedd testun y gwaith, Thomas Davies, yn byw ar dyddyn gerllaw Saundersfoot, lle'r oedd, fel llawer o ffermwyr, yn cadw moch, ac i raddau helaeth yn hunan-gynhaliol. Roedd yn Fedyddiwr brwd. Trigai yn amgylchedd amlweddog glo, y fferm a'r môr. Roedd Thomas yn ei wythdegau pan wnaed y peintiad ac eto roedd e'n iach ac yn dal i fynd ar ei feic. Bob gyda'r nos byddai'n plicio tatws ar gyfer drannoeth.' Mae'r astudiaeth yn un o filoedd o fyw-luniadau a wnaeth Will Roberts (allan ar leoliad) ac a ddefnyddiwyd wedyn yn ôl yn y stiwdio ar gyfer y portread. 'Fe symleiddiais y braslun yn y peintiad. Mae'r llaw dde yn chwalu'n blanau. Roddais i ddim ystyriaeth fanwl i'r golau nes imi ddechrau peintio, ac, fel y lliw, fe'i cyflwynais i sefydlu ffurf.' Mae holl beintiadau Roberts yn arddangos sensitifrwydd mawr i'r broses o daenu'r paent. Mae'n defnyddio amrediad cyfyngedig o liwiau 'naturiol'. Dywed Roberts mai mynegiadaeth yw'r prif bwyslais, Mynegiadaeth Belgaidd o bosibl (Mynegiadaeth Almaenig ynghyd â Chiwbiaeth Ffrengig): mae'r fynegiadaeth yn ymwneud â theimladau'r artist am ei destun, mae'r Giwbiaeth yn ymwneud â'r ymdrech i bortreadu natur gorfforol y testun.

MICKI SCHLOESSINGK

Dysgodd Micki Schloessingk ei chrefft wrth weithio i grochenyddion eraill ac yna trwy fynychu cwrs ar 'grochenwaith stiwdio' yng Ngholeg Celf Harrow. Dylanwadwyd ar ei gwaith gan grochenwaith stiwdio Prydeinig ysgol Bernard Leach, arddull sy'n ymddangos yn syml ac sy'n deillio o botiau traddodiadol ac o arddulliau Japaneaidd. Mae wedi amsugno'r rhain yn ogystal â photiau gwlad traddodiadol Ffrainc, yr Almaen, Sbaen a'r Dwyrain Pell. Fe'i denwyd gan ansawdd 'y pridd' a ffurfiau meddal potiau bob dydd ar ei theithiau yn India. Roedd gan Micki Schloessingk, sy'n hanu o Lundain, grochendy yn swydd Efrog cyn iddi sefydlu stiwdio yng Ngŵyr yn 1987.

POTIAU WEDI'U PREN-DANIO, HALEN-WYDREDIG

1995, crochenwaith caled clai, meintiau amrywiol

Yma mae grŵp o botiau, powlenni salad, colandr, mygiau coffi a llwyau. Maent i gyd wedi'u gwneud o grochenwaith caled clai a'u taflu ar yr olwyn, ar wahân i'r llwyau sydd wedi'u gwasgu allan o lwmpyn bach o glai. Cânt eu tanio gyda choed i 1300°C a'u gwydro trwy daflu halen i mewn i'r odyn pan fo'r tanio ar ei eithaf. Defnyddir gwahanol fathau o slipiau (clai wedi'i falu'n fân a'i gymysgu â dŵr) a gwydreddau i addurno'r potiau.

PEELING POTATOES study

1962, pencil on paper, 25 x 20 cm

This is one of Will Roberts's rare portraits of someone outside his family. 'The subject, Thomas Davies, lived on a smallholding near Saundersfoot where, like many farmers, he kept pigs and was largely self-sufficient. He was a keen Baptist and lived in a multi-facetted environment of coal, farm and sea. The painting was done when Thomas was in his eighties and yet he was fit and still riding a bicycle. Each evening he used to peel potatoes for the following day.' Will Roberts's drawing is one of thousands made from life (out on location) and was used to produce the painting back in the studio. 'I simplified the sketch in the painting. The right hand is breaking up into planes. The lighting was only considered in detail at the painting stage, and like the colour, was introduced to establish form.' All of Roberts's paintings show a great sensitivity to the process of applying the paint. He uses a very restricted range of 'natural' colours. Roberts says that the emphasis is largely expressionistic, possibly Belgian Expressionist (German Expressionism mixed with French Cubism) – the expressionism is to do with the artist's feelings about the subject he is painting, the Cubist element is to do with the struggle to portray the physical nature of the subject.

MICKI SCHLOESSINGK

Micki Schloessingk trained by working for other potters and then by attending a 'studio pottery' course at Harrow College of Art. Her work was influenced by the Bernard Leach school of British studio pottery, a deceptively simple style derived from traditional pots and from the Japanese styles. This she has absorbed with the traditional 'country pots' of France, Germany, Spain, as well as the Far East. She was drawn to the 'earthy quality' and soft shapes of pots in daily use while travelling in India. Micki Schloessingk, who is from London, had a pottery in Yorkshire before setting up her studio in Gower in 1987.

WOOD-FIRED, SALT-GLAZED POTS

1995, stoneware clay, various sizes

This is a group of pots, salad bowls, a collander, coffee mugs and spoons. All are made of stoneware clay and thrown on a wheel, except for the spoons which are pinched from a small lump of clay. They are fired with wood to 1300°C and glazed by throwing salt into the kiln at the height of firing. Different types of slips (finely ground clay mixed with water) and glazes are used to decorate the pots.

Y canlyniad yw arwynebau mat a sglein cyfoethog mewn lliwiau o oren a brown i las a du, llawer ohonynt gyda'r wyneb croen-oren arbennig sy'n nodweddiadol o wydredd halen. Mae'r addurno'n gynnil iawn.

COLIN SEE-PAYNTON

Ganed Colin See-Paynton yn Bedford yn 1946 ac yn blentyn byddai'n tynnu lluniau o adar drwy'r amser. Cafodd ei annog i roi'r gorau i hyn pan aeth i goleg yn Northampton i astudio peintio a lluniadu. Wedi gadael coleg bu'n peintio tirluniau yn Llundain i ennill ei fywoliaeth, a phan ddaeth i fyw i Bowys ugain mlynedd yn ôl dechreuodd ysgythru tirluniau: 'Fe ddysgais fy hunan i engrafu ar bren. Un diwrnod fe brynais i offer engrafu pren o chwilfrydedd, a chymryd ato'n fawr. Yr un pryd fe ddaeth fy niddordeb mewn anifeiliaid yn ôl. Nid darluniwr bywyd gwyllt ydw i. Dydw i ddim yn chwilio am fanylder gwyddonol Tunnicliffe [gweler Cerdyn 8 Llun 4]. Mae'n waith araf iawn: ar gyfartaledd mae pob engrafiad yn cymryd mis i'w wneud.'

8[1]

LOONS

1992, engrafiad pren (argraffiad o 125), 15 x 25.4 cm.
'Gair rhywogaethol Americanaidd yn cyfeirio at Drochyddion (*Gaviidae*) yw 'loons'. Yn fy engrafiad *Loons* fe ddewisais bortreadu trochyddion gyddf-ddu gyda grŵp o frithyll bach. Fe dreuliais fis yn Sunderland yn gwylio trochyddion gyddf-ddu, gyddf-goch a throchyddion mawr a roeddwn i'n ddigon lwcus i'w gweld yn nofio o dan y dŵr. Mae'r engrafiad hwn yn un o nifer lle rwy' wedi ceisio arddangos bywyd gwyllt mewn ffordd ddychmygus ond heb grwydro'n rhy bell oddi wrth yr hyn y gellid ei ystyried yn naturiol. Mae'r adar mewn amgylchedd danddwr, ond fi a wnaeth yr amgylchedd honno. Mae lleoliad yr adar yn y llun yn holl bwysig, ac yn peri tensiwn gyda'r ffordd haniaethol o gyfleu symudiad y dŵr. Nid darlun o drochyddion gyddf-ddu yw *Loons*! Print engrafiad pren ydyw, ac mae pob elfen o fewn y dyluniad cyfan yn cael ei hystyried a'i phwyso'n ofalus er mwyn gwneud yr engrafiad cyflawn.'

TERRY SETCH

Ganed Terry Setch yn Llundain yn 1936 ac aeth i Ysgol Gelf Sutton a Cheam a'r Slade. Bu'n dysgu yn Ysgol Gelf Caerlŷr am bedair blynedd cyn symud i Gaerdydd yn 1964 lle mae'n dal i ddarlithio. Mae Setch wedi arddangos yn helaeth ac mae ei waith i'w weld mewn nifer o amgueddfeydd ac orielau drwy wledydd Prydain a thramor. Mae llawer iawn o'i waith yn canolbwyntio ar un darn bach o arfordir Cymru. 'Ers amser mae celfyddyd yr ugeinfed ganrif wedi ystyried

They produce rich matt and shiny surfaces in colours ranging from orange and brown to blue and black, many with the distinctive orange-peel surface peculiar to salt glaze. Decorations are understated.

COLIN SEE-PAYNTON

Colin See-Paynton was born in Bedford in 1946 and as a child he was always drawing birds. This was discouraged when he went to college in Northampton where he studied painting and drawing. After college he painted landscapes for a living in London and when he came to live in Powys twenty years ago he started etching landscapes: 'I am entirely self-taught in wood-engraving. One day I bought some wood-engraving tools out of curiosity and took to it. At the same time I revived my interest in animals. I am not a wildlife illustrator. I do not seek the scientific detail of Tunnicliffe [See Card 8 Picture 4]. It is a slow job: on average, each engraving takes about a month.'

8[1]

LOONS

1992, wood-engraving (edition of 125), 15 x 25.4 cm
'Loons is an American generic word referring to Divers (*Gaviidae*). For my engraving, *Loons*, I have chosen to depict black-throated divers together with a group of small trout. I spent a month in Sunderland watching black-throats, red-throats and great northern divers and was lucky enough to be able to observe their underwater swimming. This engraving is one of a number in which I have tried to show wildlife in an imaginative way whilst not departing too far from what might be regarded as natural. The birds are in an underwater environment, but of my making. The positioning of the birds in the design is crucial, creating a tension with the abstract rendering of the movement of the water. *Loons* is not an illustration of black-throated divers! *Loons* is a wood-engraving print and every element within the whole design is considered and carefully weighed to make the complete engraving.'

TERRY SETCH

Terry Setch was born in London in 1936 and attended Sutton and Cheam School of Art and the Slade. He taught in Leicester School of Art for four years and has been a lecturer in Cardiff since 1964. Setch has exhibited widely and his work is in many museums and galleries around Britain and abroad. He has focused on one small length of Welsh coast-line for much of his work. He writes: 'Twentieth-century art has long regarded society's waste as

gwastraff cymdeithas yn gynhaeaf cyfoethog y gellir creu ohono ddelweddau y gellir eu hadnabod yn ddiwylliannol. Mae Picasso yn enghraifft berffaith. Mae gen i ddiddordeb yn yr hyn a ystyriwn ni'n ddymunol ac o werth esthetig yn cydgyfarfod â'r hyn a ystyriwn ni'n ddi-werth a defnyddio'r naill i ddifwyno'r llall.'

rich pickings from which to create culturally identifiable images. Picasso is a prime example. I am interested in what we regard as pleasing and accord aesthetic value converged with that which we consider valueless and use to despoil the former.'

15²

FLAG panel o *INTERNATIONAL WATERS*
1990–91, cyfrwng-cymysg, 2.9 x 1.4 m
'Rwy' wedi byw yn ymyl y môr ger Penarth er 1969. Fe ddefnyddiwyd y lle gan ddau ymwelydd o fri ddiwedd y bedwaredd ganrif ar bymtheg, Marconi y dyfeisiwr (i yrru'r signalau radio cyntaf dros y dŵr) a'r peintiwr Ffrengig Sisley (gweler Cerdyn 3 Llun 1). Dydy'r aber ddim wedi newid fawr, er nad yw bellach yn llwybr llongau llewyrchus ond yn hytrach yn ardal hwylio. Mae'r malurion sy'n cael eu gadael gan y llanw uchel iawn yn disgrifio'n cymdeithas ni o ddefnyddwyr. Wrth hel sborion ar hyd y traeth rwy'n dod o hyd i loffion synthetig gwych o gyfoethog y bydda i wedyn yn eu gosod ar wyneb polythen cwyr-grawennog fy mheintiadau. Mae'r panel *Flag* o'r triptych *International Waters* yn ymgorffori tystiolaeth a gasglwyd ar y traeth i ffurfio delwedd arwyddluniol o faner neu o fag plastig yn sarnu ei gynhwysion. Mae'r holl arwyneb wedi'i orchuddio gan bolythen wedi'i ymestyn, trosiad am y lle, y digwyddiadau a'r cyfosod anghymharus.'

15²

FLAG panel from *INTERNATIONAL WATERS*
1990–91, mixed media, 2.9 x 1.4 m
'I have lived near the shoreline close to Penarth since 1969. The place was used by two distinguished visitors at the end of the nineteenth century, Marconi the inventor (to transmit the first radio signals across water) and the French painter Sisley [see Card 3 Picture 1]. The estuary has changed little, although no longer a thriving shipping lane it is more a sailing area now. Detritus deposited by the very great tides describe our consumer society. My shoreline scavenging exposes synthetic, splendour-rich pickings which I embed in the wax-encrusted, polythene surfaces of my paintings. The panel *Flag*, of the triptych *International Waters*, has incorporated evidence extracted from the shoreline forming an emblematic image of a flag or a plastic bag spilling its contents. The whole surface is covered with stretched polythene, a metaphor for the place, circumstances and incongruous juxtaposition.'

ALFRED SISLEY

Ganed Alfred Sisley (1839–99) ym Mharis i rieni o Saeson. Roedd yn un o aelodau mwyaf blaenllaw yr Argraffiadwyr Ffrengig. Amcan penodol yr Argraffiadwyr oedd creu mwy o naturiolaeth yn eu gwaith, a hynny trwy ddadansoddiad manwl o dôn a lliw yn eu peintiadau a thrwy ddal dawns golau ar arwyneb pethau. Yn aml câi hyn ei arddangos trwy ddefnyddio lliwiau llachar a thechneg a anelai at greu teimlad o uniongyrchedd a natur ddigymell. Peintiwr tirluniau oedd Sisley yn bennaf oll. Ynghyd â Monet a Pissarro, caiff Sisley ei gydnabod yn un o'r tri Argraffiadwr 'pur' – er nad oedd yn llwyddiannus yn ei ddydd. Daeth i wledydd Prydain lawer gwaith.

ALFRED SISLEY

Alfred Sisley (1839–99) was born in Paris of English parents. He was one of the leading members of the French Impressionists. The stated aim of the Impressionist group was to achieve a greater naturalism by an exact analysis of tone and colour in their paintings and by capturing the play of light on the surface of objects. This was usually demonstrated in the use of bright colours and a technique aimed at creating the feeling of immediacy and spontaneity. Sisley was almost exclusively a landscape painter. With Monet and Pissarro, Sisley is recognized as one of the three 'pure' Impressionists – though he was not successful in his lifetime. He visited Britain many times.

3¹

LA FALAISE À PENARTH, LE SOIR, MARÉE BASSE
1897, olew ar gynfas, 54.4 x 65.7 cm
Amgueddfa Genedlaethol Cymru
Yn ystod haf 1897 treuliodd Sisley bedwar mis yn ne Lloegr a de Cymru. Ar 9 Mehefin teithiodd o Falmouth i Benarth, tair milltir i'r gorllewin o Gaerdydd. Tra yno peintiodd nifer o gynfasau o safleoedd yn edrych allan ar Fôr Hafren rhwng Caerdydd ac Ynys Sili. Mae *La*

3¹

LA FALAISE À PENARTH, LE SOIR, MARÉE BASSE
1897, oil on canvas, 54.4 x 65.7 cm
National Museum of Wales
In the summer of 1897, Sisley spent four months in the south of England and south Wales. On 9 July he travelled from Falmouth to Penarth, three miles west of Cardiff. Whilst there he painted several canvases from locations overlooking the Bristol Channel,

83

Falaise à Penarth, le soir, marée basse yn enghraifft dda o'i dechneg o ddefnyddio gwahanol strociau brws i awgrymu pellter: rhai byr ar gyfer y gwair yn y blaendir a phaent mwy fflat aneglur ar gyfer y môr. Roedd ei bartner ers deng mlynedd ar hugain, Eugénie Lescouezec, gydag e a phriododd y ddau yn Swyddfa Gofrestru Caerdydd ar 5 Awst. Mae morluniau Cymreig Sisley ymhlith ei weithiau olaf; bu farw ei wraig y mis Hydref canlynol ac yntau dri mis wedyn, ddeunaw mis yn unig ar ôl peintio'r llun hwn. Mewn llythyr at fab Sisley wythnos cyn i Sisley farw dywedodd Pissarro, 'Mae'n artist mawr a hardd, yn feistr, cystal â'r mwyaf yn fy marn i.' Flwyddyn wedi ei farwolaeth cododd prisiau lluniau Sisley i'r entrychion. Defnyddiodd Terry Setch (gweler uchod) yr un lleoliad i'w waith yntau (gweler Cerdyn 15 Llun 2).

GRAHAM SUTHERLAND

Yn drwm dan ddylanwad Samuel Palmer a Rhamantiaeth, arbenigai Graham Sutherland (1903–80) mewn ysgythru yn y 1920au. Ar ôl 1929 daeth yn ddylunydd masnachol o wydr, cerameg, stampiau post a phosteri; hefyd dechreuodd beintio. 'Yma yn y wlad hon y dechreuais ddysgu sut i beintio,' meddai am Sir Benfro. Aeth yno am y tro cyntaf yn 1934 a dwlu ar y dirwedd, y bryniau moel, ffurfiau'r coed a'r creigiau, a'r golau. Trodd y rhain yn drosiadau am natur yn ei dirluniau haniaethol anghyfannedd.

4^4

TREES WITH G-SHAPED FORM 1
1972, olew ar gynfas, 117 x 172 cm
Amgueddfa Genedlaethol Cymru
Roedd gan Sutherland nifer o hoff fannau braslunio: o amgylch Tyddewi, Afon Cleddi Ddu, Monks Haven a Sandy Haven. Daeth o hyd i'r goeden a chanddi wreiddyn ar ffurf 'G' yng Nghastell Benton. O 1947 ymlaen treuliai ran o'r flwyddyn yn Menton ar y Rifiera Ffrengig. Byddai'n ymweld â Chymru ar dripiau braslunio a gwneud y peintiadau'n ddiweddarach yn Ffrainc. O ganlyniad nid oes gan lawer o'i beintiadau diweddarach mo'r teimlad tuag at Gymru a geir yn ei luniadau.

I gydnabod ei ddyled i Sir Benfro, pan fu farw Sutherland gadawodd gasgliad o'i waith 'er budd Sir Benfro a'r genedl' ar yr amod ei fod yn cael ei arddangos yn y sir honno. Mae Amgueddfeydd ac Orielau Cenedlaethol Cymru yn cydweithio â Chyngor Dinas Tyddewi i sefydlu cartref newydd i'r casgliad.

between Cardiff and Sully Island. *The Cliffs at Penarth, Evening, Low Tide*, is a good example, showing his technique of using different brush-strokes to suggest distance: short strokes for the foreground grass and flatter smeared paint for the water. Sisley was accompanied by his partner of thirty years, Eugénie Lescouezec. They were married in Cardiff Registry Office on 5 August. Sisley's Welsh seascapes are among his last works, his wife died the following October and he himself died three months later, only eighteen months after painting this picture. Pissarro, writing to Sisley's son the week before Sisley died, said: 'He is a great and beautiful artist, in my opinion a master equal to the greatest.' The year after his death the sales of his paintings soared. This is also the location used by Terry Setch (see above) for his work (see Card 15 Picture 2).

GRAHAM SUTHERLAND

Graham Sutherland (1903–80) specialized in etching in the 1920s, heavily influenced by Samuel Palmer and Romanticism. After 1929 he became a commercial designer of glass, ceramics, postage stamps and posters, and began to paint. 'It was in this country that I began to learn painting,' he wrote of Pembrokeshire. He visited first in 1934 and was impressed with the landscape of bare hills, the forms of the trees and rocks and the light. He turned these into metaphors for nature in his uninhabited, abstract landscapes.

4^4

TREES WITH G-SHAPED FORM 1
1972, oil on canvas, 117 x 172 cm
National Museum of Wales
Sutherland had several favourite places to sketch: around St David's, the eastern Cleddau, Monks Haven and Sandy Haven. He found the tree with the 'G-shaped' root in the grounds of Benton Castle. From 1947 he lived for part of the year in Menton on the French Riviera. He would visit Wales on sketching trips and make his paintings later in France. Because of this, many of his later paintings do not have the feeling for Wales that his drawings show.

To acknowledge his debt to Pembrokeshire, on his death Sutherland left a collection of his work 'for the benefit of Pembrokeshire and the nation' on condition that it was exhibited in the county. The National Museums and Galleries of Wales are currently working with the City of St David's to establish a new location for the collection.

84

JOHN THIRSK

Mae John Thirsk, un o ddarlunwyr/dylunwyr mwyaf amryddawn Prydain, yn byw yn ymyl Wrecsam. Fe'i ganed yn Llangefni yn 1945, astudiodd ddylunio graffig yng Ngholeg Celf Lerpwl ac yna darlunio yn y Coleg Brenhinol. Fel un yn gweithio ar ei liwt ei hun mae wedi cael cwsmeriaid o fri fel Esso, Ford, Shell, Citroën, *Time* Magazine, yr *Observer*, Byrddau Croeso Cymru a Lloegr, asiantaethau hysbysebu Saatchi and Saatchi a J. Walter Thompson.

12[1]

WHEELWRIGHT
1993, pen ac inc gyda dyfrliw, 22 x 38 cm
'Mae hwn yn perthyn i set o atgynyrchiadau o'm lluniadau o grefftwyr a gynhyrchwyd gan fy nghwmni fy hun, Great Bear. Fe wnes i nifer o luniadau o grefftwyr ar gyfer Calendar Esso yn 1983 ar ôl i mi wneud cyfres o luniadau ar grefftwyr i *The Sunday Times*.

17[4&5]

OPERATION CHRISTMAS CHILD
1991, lluniad pen ac inc wedi'i sganio i gyfrifiadur, 29.5 x 42 cm
LOVE IN A BOX
1991, ffotograffau a phad lluniadu cyfrifiadurol, 21 x 20 cm
'Rwy'n cynhyrchu lot o ddeunydd codi arian. Yn 1990 yn fuan wedi'r chwyldro yn Romania, fe gafodd y lluniau teledu o'r dioddef enbyd yno gymaint o effaith ar griw ohonom yn Wrecsam fel yr aethon ni ati i drefnu anferth o farathon codi arian. Cafwyd cefnogaeth frwd iawn gan y radio lleol, cyfrannodd nifer o gwmnïau ddeunydd meddygol, roedd pawb yn codi arian – roedd yn wych. Cyn y Nadolig fe yrrodd criw bach o ddynion a minnau yr holl ffordd i Romania; fe gofnodais y daith mewn lluniadau a dyma'r llyfryn sy'n adrodd y stori i geisio codi ymwybyddiaeth y flwyddyn ganlynol. Yn flynyddol ers hynny mae Operation Christmas Child wedi helpu pobl mewn llawer gwlad. Rydyn ni'n casglu cannoedd o filoedd o focsys o fwyd, darpariaeth feddygol, teganau a phethau sy'n cael eu cymryd yn ganiataol yma. Mae'r pamffledyn ar gyfer Love in a Box Appeal yn enghraifft arall o ddeunydd cyhoeddusrwydd a ddyluniwyd gennyf.'

CHARLES TUNNICLIFFE

Mae Charles F. Tunnicliffe (1901–79), Sais o swydd Gaer a ymgartrefodd yn Ynys Môn, yn un o'r artistiaid adaregol pwysicaf i weithio yng Nghymru erioed. Ei blentyndod ar fferm y teulu roes gychwyn i'w ddiddordeb mewn anifeiliaid a natur. Aeth i goleg celf yn Macclesfield a'r Coleg Brenhinol. Ar ôl gadael coleg roedd yn ennill ei fywoliaeth wrth ysgythru, engrafu pren a darlunio masnachol. Yn 1947 daeth ef a'i wraig

JOHN THIRSK

John Thirsk, one of Britain's most versatile illustrator/designers, is based near Wrexham. He was born in Llangefni in 1945, studied graphic design at Liverpool College of Art and then illustration at the Royal College. As a freelance, Thirsk has worked for many prestigious customers such as Esso, Ford, Shell, Citroën, *Time* magazine, the *Observer*, the English and Welsh Tourist Boards, advertising agencies Saatchi and Saatchi and J. Walter Thompson.

12[1]

WHEELWRIGHT
1993, pen and ink with watercolour, 22 x 38 cm
'This is one of a set of reproductions of my drawings of craftsmen which I produced through my own company Great Bear. I drew several craftworkers for an Esso calendar in 1983 after I had made a series of drawings on craftworkers for *The Sunday Times*.

17[4&5]

OPERATION CHRISTMAS CHILD
1991, pen and ink drawing scanned into computer, 29.5 x 42 cm
LOVE IN A BOX
1991, photographs and computer drawing tablet, 21 x 20 cm
'I produce a lot of fund-raising material. In 1990, just after the revolution happened in Romania, a group of us around Wrexham were so moved by the TV pictures of the suffering there, we organized a mammoth fund-raising marathon. The local radio station really whipped up support, we got companies to donate medical supplies, everyone collected money – it was tremendous. Just before Christmas, I drove with the small gang of guys all the way to Romania. I recorded the story in drawings and this is the booklet telling the story to help raise awareness the following year. Each year since then, Operation Christmas Child has helped people in lots of countries. We collect hundreds of thousands of boxes of food, medical supplies, toys, and the things we take for granted. The leaflet for the Love in a Box Appeal is another piece of publicity material I designed.'

CHARLES TUNNICLIFFE

Charles F. Tunnicliffe (1901–79), an Englishman from Cheshire who settled in Anglesey, is one of the most important ornithological artists ever to have worked in Wales. Life on the family farm as a child triggered his interest in animals and nature. He attended art college in Macclesfield and the Royal College. When he left college he earned his living from etching, wood-engraving and commercial illustration. In 1947 he and his wife Winifred, whom he met at the

85

Winifred, a gwrddodd yn y Coleg Brenhinol, i fyw i Falltraeth, Ynys Môn. Yno gallai wylio a lluniadu'r hyn y byddai'n rhoi gweddill ei fywyd iddynt – adar. Mae casgliad enfawr o waith Tunnicliffe yn Oriel Ynys Môn yn Llangefni.

8⁴

BULLFINCHES
dyfrliw, gouache, pensil, pen ac inc, 28 x 31 cm
Oriel Ynys Môn/Ystâd Charles F. Tunnicliffe
Gadawodd Tunnicliffe dros 300 o luniadau mesuredig, a brynwyd gan Gyngor Ynys Môn ar ôl ei farwolaeth. Mae pob lluniad mesuredig, neu 'fap plu' fel y galwai Tunnicliffe nhw, yn recordio aderyn o sawl ongl. Ceir lluniadau mwy manwl o rai rhannau o'r corff. Roedd e'n gweithio wrth syllu fel adaregydd yn gyntaf a lluniadu fel artist wedyn. Byddai'n cofnodi ar bapur fanylion am faint, oed, rhyw, rhoddwr, cyflwr plu a'r dyddiad y daeth o hyd i'r aderyn neu y daeth rhywun â'r aderyn ato. Mae'r casgliad o luniadau mesuredig yn ffynhonnell unigryw fel deunydd cyfeiriol ac mae mor uchel ei barch gan wyddonwyr ag yw gan garwyr celf.

8⁵

YELLOW EYES
dyfrliw, pensil, pen ac inc, 22 x 25 cm
Oriel Ynys Môn/Ystâd Charles F. Tunnicliffe
Astudiodd Tunnicliffe bob math o fflora a ffawna a chadwodd y llyfrau braslunio a wnaeth yn yr Amgueddfa Hanes Natur a Sŵ Llundain o'i ddyddiau coleg. Darluniodd fwy na phedwar ugain o lyfrau, gan gynnwys nifer o'i rai ef ei hun. Mae'r dyluniadau hyn ar gyfer *Yellow Eyes* yn dangos datblygiad syniad ar gyfer clawr llyfr.

J. M. W. TURNER

Dechreuodd Joseph Mallord William Turner (1775–1851) ei yrfa fel arlunydd dyfrliw yn y traddodiad topograffaidd cyn troi at olew yn un ar hugain oed. Fel yr heneiddiai âi ei beintiadau'n fwy rhydd, yn llai clasurol a mwy rhamantaidd. Teithiodd Turner yn helaeth yn Ewrop a hefyd âi o amgylch gwledydd Prydain yn rheolaidd. Fel hyn y mae E. H. Gombrich yn ysgrifennu amdano yn ei glasur *The History of Art* wrth gymharu gwaith Turner â symlrwydd tawel tirluniau Claude: 'Roedd gan Turner hefyd weledigaeth o fyd delfrydol yn fôr o oleuni ac yn ysblennydd o hardd, ond nid byd llonydd mohono ond un llawn cyffro, nid harmonïau syml ond pasiantau llachar. Yn ei beintiadau roedd yn defnyddio pob dyfais bosibl i'w gwneud yn fwy trawiadol a mwy dramatig.'

Royal College, moved to Malltraeth, Anglesey. There he could observe and draw the subjects to which he was to devote most of the rest of his life – birds. Oriel Ynys Môn, in Llangefni, Anglesey, has a large collection of Tunnicliffe's work.

8⁴

BULLFINCHES
water-colour, gouache, pencil, pen and ink, 28 x 31 cm
Oriel Ynys Môn/Charles F. Tunnicliffe Estate
Tunnicliffe left over 300 measured drawings (which were bought by Anglesey Council on his death). Each measured drawing or 'feather map' as Tunnicliffe called them, records a bird from several angles. Some parts of the body have more detailed drawings. His working method was grounded in observation as an ornithologist first and the application of the design as an artist second. He recorded written details of the size, age, sex, donor, plumage condition and the date on which he found the bird or on which it was brought to him. The collection of measured drawings forms a unique source of reference material regarded as highly by scientists as by art lovers.

8⁵

YELLOW EYES
water-colour, pencil, pen and ink, 22 x 25 cm
Oriel Ynys Môn/Charles F. Tunnicliffe Estate
Tunnicliffe studied all types of flora and fauna and kept his student sketch-books of the Natural History Museum and London Zoo. He illustrated more than eighty books, including several of his own. These designs for *Yellow Eyes* show the progression of the idea for a book cover.

J. M. W. TURNER

Joseph Mallord William Turner (1775–1851) started out as a water-colourist in the topographic tradition and turned to oils at the age of twenty-one. As he grew older his paintings became freer, less classical and more Romantic. Turner travelled widely in Europe but also travelled regularly around Britain. E. H. Gombrich wrote in his classic *The History of Art*, comparing Turner's work with the serene simplicity of Claude's landscapes: 'Turner, too, had visions of a fantastic world bathed in light and resplendent with beauty, but it was a world not of calm but of movement, not of simple harmonies but of dazzling pageantries. He crowded into his pictures every effect which could make them more striking and more dramatic.'

FLINT CASTLE

1834, pensil a dyfrliw ar bapur, 27 x 39 cm

Amgueddfa Genedlaethol Cymru

Roedd tynnwyr-mapiau a ddilynai arolygon milwrol yn lluniadu golygfeydd yn fanwl gywir erbyn y ddeunawfed ganrif. Fforwyr oedd yr artistiaid 'topograffaidd' hyn a wnâi gofnodion gweledol o'u darganfyddiadau, rhywbeth yn debyg i ddull Cerdyn 20 Llun 2. Roedd eraill yn delfrydu ac yn gwella ar yr hyn oedd yn real, ac yn y bedwaredd ganrif ar bymtheg, byddent yn myfyrio uwchben dirgelwch golygfeydd gwyllt Cymru ac yn eu cofnodi. Daeth twristiaeth i Gymru pan oedd arlunwyr ac ysgrifenwyr Lloegr yn methu mynd dramor yn ystod Rhyfeloedd Napoleon.

SYDNEY CURNOW VOSPER

Ganed Curnow Vosper (1866–1942) yn Nyfnaint. Bu'n gweithio fel pensaer am dair blynedd, yna newidiodd ei feddwl ac aeth i Baris i astudio celfyddyd a dod yn beintiwr prysur a llwyddiannus. Priododd â merch cyfreithiwr o Ferthyr. Roedd Curnow Vosper yn gymeriad lliwgar, a byddai'n mynd ar deithiau peintio ar gefn beic henffasiwn dan gario ei offer peintio ar y bar. Yn 1908, ar un o'i dripiau peintio i ogledd Cymru daeth ar draws capel Bedyddwyr syml yng Nghefncymerau, milltir o Lanbedr, sydd ar yr heol fawr rhwng Bermo a Harlech. Dyma safle llun mwyaf enwog Vosper.

18¹

SALEM

1908, dyfrliw, 71 x 69.5 cm

Oriel Gelf Lady Lever, Port Sunlight, Glannau Mersi

Fel y caiff *Haywain* John Constable ei dderbyn fel symbol o Seisnigrwydd, mae'n debyg mai *Salem* Vosper yw'r unig ddelwedd o Gymreictod i feddu lle tebyg yn yr ymwybyddiaeth genedlaethol Gymreig. Trefnodd Vosper fod nifer o bobl leol yn gwisgo amdanynt a gosod eu hunain mewn grŵp o'i flaen (ar wahân i'r ffigur o wraig sy'n eistedd o dan y ffenestr sy'n ddymi teiliwr). Mae hanes pob un ar glawr a chadw, a daeth y ffigur canolog, Siân Owen (1837–1927), yn icon cenedlaethol Cymreig.

I lawer o bobl mae *Salem* yn ymgorfforiad o dduwioldeb bywyd yng nghefn gwlad Cymru yn oes Fictoria. Un rheswm i'r peintiad ddod mor boblogaidd yw'r awgrym y gellir gweld wyneb y diafol ym mhlygiadau siôl Bersli Siân (yng nghanol y darlun) a hithau wedi'i benthyca oddi wrth wraig ficer Harlech. Gwadodd Vosper iddo wneud hyn yn fwriadol. Prynwyd y peintiad gan yr Arglwydd Leverhulme cyntaf yn yr Academi Frenhinol flwyddyn ar ôl ei beintio. Mae'n debyg i *Salem* ddod yn adnabyddus iawn yng Nghymru ar ôl i Ifan ab Owen Edwards brynu nifer fawr o brintiadau ohono yn 1937

7¹

FLINT CASTLE

1834, pencil and water-colour on paper, 27 x 39 cm

National Museum of Wales

Map-makers following military surveys drew exact views by the eighteenth century. These 'topographical' artists were explorers who made visual records of their discoveries, something in the style of Card 20 Picture 2. Others idealized or improved on reality and, in the nineteenth century, contemplated and recorded the mysteriousness of wild scenery in Wales. Tourism began in Wales when English artists and writers were unable to travel abroad during the Napoleonic Wars.

SYDNEY CURNOW VOSPER

Curnow Vosper (1866–1942) was born in Devon. He worked for three years as an architect but changed his mind, went to Paris to study art and became a busy and successful painter. Vosper married the daughter of a Merthyr solicitor. He was a colourful character who went on long painting expeditions on an old-fashioned upright bicycle, his painting materials tied to the crossbar. In 1908, on one of his painting trips to north Wales, he came upon a simple Baptist chapel at Cefncymerau, a mile from Llanbedr, on the main road between Barmouth and Harlech. This became the scene for Vosper's best-known painting.

18¹

SALEM

1908, water-colour, 71 x 69.5 cm

Lady Lever Art Gallery, Port Sunlight, Merseyside

In the same way that John Constable's *Haywain* has become a token of Englishness, so Vosper's *Salem* is the only image of Welshness to have found a similar niche in the Welsh national consciousness. Vosper arranged for a group of local inhabitants to dress up and pose for him (except for the figure of the woman sitting under the window which was a tailor's dummy). The stories of all the characters are well documented. The central figure, Siân Owen (1837–1927), has become a Welsh national icon.

For many people, *Salem* epitomizes the piety of Victorian life in rural Wales. One of the reasons the picture has become so well known is the suggestion that the face of the devil can be seen in Siân Owen's paisley shawl (in the centre of the painting), which had been borrowed from the wife of the vicar of Harlech. Vosper said that he had not painted it deliberately. The first Lord Leverhulme bought the painting at the Royal Academy the year after it was painted. *Salem* seems to have become well known in Wales after Ifan ab Owen Edwards bought large

i'w dosbarthu drwy Urdd Gobaith Cymru. Yn ddiweddarach fe'i defnyddiwyd fel calendar Cymru Fydd yn 1950, 1956, a 1957, ac felly ymddangosodd mewn cartrefi ledled Cymru lle mae nifer mawr ar gael o hyd.

Mae gan Amgueddfa ac Oriel Genedlaethol Cymru chwaer lun gan Vosper, *Market Day in Old Wales*, sy'n dangos hen wraig (Siân Owen eto), a chanddi fasgedaid o fwyd, yn sefyll yng nghegin syml hen fwthyn yn ei 'gwisg Gymreig draddodiadol'.

JOHN WALTERS

Peintiwr o'r ddeunawfed ganrif oedd John Walters. Roedd yn byw yn Ninbych a pheintiodd o leiaf chwe phortread o weision a morynion Erddig (stad ger Wrecsam sydd erbyn hyn yn eiddo i'r Ymddiriedolaeth Genedlaethol). Roedd gan y teulu Yorke, perchenogion Erddig am dros 200 mlynedd, berthynas dda iawn â'u gweithwyr. Byddent yn comisiynu portreadau ohonynt ac yn ychwanegu penillion yn canmol gwaith pob un yn unigol. Mae deg portread o'r fath i'w gweld yn Neuadd y Gweision yn Erddig yn dyddio o ddechrau'r ddeunawfed ganrif tan 1830. Peintiodd John Walters ei chwech ef rhwng 1791 a 1796. Roedd hi'n arferol i deuluoedd cyfoethog gael peintio eu portreadau ac yna eu harddangos o amgylch y tŷ fel albwm ffotograffau'r teulu. Mae'n ddiddorol cymharu portreadau Walters â phortreadau eraill o'r teulu Yorke (gan gynnwys un gan Gainsborough), ac â phortreadau ffotograffig diweddarach o'r gweision a'r morynion a welir mewn mannau eraill yn y tŷ.

12²

EDWARD PRINCE, CARPENTER
1792, olew ar gynfas, 115 x 90 cm
Yr Ymddiriedolaeth Genedlaethol, Erddig
Olynodd Edward Prince ei dad fel prif saer coed Erddig yn 1779. Peintiwyd portread ohono yn 1792 pan oedd yn saith deg tair oed. Rydym yn gwybod llawer mwy am Edward nag am lawer o'r gweision yn y ddeunawfed ganrif. Dysgwn o lyfrau cownt y stad ei fod yn ennill 1*s*. 6*d*. y dydd, chwe diwrnod yr wythnos, ond hefyd cawn glywed llawer mwy amdano yn y penillion ar y portread. Gall y rhain fod yn anodd i blant eu deall ond mae rhai geiriau allweddol, o'u hadnabod, yn dweud mwy am y gwaith.

> . . . To record our old Carpenter:
> 'Tis threescore years then young in grammar,
> When here at first, he held an hammer,
> Under his father, dead long since,
> Who was entitled – the *black Prince*.
> A *raiser* this, indeed of Houses,
> That has already had four Spouses;

numbers of prints of the painting in 1937 to distribute through the Urdd. Later the painting was used as a calendar by Cymru Fydd in 1950, 1956 and 1957, so that it appeared in homes all over Wales where many copies have stayed ever since.

The National Museum and Gallery in Cardiff has a sister painting by Vosper, *Market Day in Old Wales*, which shows an old lady (also Siân Owen) in 'traditional Welsh costume' with a basket of food, standing in a simple old cottage kitchen.

JOHN WALTERS

John Walters was an artist living in Denbigh at the end of the eighteenth century. He painted at least six portraits of servants at Erddig, (an estate near Wrexham now run by the National Trust). The Yorke family, owners of Erddig for over 200 years, maintained an unusually close relationship with their servants. They commissioned their portraits and added verses praising the work of the individual servants. Ten such portraits can be seen in the Servants' Hall at Erddig dating from the early eighteenth century to 1830. John Walters painted his six servant portraits between 1791 and 1796. Rich families normally had their portraits painted, which were then displayed around their home like a family photograph album. An interesting comparison can be made of the portraits by Walters with portraits of the Yorke family (including one by Gainsborough), and the later photographic portraits of the servants to be seen in the rest of the house.

12²

EDWARD PRINCE, CARPENTER
1792, oil on canvas, 115 x 90 cm
National Trust, Erddig
Edward Prince succeeded his father Charles in 1779 as head carpenter at Erddig. His portrait was painted in 1792 when he was seventy-three years old. We know a lot more of Edward than most servants who lived in the eighteenth century. In addition to knowing, from accounts kept by the Yorkes, that he earned 1*s*. 6*d*. a day, six days a week, we learn about his activities from the verses found on his portrait. The verses are difficult for younger children to comprehend but certain key words, when identified, reveal more about this work.

> . . . To record our old Carpenter:
> 'Tis threescore years then young in grammar,
> When here at first, he held an hammer,
> Under his father, dead long since,
> Who was entitled – the *black Prince*.
> A *raiser* this, indeed of Houses,

And if the present, don't survive,
Hopes to rebuild them up, to five;
From these bold strokes, arise a race
Of Princes, to adorn the Place;
Who thrive beneath their parent stock
And make good *Chips*, from that old *block*.

That has already had four Spouses;
And if the present, don't survive,
Hopes to rebuild them up, to five;
From these bold strokes, arise a race
Of Princes, to adorn the Place;
Who thrive beneath their parent stock
And make good *Chips*, from that old *block*.

REX WHISTLER

Yn 1936 comisiynodd chweched ardalydd Môn yr arlunydd Rex Whistler (1905–44), ffrind y teulu, i beintio murlun ar gyfer ystafell fwyta ei gartref ym Môn, Plas Newydd. Mae'r tŷ yn edrych dros y Fenai gyda holl banorama Eryri yn y cefndir.

REX WHISTLER

In 1936 the sixth marquis of Anglesey commissioned the painter Rex Whistler (1905–44), a friend of the family, to paint a mural for the dining room at his Anglesey home, Plas Newydd. The house overlooks the Menai Straits with a panorama of Snowdonia beyond.

2[1,2&3]

MURLUN PLAS NEWYDD
1936–37, olew ar gynfas, 3.9 x 17 m
Yr Ymddiriedolaeth Genedlaethol, Plas Newydd
Mae'r prif beintiad ar ddarn o gynfas wedi'i wehyddu'n arbennig. Yr olygfa dros y Fenai trwy'r ffenestri a roddodd yr ysbrydoliaeth sylfaenol i'r addurniad *trompe-l'oeil* sy'n cynrychioli llain tebyg o ddŵr gydag ynysoedd hwnt ac yma a thirwedd fynyddig yn esgyn ar bob ochr. I'r dde mae'r bryniau'n perthyn i Gymru, i'r chwith i Fôr y Canoldir, er bod y bensaernïaeth ar bob tu yn null y Dadeni. O edrych yn fanwl ar yr olygfa gellir adnabod bryniau, rhaeadrau, cestyll, eglwysi a llongau; ac aelodau o deulu Plas Newydd yw'r bobl yn y peintiad. Mae Whistler wedi ei bortreadu ei hun fel gŵr ifanc yn sgubo'r dail. Cymharer y peintiad hwn â pheintiad Kyffin Williams *Snow, Penrhyn Du* (Cerdyn 11 Llun 1). Mae'r ddwy olygfa'n edrych tua'r tir mawr o Ynys Môn.

The Colonnade: rhan o furlun Whistler, Plas Newydd. Ynddi gweler hunanbortread o'r artist yn dal brws. Yr Ymddiriedolaeth Genedlaethol, Plas Newydd. © Ystâd Rex Whistler 1996. Cedwir pob hawl DACS.

The Colonnade: part of the Whistler mural at Plas Newydd in which the artist portrayed himself holding a brush. National Trust, Plas Newydd. © Estate of Rex Whistler 1996. All rights reserved DACS.

2[1,2&3]

PLAS NEWYDD MURAL
1936–37, oil on canvas, 3.9 x 17 m
National Trust, Plas Newydd
The main painting is on a specially woven single length of canvas. The view of the Menai Straits seen from the windows provided Whistler with a basic inspiration of his *trompe-l'oeil* decoration which represents a similar stretch of water dotted with islands and with a mountainous landscape rising up on either side. To the right the hills are Welsh, to the left Mediterranean, although the architecture on either side is Renaissance in style. A detailed look at the scene reveals known hills, waterfalls, castles, churches and ships while the people in the painting are members of the Plas Newydd family. Whistler portrayed himself as a young man sweeping up leaves. Compare this picture with Kyffin Williams's painting *Snow, Penrhyn Du* (Card 11 Picture 1). Both views are from Anglesey looking towards the mainland.

CATRIN WILLIAMS

Ganed Catrin Williams ger y Bala yn 1966. Gadawodd y fferm lle cafodd ei magu argraff barhaol arni ac mae'n ffynhonnell barhaus o ysbrydoliaeth iddi. Ar ôl astudio

CATRIN WILLIAMS

The hill farm near Bala where Catrin Williams was born in 1966 has left not only a lasting impression but also a constant source of inspiration for her

89

celfyddyd gain yng Nghaerdydd, aeth i fyw yng Nghaernarfon lle mae'n rhedeg gweithdai mewn ysgolion ac yn peintio yn ei stiwdio ym Mharc Glynllifon. Mae ganddi ddiddordeb mewn drama a cherddoriaeth ac mae'n aml yn defnyddio gwaith haniaethol mewn llawer cyfrwng i archwilio ystyr diwylliant Cymreig, benywdod a'n diwylliant bob dydd. Mae'r gwaith yn ieuengaidd, bywiog, lliwgar ac yn ddigymell ei naws.

22⁴

TÊ CYMREIG

1995, cyfrwng cymysg, 108 x 78 cm

'Mae fy ngwaith i gyd yn ymwneud â'm bywyd i. Mae fy mheintiadau'n disgrifio fy nheimladau am fy nheulu a'm diwylliant. Mae'r peintiad hwn yn delio â llawer agwedd draddodiadol ar y diwylliant Cymreig, ond mae hefyd yn cynnig syniad gadarnhaol gyfoes i'r dyfodol. Mae'r *Te Cymreig* yn rhywbeth cymdeithasol a Chymreig iawn. Pan fydda i'n mynd adref at Mam, rwy' o hyd yn cael paned o de. Yn Eisteddfod Genedlaethol 1995, fe drefnais berfformiad anffurfiol lle'r oedd pawb wedi gwisgo mewn deunydd coch, hetiau tal du a ffedogau gwyn, ac yn cynnig te a bara brith i'r gynulleidfa. Credaf y dylai plant gadw llyfrau braslunio fel dyddiadur dyddiol o bobl, eu cartrefi a'r dirwedd o'u hamgylch. Mae'n eich dysgu i ddefnyddio'ch amgylchedd i greu celfyddyd ac yn rhoi ichi hyder yn y pethau cyfarwydd o'ch amgylch.'

KYFFIN WILLIAMS

Ganed Kyffin Williams yn Ynys Môn yn 1918. Ar ôl gadael yr ysgol, treuliodd dair blynedd yn gweithio fel stiward tir ym Mhenrhyn Llŷn, ac yna dair blynedd gyda'r Ffiwsilwyr Cymreig cyn iddo orfod rhoi'r gorau iddi oherwydd epilepsi. Ar gyngor ei ddoctoriaid aeth ati i ymhél â chelf fel rhyw weithgaredd a fyddai'n dda i'w iechyd, ac er nad oedd wedi ystyried y syniad tan hynny, yn fuan wedyn roedd wedi cofrestru yn Ysgol Gelf y Slade. Ar ôl gadael coleg bu'n athro mewn ysgol uwchradd yn Llundain am bron deng mlynedd ar hugain, cyn ymddeol yn 1973, er mwyn ymroi i beintio. Mae Kyffin yn dweud, pan ddarganfu ei fod yn arlunydd, ei fod yn gwybod lle i fynd i beintio. Mae nifer y peintiadau a wnaeth Kyffin Williams o Eryri a chefn gwlad Môn gymaint ag unrhyw arlunydd Cymreig arall. Bu wrthi gryn dipyn o'r amser yn llunio portreadau hefyd, o ffermwyr yn ogystal ag aelodau o'r sefydliad Cymreig, wedi'u peintio yn yr arddull arw sydd erbyn hyn yn gyfystyr â'i fynyddoedd.

work. Since studying fine art in Cardiff, Catrin Williams has lived near Caernarfon where she runs workshops in schools and paints in her studio at Parc Glynllifon. She has always been interested in drama and music and often uses abstract work in many media to explore the meaning of Welsh identity, womanhood and our everyday culture. The work is youthful, colourful, lively and spontaneous.

22⁴

TÊ CYMREIG

1995, mixed media, 108 x 78 cm

'All my work is about my life. My paintings describe my feelings about my family and my culture. This painting deals with many traditional aspects of the Welsh culture but proposes a positive, contemporary idea for the future. *Tê Cymreig* (Welsh tea) is a very social and Welsh thing. When I go home to my Mum, I always get given a cup of tea. At the 1995 National Eisteddfod I organized an informal performance where we dressed in red cloth, tall black hats and white aprons, and offered tea and *bara brith* to the audience. I think that pupils should keep a sketch-book, like a daily diary of people, home and the landscape around them. It teaches you to use your environment to create art and gives you confidence in your familiar surroundings.'

KYFFIN WILLIAMS

Kyffin Williams was born on Anglesey in 1918. After school, he spent three years working as a land-agent on the Llŷn peninsula and then three years in the Welch Fusiliers before his epilepsy forced him to leave the army. The doctors advised him to take up art for the good of his health and, and although he had hardly considered the idea until then, he was soon enrolled at the Slade School of Art. On leaving college he taught in a secondary school in London for almost thirty years, and retired in 1973 to paint. Kyffin Williams says that when he 'found out that he was an artist', he knew where to go to paint. His body of work on Snowdonia and rural Anglesey is as extensive as that of any Welsh artist. Portraits have occupied much of his time, from those of farmers to those of the Welsh establishment, painted with the rugged style which has become synonymous with his mountains.

11[1]

SNOW, PENRHYN DU

1982, olew ar gynfas, 120 x 180 cm

Prifysgol Cymru, Abertawe

Mae'r peintiad, *Snow, Penrhyn Du*, yn dangos ffermdy yn ne-orllewin Ynys Môn a'r olygfa ar draws y Fenai tuag at yr Eifl, clwstwr o fynyddoedd yn Llŷn. Yma mae Kyffin Williams yn arfer ei hoff thema: y ffermwr unig a'i gi, a'r adeiladau o gerrig amrwd ar wasgar ar hyd y lle sy'n gartref iddo. Mae'n braslunio'n gyflym ac yna'n peintio tu mewn yn ei stiwdio, gan ddefnyddio paent trwchus, wedi'i daenu â chyllell balet. Mae hyn yn rhoi rhyw elfen o feiddgarwch ac uniongyrchedd i'w weithiau sy'n cydweddu â'r gwrthrychau.

11[1]

SNOW, PENRHYN DU

1982, oil on canvas, 120 x 180 cm

University of Wales, Swansea

The painting *Snow, Penrhyn Du* shows us a farm in the south-west of Anglesey with the view across the Menai Strait looking towards Yr Eifl, the group of mountains on Llŷn. Here Kyffin Williams continues a favourite theme: the lonely Welsh farmer and his dog, and the scattered rough stone buildings that he calls home. He sketches quickly and does all his painting indoors using thick paint, applied with a palette knife, giving the paintings boldness and directness which match his subjects.

LOIS WILLIAMS

Ganed Lois Williams yn Ninbych yn 1953 a bu'n astudio ym Mholytechnig Manceinion a Choleg Goldsmiths yn Llundain. Mae ei theulu wedi bod yn ffermio yn ardal Llanelwy ers cenedlaethau a sail llawer o'i gwaith yw'r berthynas glòs rhyngddi a'i theulu a chyda bro ei mebyd. Mae'n athrawes celf mewn ysgol uwchradd yn Sheffield, ac ar waetha'r pellter mae'n dychwelyd i Lanelwy bron bob bwrw'r Sul lle mae ganddi stiwdio yn agos at gartref ei rhieni. Mae deunydd Lois Williams ar y cyfan yn 'bethau hapgael'; nid dim ond bocsys, hen ddillad ac esgidiau ond hefyd deunydd crai fel papur, lliain, gwlân a chardbord. Mae'r ffordd yr aiff ati i droi'r rhain yn weithiau celf yn aml yn llafurus a manwl; mae'r gwaith ailadroddus wrth wehyddu, cribo, clymu a threfnu, yn adlewyrchu natur gwaith merched yn y cartref ac ar y fferm yn y gorffennol. Mae'r cyfeiriad hwn at brofiad teuluol yn fwriadol, felly hefyd y syniad y gall gweithiau celf adrodd darnau o storïau ac awgrymu darnau o atgofion.

LOIS WILLIAMS

Born in Denbigh in 1953, Lois Williams studied at Manchester Polytechnic and Goldsmiths' College, London. Her family have farmed in the St Asaph district for generations, and it is her close relationship with her family and with the area she grew up in which forms the basis of much of her work. She is an art teacher in a secondary school in Sheffield, and, despite the long distance, at most weekends she returns to St Asaph where she has a studio near her parents' home. Lois Williams's materials are mainly 'found'; not just objects such as boxes, antique clothes and shoes, but also raw materials such as paper, cloth, wool and cardboard. The processes which she uses to turn these materials into works of art are often painstaking and methodical; the repetitious work involved in weaving, combing, tying and arranging reflects the nature of much work done by women in the home and on the farm in previous generations. This reference to domestic experience is deliberate, as is the idea that works of art can tell fragments of stories and hint at fragments of memories.

14[4]

ONE ROOM LIVING

1985, sachlïain, ffelt, wadin a chyfrwng cymysg,

25 x 100 x 100 cm

Mae *One Room Living* yn tynnu ar y themâu y soniwyd amdanynt uchod a'r un pryd yn rhoi blaenoriaeth i fanylion hunangofiannol am fywyd yr artist. Gall yr 'Un Ystafell' fod yn fflat Lois Williams yn Sheffield neu ei stiwdio yng ngogledd Cymru. Mae cynnwys yr ystafell fel pe'n arllwys allan o'r bocs, fel cynnwys siwtces rhywun sy'n teithio'n barhaol rhwng dau gartref. Mae'r gwaith yn drosiad o'r croestynnu a deimlwn o bryd i'w gilydd pan fyddwn gartref yn dyheu am deithio a darganfod pethau newydd, neu'n teithio'r byd ac yn dyheu am y pethau cyffredin gartref. Er bod *One Room Living* yn cyfleu arwahanrwydd a byw mewn gofod

14[4]

ONE ROOM LIVING

1985, sacking, felt, wadding, and mixed media,

25 x 100 x 100 cm

One Room Living draws on the themes mentioned above whilst bringing to the fore autobiographical detail about the artist's life. The *One Room* might be either Lois Williams's flat in Sheffield or her studio in north Wales. The contents of the room seem to spill out of a box, like the contents of a suitcase belonging to someone who is always journeying between homes. The work acts as a metaphor for the contradiction that we all feel from time to time: when we are at home we sometimes yearn to travel and discover new things, and whilst we explore the world we sometimes yearn for the familiarity of home. Although *One Room Living*

cyfyng, mae hefyd yn awgrymu annibyniaeth, hunangynhaliaeth a rhyddid.

Laura Denning

MARIA WILLIAMS

Ganol y bedwaredd ganrif ar bymtheg cymerodd Maria Williams o stad Aberpergwm ddiddordeb mawr yn y ffordd roedd y Cymry'n gwisgo, yn arbennig y merched. (Roedd Arglwyddes Llanofer hefyd yn ailddylunio gwisgoedd a ffabrigau; roedd yn gyfnod o ddeffroad cenedlaethol mawr mewn llawer maes gan gynnwys cerddoriaeth a llenyddiaeth.) Mae Maria Williams yn enwog hefyd am ei chasgliad o alawon gwerin o Gymru.

23³

FFABRIG ABERPERGWM
circa 1850, gwlân gweëdig
Amgueddfa Werin Cymru
Hyd at y cyfnod hwn câi ffabrigau a dillad y cymunedau cefn gwlad eu gwneud gartref ac mewn lliwiau tywyll. Creodd Maria Williams o'r newydd (yn hytrach nag ail-greu) ei fersiynau ei hun o'r 'ffabrigau traddodiadol Cymreig' gan ddefnyddio mwy o liwiau a lliwiau llawer mwy llachar nag erioed o'r blaen: siecs coch/du a gwyn yn lle'r du/glas, du/gwyn tywyllach, mwy llwydaidd ond dilys. Rhan o ffrynt gwisg yw'r ffabrig hwn, ac mae'n debyg iddo gael ei wneud ym melin wlân Aberpergwm ei hun. Mae ffabrigau fel hyn wedi dod i gael eu derbyn fel 'ffabrigau traddodiadol Gymreig'. Mae datblygiad y wisg Gymreig 'draddodiadol' honedig wedi'i arddangos yn fanwl yn Amgueddfa Werin Cymru yn Sain Ffagan.

PENRY WILLIAMS

Mab i beintiwr tai ym Merthyr Tudful oedd Penry Williams (1800–85). Roedd Penry wedi bod yn gweithio yn swyddfa lluniadu Gweithfeydd Haearn Cyfarthfa pan benderfynodd William Crawshay ei noddi a'i anfon i Ysgol Gelf y Slade yn Llundain. Symudodd i Rufain yn 1827 a dod yn gyfaill i'r cerflunydd John Gibson (gweler t.48). Treuliodd weddill ei oes yn peintio tirluniau digon swynol ond gwerthadwy iawn o'r Campagna di Roma (y gwastatir o gwmpas Rhufain). Mae gan Amgueddfa ac Oriel Genedlaethol Cymru nifer o enghreifftiau o'i waith. Fe'i claddwyd yn y fynwent Brotestannaidd yn Rhufain.

implies isolation and life in a confined space, it also suggests independence, self-sufficiency, freedom.

Laura Denning

MARIA WILLIAMS

In the middle of the nineteenth century, Maria Williams of the Aberpergwm estate took great interest in the way Welsh people dressed, women in particular. (Lady Llanover was also redesigning costumes and fabrics, for it was a time which saw a great growth of national consciousness in Wales in many spheres of life, including music and literature.) Maria Williams is also famous for her collection of Welsh folk-songs.

23³

ABERPERGWM FABRIC
circa 1850, woven wool
Museum of Welsh Life
Up to this date, the fabrics and costumes of rural communities had usually been home-made and dark in colour. Maria Williams created (rather than re-created) her own versions of 'traditional Welsh fabrics' which used more colours and brighter colours than in the past, red/black and white checks instead of the darker, more sober and authentic black/blue, black/white. This Aberpergwm fabric is part of a dress front and was probably woven in the estate's own woollen mill. Woven fabrics of this sort have since become accepted as the 'traditional Welsh fabrics'. The evolution of the supposedly 'traditional' Welsh costume is displayed in some detail at the Museum of Welsh Life in St Fagans.

PENRY WILLIAMS

Penry Williams (1800–85) was the son of a Merthyr Tydfil house painter. He had been working in the drawing office of the Cyfarthfa Ironworks when William Crawshay became his patron and sent him to the Slade School of Art in London. Williams moved to Rome in 1827 where he was a friend of sculptor John Gibson (see p.48). He spent the rest of his life painting rather charming but saleable landscapes of the Campagna di Roma (the plain around Rome). The National Museum and Gallery in Cardiff have several examples. He was buried in the Protestant graveyard in Rome.

12⁴

CYFARTHFA IRONWORKS
circa 1825, dyfrliw, 30 x 60 cm
Amgueddfa ac Oriel Castell Cyfarthfa

12⁴

CYFARTHFA IRONWORKS
circa 1825, water-colour, 30 x 60 cm
Cyfarthfa Castle Museum and Art Gallery

Peintiwyd *Cyfarthfa Ironworks, Interior of the Rolling Mills* rhwng 1825 a 1830 i Isabel Crawshay, ail wraig William Crawshay a adeiladodd Gastell Cyfarthfa yn 1825. Gellir gweld cip o'r castell ar y dde, wedi'i oleuo yn y nos. Mae'r dyfrliw hwn yn dod o bortffolio gwych a beintiwyd i Isabel Crawshay ac mae'n cynnwys yn ogystal â'r castell, olygfeydd eraill o dde Cymru, y gweithfeydd haearn a rhai golygfeydd o Ferthyr. Yn sicr dyma waith gorau Williams, ac mae'n cyfleu ei wir ddyhead i ddiolch i'w noddwyr gyda rhywbeth arbennig iawn. Ar y pryd y gweithfeydd haearn hyn oedd y mwyaf a'r mwyaf cynhyrchiol yn y byd, yn cyflogi tua 30,000 o ddynion, gwragedd a phlant yn y gweithfeydd a diwydiannau perthynol. Teulu'r Guests a oedd yn berchen ar Gwmni Haearn Dowlais oedd prif gystadleuydd y Crawshays ac fel yr aeth y ganrif yn ei blaen Dowlais oedd yn tra arglwyddiaethu. Rhyngddynt roedd y gweithfeydd yn gyfrifol am greu tref wasgarog Merthyr Tudful oedd â phoblogaeth o dros 80,000 erbyn y 1840au.

Cyfarthfa Ironworks, Interior of the Rolling Mills, was painted between 1825 and 1830 for Isabel Crawshay, the second wife of William Crawshay who had the castle built in 1825. Cyfarthfa Castle can just be seen in the painting to the right, illuminated at night. This water-colour comes from a superb portfolio painted for Isabel that includes, in addition to the castle, other views of south Wales, the ironworks, and some views of Merthyr. Undoubtedly the finest body of work he ever painted, it reflects his genuine desire to thank his patrons with something very special. At the time the ironworks were the largest and most productive in the world and employed some 30,000 men, women and children in the works and related industries. The Crawshay's main rivals, the Guests, owned Dowlais Iron Company which became predominant as the century progressed. Between them, the two works were responsible for creating the sprawling township of Merthyr Tydfil that by the 1840s had over 80,000 inhabitants.

SUE WILLIAMS

Ganed Sue Williams yng Nghernyw yn 1956 ond ers iddi orffen ei MA mewn celfyddyd gain yng Nghaerdydd yn 1987 mae wedi ymgartrefu mewn stiwdio yn y brifddinas. Mae Sue Williams wedi gweithio fel arlunydd preswyl yn Oriel Gelf Glynn Vivian yn Abertawe ac yn Amgueddfa ac Oriel Gelf Casnewydd. 'Yn fy holl waith mae archwilio lluniadu wedi profi'i hun yn gyfrwng uniongyrchol a hawdd ei drin y gallaf gynhyrchu delweddau drwyddo. Felly mae lluniadu, gwneud marciau a "datblygu arwyneb" o'r pwys mwyaf yn fy ngwaith. Mae'r testunau'n seiliedig ar fy mhrofiad personol; y berthynas rhwng pobl ynghyd â mynegiant o dymer a thensiwn.'

SUE WILLIAMS

Sue Williams was born in Cornwall in 1956. Since completing the MA Fine Art in Cardiff in 1987, she has been based at a studio in Cardiff. Sue has worked as an artist-in-residence at the Glynn Vivian Art Gallery, Swansea and at the Newport Museum and Art Gallery. 'Throughout my work, the investigation of drawing proves to be an immediate and easily resourced medium with which I can produce images. Thus drawing, mark-making and the "development of surface" are of the utmost importance in my work. Subject-matter is based on my personal experience: relationships between people combined with expression of mood and tension.'

18³

HIS CHAIR
1995, olew, cwyr a collage ar gynfas, 120 x 90 cm
'Roedd *His Chair* yn ymateb bwriadol i hepgor tystiolaeth y person, i ganiatáu union hanfod rhywun oedd wedi gadael y gadair, a chaniatáu i'r gadair gymryd arni bresenoldeb y person oedd biau'r gadair.'

18³

HIS CHAIR
1995, oil, wax and collage on canvas, 120 x 90 cm
'*His Chair* was a deliberate response to omit the evidence of the person, allowing the very essence of somebody "having removed themselves" from the chair, and allowing the chair to take on the very presence of the person whose chair it is.'

KATHRYN WILLIS

Dylunydd gemwaith ifanc sy'n gweithio yn Nhrefynwy yw Kathryn Willis. Agorodd stiwdio yno yn Ionawr 1994 ar ôl derbyn grant 'sefydlu' y Cyngor Crefftau.

KATHRYN WILLIS

Kathryn Willis is a young jewellery designer based in Monmouth. She has had a studio there since January 1994 after receiving a Crafts Council

Mae ei gwaith wedi cael ei arddangos yn Efrog Newydd, Tokyo, Barcelona, Llundain a thrwy Gymru gyfan.

13³
VESSEL PENDANT
1994, arian ac efydd gyda chaead enamel, 5 x 4.5 cm
'Mae atyniad at focsys a chynhwyswyr yn thema amlwg yn fy ngwaith. Mae'r llestri agored wedi'u dylunio i'w gwisgo o amgylch y gwddf, o'r glust neu fel tlysau. Mae'r dylanwadau'n cynnwys ffurfiau naturiol a phensaernïaeth, a dylunio Dwyreiniol. Er mwyn cael y lliwiau cynnil rwy'n defnyddio haenau o liwiau gwahanol o enamel ar ben pres. Pan fo'r tanio wedi'i gwblhau, a gall gymryd hyd at wyth taniad y darn, mae'r enamel yn cael ei rwbio â cherrig i ddatgelu haenau o liwiau amrywiol gan adael arwynebedd mat. I gyd-fynd â meddalwch yr enamel rwy'n ocsidio a matio'r metel yn fy ngwaith er mwyn iddo edrych yn hynafol.'

RICHARD WILSON

Roedd Richard Wilson (1713–82) yn fab i glerigwr o Sir Drefaldwyn. Derbyniodd addysg yn y clasuron cyn mynd yn brentis i Thomas Wright, portreadwr o Lundain. Aeth i'r Eidal yn y 1750au, ac yno y dechreuodd ganolbwyntio ar beintio tirluniau dan ysbrydoliaeth peintiadau Claude Lorraine. Ceir mwy o wybodaeth am Richard Wilson ar d.100.

4¹
A VIEW OF HOLT BRIDGE ON THE RIVER DEE
1761–62, olew ar gynfas, 148.5 x 193 cm
Yr Oriel Genedlaethol, Llundain
Mae gwerthfawrogiad o'r peintiad hwn ar d.101.

7²
PEMBROKE CASTLE
1765–66, olew ar gynfas, 101.6 x 127 cm
Amgueddfa Genedlaethol Cymru
Peintiodd Wilson sawl castell Cymreig a hefyd olygfeydd o Eryri ac atyniadau twristaidd eraill, fel rheol gyda chymysgedd o realaeth dopograffyddol a delfrydiaeth glasurol. Mae lluniad pensil rhagbaratoadol o'r peintiad hwn yn Llyfrgell Genedlaethol Cymru, ac mae casgliad helaeth o waith Wilson yn Amgueddfa ac Oriel Genedlaethol Cymru.

ALFRED WORTHINGTON

Ganed Alfred Worthington (1835–1925) yn Dover ond pan oedd yn ei dridegau symudodd gyda'i deulu i Aberystwyth. Crefftwr o beintiwr oedd Worthington, gŵr proffesiynol heb fawr ddim hyfforddiant a

'Setting-up' grant. Kathryn Willis's work has been shown in New York, Tokyo, Barcelona, London and throughout Wales.

13³
VESSEL PENDANT
1994, silver and brass with enamelled lid, 5 x 4.5 cm
'A fascination with boxes and containers is a theme evident in my work. Opening vessels are designed to wear from the neck, ear or as brooches. Influences include natural forms and architecture, and Eastern design. To achieve the subtle colours I use different coloured layers of enamel over textured brass. After firing is complete, which can take up to eight firings per piece, the enamel is rubbed with stones to reveal the various coloured layers and leave a matt surface. To compliment the softness of the enamel I oxidize and matt the metal in my work to produce an aged appearance.'

RICHARD WILSON

Richard Wilson (1713–82), the son of a Montgomeryshire clergyman, received a classical education before being apprenticed to the London portraitist Thomas Wright. He travelled to Italy in the 1750s where he began to concentrate on landscape, inspired by the paintings of Claude Lorraine. For further information on Richard Wilson see p.100.

4¹
A VIEW OF HOLT BRIDGE ON THE RIVER DEE
1761–62, oil on canvas, 148.5 x 193 cm
National Gallery, London
An appreciation of this painting can be found on p.101.

7²
PEMBROKE CASTLE
1765–66, oil on canvas, 101.6 x 127 cm
National Museum of Wales
Wilson painted several Welsh castles as well as scenes of Snowdonia and other tourist attractions, usually with his mixture of topographical realism and classical idealism. There is a preparatory pencil drawing for this painting in the National Library of Wales. The National Museum and Gallery of Wales in Cardiff has a large collection of pictures by Richard Wilson.

ALFRED WORTHINGTON

Alfred Worthington (1835–1925) was born in Dover but moved, with his family, to Aberystwyth when he was in his thirties. Worthington was an artisan painter, a professional with a minimum of training

Alfred Worthington, *Fox and Ducks* (dyddiad anhysbys), olew ar fwrdd, 79 x 54 cm, Amgueddfa Ceredigion.

Alfred Worthington, *Fox and Ducks* (date unknown), oil on board, 79 x 54 cm, Ceredigion Museum.

gyflawnai wahanol weithiau celf i ennill ei fywoliaeth. Roedd yn peintio golygfeydd ar ratiau llechfaen, roedd yn ffotograffwr, a daeth yn un o arlunwyr mwyaf toreithiog Aberystwyth. Ei hoff destunau oedd lleoliadau o gwmpas y dref, eglwysi, anifeiliaid ac adar, tirluniau a chychod. Mae 95 o'i beintiadau yn Amgueddfa Ceredigion yn Aberystwyth.

8²

HERRING FISHING
(dyddiad anhysbys), olew ar gerdyn, 42 x 90 cm
Amgueddfa Ceredigion
Roedd Worthington yn dwlu ar y môr. Roedd gan ei deulu o leiaf bump o gychod pysgota a'r meibion yn gapteiniaid ar rai ohonynt. Collwyd tri o'r meibion ar y môr. Mae'r peintiad hwn yn dangos pam fod pysgota yn waith peryglus.

8³

GOGERDDAN HUNT
1875, olew ar gynfas, 60 x 90 cm
Amgueddfa Ceredigion
Dyma un o beintiadau cynharaf Worthington ac un o'r goreuon, yn portreadu un o'i hoff bethau.

ERNEST ZOBOLE

Ganed Ernest Zobole yn 1927, ac mae wedi treulio'r rhan fwyaf o'i oes yng Nghwm Rhondda. Aeth i Goleg Celf Caerdydd a bu'n dysgu mewn ysgolion uwchradd am ddeng mlynedd ac yna yng Ngholeg Celf Casnewydd. Mae'r rhan fwyaf o waith Zobole yn ymwneud â'i berthynas â'r amgylchedd.

1³

PAINTING ABOUT A LANDSCAPE
1993, olew ar gynfas, 120 x 180 cm
'Mae byw yn y Rhondda yn golygu eich bod yn cael eich amgylchynu gan fynyddoedd. Maen nhw'n amgáu cymunedau o bobl, strydoedd, tai, gerddi, a ffyrdd. Mae

who did a variety of art work to make his living. He painted scenes on slate grates, he was a photographer and he became Aberystwyth's most prolific artist. His favourite subjects were sites around the town, churches, animals and birds, landscapes and boats. Ninety-five of his paintings can be found at the Ceredigion Museum at Aberystwyth.

8²

HERRING FISHING
(date unknown), oil on card, 42 x 90 cm
Ceredigion Museum
Alfred Worthington loved the sea. His family owned at least five fishing boats, some captained by his sons. Three of his sons lost their lives at sea. The picture shows why fishing was a dangerous business.

8³

GOGERDDAN HUNT
1875, oil on canvas, 60 x 90 cm
Ceredigion Museum
This is one of Worthington's earliest and best paintings, portraying one of his favourite pastimes.

ERNEST ZOBOLE

Ernest Zobole was born in 1927 and has lived most of his life in the Rhondda Valley. He studied at Cardiff College of Art and taught in secondary schools for ten years and then at Newport College of Art. Most of Zobole's work has been about his relationship with his environment.

1³

PAINTING ABOUT A LANDSCAPE
1993, oil on canvas, 120 x 180 cm
'Living in the Rhondda, you are surrounded by mountains. They enclose the communities of people, streets, houses, gardens, roadways. There is

95

yna afon, heol fawr a rheilffordd, mae yna weithgarwch ac mae amser yn mynd yn ei flaen. Dyma'r pethau amlwg rwy'n eu defnyddio yn fy mheintiadau. Rwy'n aml yn dychmygu fy hun rywle yng nghanol hyn i gyd gyda phopeth yn mynd ymlaen o'm hamgylch.

'Does dim ymgais i ddisgrifio pethau fel y maen nhw. Rwy'n ceisio gweithio gyda'r syniad o gael fy amgylchynu gan y dirwedd lle rwy'n byw. Daw'r tu mewn a'r tu fas at ei gilydd weithiau. Mae'r system a ddefnyddir yn y peintiad yn cyfateb i'r hyn a wnawn yn naturiol, hynny yw pan fyddwn yn archwilio unrhyw sefyllfa, byddwn yn edrych o gwmpas, – yn cerdded o amgylch neu'n troi ein pennau, neu'n symud ein llygaid neu'n fwy na thebyg yn gwneud y tri pheth. Mae'r gwahanol safbwyntiau a gymerwn yn ein helpu i adeiladu rhyw fath o lun. Defnyddiwn arolwg o gynllun, ystlysluniau, talcenluniau a phersbectif; mae'r llinell-orwel yn amrywio felly'r raddfa a'r pwyslais; mae hefyd amser a chof. Dydy defnyddio mwy nag un safbwynt ddim yn newydd wrth gwrs. Roedd peintio cynnar yr Eidal yn defnyddio'r system yma; roedd y Sieniaid yn gwneud defnydd o safbwyntiau gwahanol, ac yn aml cyfeirir at amser mewn peintiad fel rhywbeth sydd dros gyfnod yn hytrach na'r eiliad fer yr ydym wedi cyfarwyddo â hi mewn ffotograffiaeth.

'Er nad oes unrhyw ymgais i ddisgrifio pethau'n llythrennol yn fy mheintiadau, mae ffurf a golwg y dirwedd wedi rhoi cyfeiriad i ffurf y peintiad. Mae'r mynyddoedd o amgylch â lle cyfatebol yn y peintiad trwy eu gosod o amgylch yr ochrau. Yn aml mae'r peintiad yn unionsyth, yn awgrymu hyd y cwm cul, ac mae'r lluniad yn rhedeg lan a lawr y ffurf unionsyth hon.'

ARTISTIAID HEB EU HENWI

ARTIST ANHYSBYS

20^2

THE LAST INVASION
1797, olew ar bren, 64 x 92 cm
Tŷ ac Amgueddfa Scolton, Hwlffordd
Mae'r peintiad cyfoes hwn, gan artist lleol cyntefig o bosibl, wedi'i wneud o adroddiadau llygad-dyst o'r goresgyniad olaf ar Brydain. Brynhawn 22 Chwefror 1797, glaniodd 1,200 o filwyr gorfod – carcharorion gan fwyaf – dan orchymyn y Gwyddel Americanaidd, y Cadfridog Tate ar benrhyn Carreg Wastad dwy filltir i'r gorllewin o Abergwaun. Cafodd nifer eu dal wedi meddwi ar ôl dwyn bwyd o'r ffermdai o amgylch. Buan y ciliodd y milwyr lleol, Amddiffynwyr Abergwaun, nad oedd ganddynt fawr o arfau ond pladuriau a phicweirch ond daeth lluoedd Prydeinig yr Arglwydd

a river, main road and a railway, there is activity and there is passing of time. These are the obvious things that I make use of in painting. I frequently think of myself somewhere in the middle of all this with everything going on around me.

'There is no attempt to describe things as they are. I try to work with the idea of being surrounded by the landscape I live in. The outside and the inside come together in places. The system used in the painting parallels one we use naturally, in that when we examine any situation, we look around – we walk about or turn our heads, or move our eyes, or more likely, do all three. The differing viewponts we take in help us build some kind of picture. Plan views, side elevations, end elevations and perspective are used; eye-levels vary, scale varies and emphasis varies; there is also time and memory. Using more than one viewpoint is not new of course. One kind of painting that used the system was Early Italian; the Sienese made use of differing viewpoints, and frequently, time in a painting is alluded to as covering a span, rather than the split second we have become accustomed to by the use of photography.

'Although there is no attempt to describe things literally in my painting, the shape and look of the landscape has given direction to the form the painting has taken. The surrounding mountains have an equivalent in the painting by being placed around the edges. Often the painting is of an upright format suggesting the narrow valley length, and the drawing runs up and down this upright shape.'

UNNAMED ARTISTS

ANONYMOUS ARTIST

20^2

THE LAST INVASION
1797, oil on wood, 64 x 92 cm
Scolton House and Museum, Haverfordwest
This contemporary painting, probably by a local primitive artist, was made from eye-witness accounts of the story of the last invasion of Britain. On the afternoon of 22 February 1797, 1,200 French conscript soldiers who were mainly convicts, under the command of an Irish American, General Tate, landed at Carreg Wastad headland two miles west of Fishguard. Several were caught when they got drunk after stealing food from the surrounding farmhouses. The local militia, the Fishguard Fencibles, armed with the few weapons they

Cawdor i ymuno â nhw gan ymdeithio i fyny o Hwlffordd. Ar ôl sawl ysgarmes gwta ildiodd y Ffrancwyr.

Mae'r peintiad yn dangos ildiad y Ffrancwyr ar draeth Gwdig. Mae lluoedd brith y Cadfridog Tate mewn llinell ar y traeth gyda'u mysgedau'n gorwedd ar y tywod, tra bod lluoedd amddiffyn yr Arglwydd Cawdor yn gwylio o'r bryniau o amgylch. Dangosir un o arwyr y stori, Jemima Nicholas, yn y cornel gwaelod ar y chwith gyda'i phicwarch. Pan ofynnwyd iddi sut y llwyddodd i arestio naw Ffrancwr honnir iddi ddweud iddi eu 'hamgylchynu nhw'. Mae stori arall yn adrodd sut y bu i'r Ffrancwyr ildio ar ôl camgymryd twr o wragedd yn gwisgo siolau gwlanen goch a hetiau duon tal am filwyr Prydeinig yn eu ffurfwisg.

CELFYDDYD GELTAIDD

Roedd y Celtiaid yn byw ar draws Ewrop o tua'r chweched ganrif CC ymlaen. Daw'r dystiolaeth gynharaf o ddiwylliant Celtaidd o Halstatt, Awstria heddiw, lle'r oedd crefftwyr yn gweithio mewn haearn. Rai cannoedd o flynyddoedd wedyn roedd y Celtiaid yn cynhyrchu arteffactau cain mewn efydd a haearn, a hefyd mewn aur ac arian, a adnabyddir fel 'La Tène' ar ôl safle Celtaidd a ddarganfuwyd yn La Tène yn y Swistir. Mae'n debygol fod diwylliant La Tène wedi cyrraedd Prydain rywbryd cyn 200 CC. Llinellau crwm, patrymau cylchog a motiffau teir-ran sy'n nodweddu gwaith metel La Tène. Defnyddiai dyluniadau Celtaidd diweddarach sbiralau chwyrliog a ffurfiau cydblethedig, a ddatblygwyd yn y cyfnod Cristnogol cynnar ar garreg ac mewn llawysgrifau (gweler t. 98).

5¹
CASGLIAD TAL-Y-LLYN
200 CC–y ganrif gyntaf OC
Amgueddfa Genedlaethol Cymru
Wedi'i gladdu fel casgliad sgrap yn y ganrif gyntaf OC, tybir bod y casgliad hwn o ddarnau metel o'r Oes Haearn Gynnar (sy'n cynnwys efydd, sinc-copor a thun) a ddarganfuwyd yn 1963 wedi'u gwneud yng ngogledd Cymru, y darnau tarian o bosibl mor gynnar â 200 CC. Mae'r portread o ben, fel yn y plac dau ben, yn brin iawn.

5²
CASGLIAD LLYN CERRIG BACH
150 CC–OC 50
Amgueddfa Genedlaethol Cymru
Mae Llyn Cerrig Bach yn agos at Orsaf y Llu Awyr yn Fali Ynys Môn. Cloddiwyd dros 150 o arteffactau metel

possessed such as pitchforks and scythes, soon retreated but were joined by Lord Cawdor's British troops marching up from Haverfordwest. After a few brief skirmishes the French surrendered.

The painting shows the French surrender on Goodwick Sands. General Tate's motley troops are lined up on the beach with their muskets lying on the sand, while Lord Cawdor's defending forces watch from the hills around. One of the heroes of the story, Jemima Nicholas, is shown bottom left with her pitchfork. When asked how she managed to arrest nine Frenchmen she is reputed to have said she 'surrounded them'. Another story tells how the French surrendered when they mistook a group of Welsh women in red flannel shawls and tall, black hats for British soldiers in uniform.

CELTIC ART

The Celts lived across Europe from about the sixth century BC onwards. The evidence for the earliest Celtic culture has been found in Halstatt in present-day Austria where craftsmen worked in iron. Several hundred years later, the Celts were producing more elaborate artefacts in bronze and iron, and also in gold and silver. This later decorative work is known as 'La Tène', after a Celtic site discovered at La Tène in Switzerland. It is likely that La Tène culture reached Britain sometime before 200 BC. Characteristic of La Tène metalwork are curved lines, circular patterns and three-part motifs. Later Celtic design used swirling spirals and interwoven forms, and continued its development in the early Christian period on stone and in manuscripts (see p.98).

5¹
TAL-Y-LLYN HOARD
200 BC–1st century AD
National Museum of Wales
Buried as a scrap hoard in first century AD, this collection of Early Iron Age metal (including bronze, copper-zinc and tin) objects found in 1963, is thought to have been made in north Wales, the shield parts possibly as early as 200 BC. The portrayal of a head, as in the two-headed plaque, is rare.

5²
LLYN CERRIG BACH HOARD
150 BC–AD 50
National Museum of Wales
Llyn Cerrig Bach ('the lake of small stones') is near RAF Valley on Anglesey. Over 150 metal artefacts

o'r mawn yn 1942–43 wrth godi'r maes awyr, yn cynnwys cleddyfau, blaenau gwaywffyn, olwynion cerbydau a dwy gadwyn gaethweision. Mae'n bosibl fod y man yn safle cysegredig gan y Derwyddon a bod y darnau wedi eu 'haberthu' i'r llyn dros gyfnod o amser. Mae gan y plac efydd ar ffurf cilgant gyda phennau tri aderyn (a ddisgrifir weithiau fel dail a thrwmpedi) gynllun anghymesurol sy'n cyfleu symudiad neu bersbectif symudol.

Y CYFNOD CRISTNOGOL CYNNAR

Cofgolofnau cerrig yw'r arteffactau pwysicaf o'r 'Oesoedd Tywyll' neu'r oesoedd canol cynnar. Roedd y rhan fwyaf yn nodi bedd arweinydd. Mae cerrig cyn OC 600 yn aml yn dwyn arysgrifau Lladin neu ysgrifen ogam Wyddelig (marciau croeslinol o wahanol feintiau sy'n ffurfio'r wyddor, wedi'u torri i gorneli'r garreg). Nid oedd symbol y groes yn gyffredin iawn tan ar ôl y bumed ganrif. Mae dwsinau lawer o groesau cerrig cerfiedig wedi'u darganfod yng Nghymru yn y de-orllewin yn bennaf.

5⁵

CROESAU CARREG
OC 600–1100
Amgueddfa Genedlaethol Cymru
Mae gan y croesau carreg a gynhyrchwyd ar ôl 600 batrymau fwyfwy cymhleth wedi'u cerfio arnynt. Mae dylanwad Gwyddelig neu gyfandirol ar rai o'r amrywiaeth enfawr o ddyluniadau. Mae'r patrymau mwyaf cymhleth, yn aml gyda motiffau cydblethedig (plethwaith a chlymwaith), yn debyg iawn i'r dyluniadau a geir mewn llawysgrifau goliwiedig Gwyddelig, sy'n awgrymu y gallai'r crefftwyr fod yn Wyddelod neu wedi'u hyfforddi ganddynt. Nid yw'r groes gylch (neu 'Geltaidd') yn ymddangos lawer tan ar ôl 800. Mae'r grŵp yn y llun yn arddangos rhai o'r themâu geometrig sy'n defnyddio llinellau syth a rhai o'r dyluniadau cywrain sy'n defnyddio llinellau crwm. Mae gan Amgueddfa ac Oriel Genedlaethol Cymru Caerdydd gasgliad sylweddol o gerrig a chastiau gwreiddiol. Gwelir enghreifftiau da ohonynt o amgylch Cymru, gan gynnwys Margam, Llanilltud Fawr, Caeriw, Nanhyfer, a Gwitffordd.

LLAWYSGRIFAU CANOLOESOL

Yn yr Oesoedd Canol, dim ond y mwyaf dysgedig oedd yn gallu darllen neu ysgrifennu, a gwnaed bron y cyfan o'r ysgrifennu cynnar gan fyneich, fel arfer yn ddienw. Roedd llawer o'r gwaith yn cynnwys copïo llafurus o gasgliadau o lawysgrifau i wneud llyfr. Byddai rhai o'r rhain yn dwyn cloriau arbennig ac yn cynnwys darluniau. Dyma'r llyfrau a werthfawrogir mwyaf

98

were dug up from the peat in 1942–3 during the building of the airfield, including swords, spearheads, chariot wheels and two slave gang chains. This may have been a sacred Druid site and the objects 'sacrificed' to the lake over a period of time. The crescent-shaped bronze plaque with three bird heads (sometimes described as leaves and trumpets) has an asymmetrical design which conveys movement or changing perspective.

EARLY CHRISTIAN

Stone monuments are our most important artefacts from the 'Dark Ages' or early medieval period. Most marked the grave of a leader. Stones before 600 often feature Latin inscriptions or Irish ogam script (diagonal marks of different sizes, which form the alphabet, cut into the corners of the stone). The cross symbol was not widely used until after the fifth century. Many dozens of carved stone crosses have been found around Wales, particularly in the south-west.

5⁵

STONE CROSSES
AD 600–1100
National Museum of Wales
Stones produced after 600 have increasingly complicated patterns carved into the surface. Some of the vast variety of designs have Irish or European influences. The more complex patterns, often with interwoven (plaitwork and knotwork) motifs, have a close similarity to designs found on Irish illuminated manuscripts, suggesting that craftsmen could have been Irish or Irish trained. The ring cross (or 'Celtic' cross) does not appear widely until after 800. The group in the picture displays some of the geometric themes using straight lines and some of the intricate designs using curved lines. The National Museum in Cardiff has a large collection of original stones and casts. Good examples can be seen at many sites around Wales including Margam, Llantwit Major, Carew, Nevern and Whitford.

MEDIEVAL MANUSCRIPTS

In medieval times, only the most educated could read or write and most early writing was done by monks, usually anonymously. Much of the work would involve the painstaking copying of collections of manuscripts to form a book. A few of these would be given special covers and illustrations. These are the books most prized today for their artistic merit and their rarity. The most famous

heddiw am eu gwerth artistig a'u prinder. Y mwyaf enwog yw Llyfr Kells o Iwerddon, ond lledodd dylanwad y math hwn o waith drwy ardaloedd Cristnogol Prydain a chafodd ei efelychu'n helaeth mewn ffordd symlach. Roedd lledaeniad llawysgrifau goliwiedig yn y cyfnod hwn wedi dylanwadu'n drwm ar batrwm yr addurniadau ar groesau cerrig (gweler uchod).

16²

PENIARTH 28

y drydedd ganrif ar ddeg, inc ar femrwn, 18.5 x 13.5 cm
Llyfrgell Genedlaethol Cymru

Mae *Peniarth 28* yn enghraifft o lawysgrif ddarluniedig gynnar. Peniarth yw'r casgliad pwysicaf o lawysgrifau Cymraeg ac fe'i cedwir yn Llyfrgell Genedlaethol Cymru. Mae'r dudalen hon o lyfr cyfraith – Cyfraith Hywel Dda. Câi'r cyfreithiau eu cyfundrefnu gan Hywel Dda. Mesur o bwysigrwydd y llyfrau cyfraith hyn yw fod deugain yn goroesi o'r adeg cyn Deddf Uno 1536, y rhan fwyaf ohonynt o'r cyfnod ar ôl 1284. Llyfrau bychain oeddynt fel rheol, y byddai cyfreithwyr yn eu cario o amgylch a'u defnyddio'n helaeth. Erbyn diwedd ei oes yn 949 neu 950 roedd Hywel Dda yn rheoli dros fwy o Gymru na neb o'i flaen. Roedd ei deyrnasiad yn un heddychlon ac roedd ganddo'r grym i hyrwyddo diwygiad ac unffurfiaeth cyfreithiau Cymru.

Mae *Peniarth 28* yn perthyn i'r genhedlaeth gyntaf o lyfrau cyfraith. Mae'r gyfres o ddarluniau sydd ynddo yn awgrymu ei fod yn gopi 'de luxe', o bosibl ar gyfer ei gyflwyno i rywun. Daw'r rhan fwyaf o lawysgrifau cyfraith y cyfnod hwn o Wynedd, canolfan grym llawer o reolwyr y cyfnod. Mae'r inc a ddefnyddiwyd yn y darluniau'n debyg i'r un sydd yn yr ysgrifen, ac felly mae'n bosibl mai'r un person oedd y copïydd a'r darluniwr. Defnyddiwyd dau brif liw, coch a gwyrdd, ac yn achlysurol melyn, brown a phinc lliw cnawd. Mae'r darluniau ar y dudalen hon yn dangos hebogydd a chanddo hebog neu walch yn un llaw a chlwyd yn y llall, ac ynad llys yn ei gadair â'i lyfr cyfraith yn ei law.

of these – the *Book of Kells* – is Irish, but the influence of this type of work spread around the Christian parts of Britain and was imitated widely in simpler forms. The spread of illuminated manuscripts in this period influenced the design of ornamentation on stone crosses (see above).

16²

PENIARTH 28

thirteenth century, ink on parchment, 18.5 x 13.5 cm
National Library of Wales

Peniarth 28 is an example of an early illustrated manuscript. The Peniarth collection, housed at the National Library of Wales, is the most important single collection of Welsh manuscripts. This page is from a lawbook – the Laws of Hywel Dda. The laws were codified by Hywel Dda, 'Hywel the Good', and their importance is reflected in the fact that forty lawbooks survive from before the Act of Union in 1536, most of them from after 1284. They were usually small books, carried around by lawyers and well used. Hywel Dda died in 949 or 950. By the end of his reign he ruled over more of Wales than any other king before him. His reign was peaceful and Hywel was in a position to promote reform and uniformity in Welsh law.

Peniarth 28 belongs to the first generation of lawbooks. Its series of illustrations suggests that it is a 'de luxe' copy, possibly for presentation. Most legal manuscripts of the period come from Gwynedd, the seat of power of most of the rulers of the time. The ink in the drawings is similar to the ink used for the script, so possibly the illustrator and scribe were the same person. Two main colours were used, red and green, and occasionally yellow, brown and flesh pink. The illustrations on this page are a falconer with hawk or falcon on one hand and a perch in the other, and a court judge in his chair with a lawbook in his hand.

CELF YN YR ORIEL
ART IN THE GALLERY

Golwg y tu allan i Gymru, Yr Oriel Genedlaethol, Llundain
A Look Outside Wales: The National Gallery, London

Mari Griffiths

Yr Oriel Genedlaethol yn Llundain yw cartref y casgliad cenedlaethol o ddarluniau Ewropeaidd. Mae'n cynnwys gweithiau sy'n dyddio o'r drydedd ganrif ar ddeg hyd at yr ugeinfed ganrif. Er bod heidiau o bobl yn tyrru i'r oriel i weld gwaith artistiaid megis Leonardo da Vinci, Van Gogh a Monet, rydym ni, yn yr Adran Addysg, yn annog plant i sylwi ar luniau nad ydynt wedi eu gweld o'r blaen a chan artistiaid y mae eu henwau'n anghyfarwydd iddynt.

Dau artist Cymreig

Ymysg yr enwau llai cyfarwydd yn yr Oriel Genedlaethol mae dau arlunydd Cymreig, Richard Wilson a Thomas Jones. Er bod y ddau ohonynt yn hanu o Gymru, yn Llundain y cawsant eu hyfforddi fel artistiaid. Ar ôl hynny teithiodd y ddau i'r Eidal, Wilson yn y 1750au a Jones yn y 1770au. Byddai llawer o artistiaid yn teithio i'r Eidal yn y ddeunawfed ganrif am fod yno olion o wareiddiad hynafol a thraddodiadau celfyddydol gwych. Ar ôl iddo gyrraedd Rhufain y gwnaeth Richard Wilson ei ddarganfyddiad pwysicaf. Yno, cafodd y cyfle i beintio'r wlad o gwmpas Rhufain a fu'n gymaint o ysbrydoliaeth i Claude Lorraine, y tirlunydd o'r ail ganrif ar bymtheg, y cafodd ei ddarluniau delfrydoledig gymaint o ddylanwad ar Wilson. Mae gweld peintiadau Richard Wilson yn yr un casgliad â rhai Claude yn darparu'r cyfle delfrydol i gymharu gwaith Wilson ag un o'i ragflaenwyr.

Richard Wilson

Y mae'r ddau lun gan Richard Wilson sydd yn yr Oriel Genedlaethol yn dangos ardal y gororau rhwng Sir Ddinbych a Swydd Gaer. Bydd y rhai sy'n adnabod yr ardal yn gweld nad oedd Wilson yn ceisio atgynhyrchu union fanylion yr olygfa o'i flaen. Er enghraifft, ymddengys fod y llun wedi'i beintio ar fryn ond eto nid yw'r bryn hwnnw'n bod, ac mae'r mynyddoedd sydd yn y cefndir yn llawer mwy na'r rhai go iawn. Yn debyg i Claude ganrif yn gynt, nid peintio golygfa fanwl gywir oedd nod Wilson, ond yn hytrach byd a oedd yn gwella ar realiti — byd heb na chwmwl na glaw, lle byddai'r haul yn disgleirio'n ddi-baid. Trosglwyddodd olau cynnes ac awyrgylch delfrydol Claude i'w gynefin ei hun gan greu byd tebyg ei gymesuredd a'i gydbwysedd. Fel yn *Landscape with Echo and Narcissus* gan Claude, cydbwysir y goeden ar y

The National Gallery holds the national collection of European paintings dating from the thirteenth to the early twentieth century. Millions of visitors flock to the gallery to see the work of artists such as Leonardo da Vinci, Vincent Van Gogh and Monet, but we, in the Education Department, encourage children to stop before paintings that they have never seen before, made by artists whose names are unfamiliar.

Two Welsh artists

Among the less familiar names in the National Gallery, are two Welsh artists, Richard Wilson and Thomas Jones. Although both were brought up in Wales, their artistic training was received in London. Both then travelled to Italy, Wilson in the 1750s and Jones in the 1770s. The journey to Italy, the land of ancient civilization and great artistic tradition, was made by many artists during the eighteenth century. It was after arriving in Rome that Richard Wilson made his most important discovery. There, he painted the countryside around Rome that had inspired Claude Lorraine, the seventeenth-century painter whose idealized landscapes were such an influence on him. Seeing Wilson's paintings in the same collection as Claude's gives visitors the ideal opportunity to compare Wilson with one of his artistic predecessors.

Richard Wilson

The two pictures by Richard Wilson in the National Gallery show the border country of Denbighshire and Cheshire. Those who know the area will see that Wilson did not attempt an exact reproduction of the scene. For example, the hill from which the picture seems to have been painted does not actually exist and the mountains in the background have been greatly exaggerated. Like Claude a century earlier, Wilson's aim was not to paint a topographically accurate scene, but a world that improved upon reality – a world without clouds and rain, where the sun shone continuously. He transferred the warm light and ideal atmosphere of Claude to his own native land, and created a similar world of symmetry and balance. As in Claude's *Landscape with Echo and Narcissus*, the tree on the left

Claude Lorraine, *Landscape with Echo and Narcissus*, 1644, olew ar gynfas, 94.6 x 118 cm, Yr Oriel Genedlaethol, Llundain.

Claude Lorraine, *Landscape with Echo and Narcissus*, 1644, oil on canvas, 94.6 x 118 cm, National Gallery, London.

chwith gan y bryn pellennig ar y dde. Trwy beintio byd o harddwch delfrydol, heb ddiffygion, roedd Wilson yn efelychu Claude.

Yn nhirluniau Claude mae ffigurau dychmygol megis bugeiliaid neu gymeriadau chwedlonol yn ddigon cyffredin, ac mae eu presenoldeb yn ychwanegu at arucheledd y lluniau. Felly ym mheintiad Wilson *A View of Holt Bridge* (Cerdyn 4 Llun 1), mae'r bobl sy'n gorwedd ger glannau Afon Dyfrdwy, gan ymlacio a chanu'r pibau, yn cyfleu byd delfrydol o hamdden a phleser. Trwy gynnwys ffigurau o fyd a oedd yn bell o'i fyd ei hun (y Beibl, storïau chwedlonol) rhoddodd Wilson naws ddifrifol i'w dirluniau. Ar y pryd, ystyrid bod y rhai a beintiai destunau Beiblaidd a mytholegol yn llawer pwysicach na thirlunwyr, gan fod angen llawer mwy o wybodaeth i'w peintio. Fel yr arlunydd Prydeinig cyntaf i arbenigo yn y math hwn o dirlun, profodd Wilson y gall fod yn destun mor barchus ag unrhyw destun arall.

Richard Wilson a phlant bach?

Sut y gall plant bach elwa o edrych ar lun o'r fath? Nid yw'n llun sy'n neidio atoch oddi ar wal yr oriel. O'i gymharu â rhai peintiadau mawr a lliwgar, gall ymddangos yn dywyll ac . . . yn anniddorol! Felly, sut mae gwneud iddo fyw? Gyda'r plant lleiaf gellid gofyn cwestiynau a fydd yn eu hannog i sylwi ar fanylion y llun. Faint o bobl sydd ynddo (heb anghofio'r dyn sy'n dringo i ben y bryn yn y blaendir)? Pa anifeiliaid sydd ynddo (gan gynnwys y rhai sy'n croesi'r bont yn y cefndir)? Gall cwestiynau eraill helpu'r plant i ymdeimlo ag awyrgylch y llun. Pe baech yn chwarae mig, lle byddech chi'n cuddio? Beth am y bobl? (Pwy ydynt? O ble maen nhw'n dod? Beth maen nhw'n ei wneud? Ar beth maen nhw'n edrych? Ar beth maen nhw'n gwrando?) Gellid hyd yn oed adeiladu stori o'u

is balanced by the distant hill on the right. By painting a world of ideal beauty, without imperfections, Wilson was therefore emulating Claude.

Claude's landscapes are often inhabited by imaginary figures such as shepherds or mythological characters. Their presence gives his scenes a sense of grandeur. Similarly, in Wilson's painting, *A View of Holt Bridge* (Card 4 Picture 1), the people lying near to the banks of the river Dee, relaxing and playing the pipes, convey an ideal world of leisure and pleasure. By including figures from a world that was far-removed from his own (the Bible, mythological stories) Wilson gave his landscapes a sense of seriousness. At the time, painters of Biblical and mythological subjects were considered to be far more important than landscape painters, due to the high level of knowledge needed to paint them. As the first British artist to specialize in this kind of landscape, Wilson proved that it could be as respectable as any other subject.

Richard Wilson and young children?

What can children get out of looking at such a picture? It is not a painting that jumps out at you from the gallery wall. Compared to other bigger and brighter paintings, it seems dark and . . . dull! So how can you bring it to life? With younger children, ask questions which make them notice all the details in the picture. How many people are there? (without forgetting the man climbing to the top of the hill in the foreground)? Which animals can be seen (including those crossing the bridge in the background)? Other questions could help the children enter into the mood of the painting. If you were playing hide and seek, where would you hide? What about the people? (Who are they? Where did they come from? What are they doing? What are they looking at? What are they listening to?) It would even be possible to build a story around them, guessing their characters and reasons for being gathered together. Children could also be encouraged to involve their other senses. (Which sound can be heard? What can be smelt? What is the texture of the grass on which the figures are lying?) Finally, you could compare the environment in the painting with that in which they live. How many of them have been to a place like this? How might a rural scene like this have changed by today? (Would there be more buildings? Would the road and bridge be bigger? etc.).

Richard Wilson and older children?

Older children could be encouraged to discuss the composition of the picture. How has Wilson built up his painting? How has he created a sense of

101

cwmpas, yn dyfalu pa fath o gymeriadau ydynt a pham y maent yno. Hefyd, gellid annog y plant i arfer eu synhwyrau eraill. (Pa sŵn y mae modd ei glywed? Pa ogleuon y gellid eu clywed? Sut deimlad sydd i'r glaswellt y mae'r ffigurau'n gorwedd arno?) Yn olaf, gallwch gymharu amgylchfyd y peintiad ag amgylchfyd cartref y plant. Faint ohonynt sydd wedi bod i le fel hyn? Sut y byddai golygfa wledig fel hyn wedi newid erbyn heddiw? (A fyddai mwy o adeiladau? A fyddai'r heol a'r bont yn fwy? ac ati.)

Richard Wilson a phlant hŷn?

Gellid annog plant hŷn i drafod cyfansoddiad darlun? Sut yr adeiladodd Wilson y peintiad? Sut y creodd argraff o gydbwysedd? (Mae'r goeden uchel ar y chwith yn cyfateb i'r graig dywyll ar y dde.) Sut y llwyddodd i gyfleu argraff o bellter? (Mae'n defnyddio lliwiau cynnes megis brown ac oren yn y blaendir a rhai oer megis gwyrdd a glas yn y cefndir; mae maint pethau'n graddol leihau; mae'r ffocws yn fwy eglur yn y blaendir.) Cwestiwn arall fyddai pam y newidiodd Wilson rai o nodweddion yr olygfa real oedd o'i flaen. Gofynnwch i'r plant benderfynu pa newidiadau sydd amlycaf (tywydd; maint y graig ar y dde). Ym mha ffordd y byddai'r olygfa'n wahanol pe na bai wedi cyflwyno'r newidiadau hyn? Yn olaf, gellid trafod statws gwahanol yr artistiaid a arbenigai mewn testunau gwahanol. Er enghraifft, pam yr ystyrid bod tirlunydd yn llawer llai pwysig nag un a beintiai straeon Beiblaidd neu fytholegol? (Nid oedd angen cymaint o wybodaeth am y Beibl a'r gweithiau clasurol ar dirlunydd gan fod ei destunau'n dod o'r amgylchfyd yn hytrach nag o lyfr; roedd y ffigurau mewn tirluniau fel arfer yn llai ac felly nid oedd angen gwybodaeth fanwl am y corff dynol.) Serch hynny, ceisiodd Richard Wilson sicrhau bod ei dirluniau yr un mor bwysig ag unrhyw stori Feiblaidd neu fytholegol. Sut y gwnaeth hyn? (Gosodai gymeriadau mytholegol yn ei dirluniau a pheintiai dirluniau delfrydol digynnwrf yn hytrach na chynnwys yr hyn oedd yn real ac yn amherffaith; peintiai ddarluniau mawr.)

Thomas Jones

Er bod Thomas Jones, a astudiai yn stiwdio Wilson, yntau'n arbenigo mewn tirluniau, mae ei beintiadau'n hollol wahanol. Mae ei beintiad bach *A Wall in Naples* (Cerdyn 1 Llun 4) yn cyflwyno argraff anffurfiol, ac mae'n annhebyg i adeiledd taclus, cytbwys darluniau Richard Wilson. Mae nifer o'i luniau o'r Eidal, fel y llun o wal yn Naples, yn symud i ffwrdd o esiampl ei feistr tuag at rywbeth llawer mwy gwreiddiol. Tra bod Wilson yn chwilio am ysbrydoliaeth ym myd delfrydol tirluniau Claude, edrychai Thomas Jones ar y byd o'i amgylch. Mae ei luniau o ddinasoedd de'r Eidal fel Naples yn tynnu sylw at nodweddion budr a byrhoedlog, megis yr adeilad maluriedig a'r darn

balance? (The high tree in the left-hand side of the painting corresponds to the dark rock on the right-hand side.) How does he succeed in creating the impression of distance? (He uses warm colours like brown and orange in the foreground and cold colours such as green and blue in the background; the scale of objects gradually becomes smaller; the focus is sharper in the foreground.) Another question that could be asked is why Wilson changed some of the features of the 'real' landscape that he saw before him. Ask the children to decide what the most obvious changes are (weather; size of the rock on the right). In what way would the scene differ had these changes not been introduced? Finally, you could talk about the different status of artists who specialized in different subjects. For example, why was a landscape artist considered far less important than an artist who painted mythological or Bibilical stories? (A landscape artist did not need as profound a knowledge of the Bible and classical texts as their subjects were drawn from their environment rather than a book; the figures seen in landscapes were usually small rather than life-size, and would therefore need a less precise knowledge of the human body.) Richard Wilson, however, tried to make his landscapes as important as any Biblical or mythological story. How did he do this? (He often put mythological characters in his landscapes; he created ideal, serene landscapes rather than showing what was real and imperfect; he painted big pictures).

Thomas Jones

Although Thomas Jones, who studied in Wilson's studio, also specialized in landscapes, his paintings are completely different. His small painting *A Wall in Naples* (Card 1 Picture 4) gives an impression of informality, and has nothing in common with the tidy, well-balanced structure of Richard Wilson's pictures. Many of Jones's paintings of Italy, like this one of a wall in Naples, move away from his master's example towards something far more original. Whereas Richard Wilson looked at the ideal world of Claude's landscapes for inspiration, Thomas Jones looked at the world around him. His pictures of southern Italian cities like Naples, make a feature of the squalor and transient elements, such as the decrepit building and the untidy piece of material hung out to dry from this balcony. Unlike Wilson, Thomas Jones does not change the scene in front of him in order to make it fit tidily within the frame of his picture. He gives the impression that the view has been painted directly from the scene in front of him without many changes being introduced. The unusual composition, which is almost filled by the brick wall, suggests the kind of immediacy that we would today find in snapshots.

anniben o ddefnydd sy'n hongian ar y balconi. Yn wahanol i Wilson, ni fyddai Thomas Jones yn newid yr olygfa o'i flaen fel y byddai'n ffitio'n dwt o fewn fffrâm ei lun. Mae'n rhoi'r argraff i'r olygfa gael ei pheintio'n uniongyrchol o'r olygfa o'i flaen heb newid fawr dim arall. Mae cyfansoddiad anarferol y llun, sydd wedi'i lenwi bron gan y wal frics, yn awgrymu'r math o uniongyrchedd a gawn heddiw mewn cipluniau. Gellid gofyn i'r disgyblion gymharu'r ddau artist. Gofynnwch iddynt restru'r gwahaniaethau amlwg (e.e. mawr/bach; ffurfiol/anffurfiol; delfrydol/real). Bachwch y cyfle i drafod y gwahaniaeth rhwng darluniau sy'n dangos pethau fel y maent, gyda'u hagweddau hyll ac amherffaith, a'r lluniau hynny sy'n gwneud i bethau ymddangos yn fwy deniadol nag y maent. Gellid defnyddio delweddau cyfoes, megis ffotograffau teuluol digymell a'r math o luniau a geir mewn cylchgronau ac a gynllunir yn ofalus, i atgyfnerthu'r gwahaniaeth. Pa rai sydd orau gan y disgyblion a pham? Gallwch hefyd ystyried y gwahaniaeth rhwng peintiad caboledig Wilson a braslun Thomas Jones a wnaethpwyd fel astudiaeth yn hytrach na fel peintiad i'w arddangos.

Pam cyn lleied o artistiaid enwog o Gymru?

Roedd dau beth yn gyffredin i Wilson a Jones – roeddynt yn Gymry ac yn artistiaid. Nhw yw'r unig ddau artist o Gymru y mae eu gwaith i'w weld yn yr Oriel Genedlaethol yn Llundain, er bod mwy i'w weld yn y casgliad cenedlaethol o gelfyddyd Brydeinig yn Oriel y Tate. Pam nad oes mwy? Un o'r prif resymau o bosibl yw nad oedd cyfle i'r rhai oedd yn ymddiddori mewn celfyddyd astudio'r pwnc yng Nghymru. Dim ond y rhai a ddaeth o gefndir gweddol gefnog (fel Wilson a Jones) a fedrai fforddio mynd i Lundain i astudio. Yn ystod yr un cyfnod roedd, wrth gwrs, lawer o artistiaid dihyfforddiant yn gweithio yng Nghymru, rhai megis Hugh Hughes ac Alfred Worthington, ond roedd eu peintiadau hwy'n hollol wahanol. Cymharer eu peintiadau â rhai Wilson a Jones.

Yr Adran Addysg

Mae'r Adran Addysg yn darparu sgyrsiau yn yr oriel ar gyfer plant o bob oedran ar bwnc a ddewisir gennych (er bod rhaid trefnu hyn o leiaf dau fis ymlaen llaw). Gall fod yn bosibl trefnu sgwrs, sydd yn para tuag awr, yn Gymraeg yn ogystal ag yn Saesneg. Y nod yw annog y plant i ddefnyddio eu sgiliau arsylwi trwy graffu'n ofalus ar y peintiadau ac i drafod y storïau a gynrychiolir yn ogystal â'r ffordd y cafodd y darluniau eu peintio. Am wybodaeth bellach, cysyllter â'r Adran Addysg ar 0171 747 2424.

Mae Mari Griffiths yn Swyddog Addysg yn yr Oriel Genedlaethol, Llundain.

Pupils could be asked to compare the two artists. Ask them to list the most obvious differences (e.g., big/small; formal/informal; ideal/real) and think about this contrast between pictures which show things as they are, with their unattractive and imperfect elements, and pictures which make things more attractive than they really are. Use contemporary images, such as impromptu family snapshots and carefully composed, airbrushed photographs from magazines, to make the point. Which do the pupils prefer and why? You could also consider the difference between Wilson's highly finished painting and Thomas Jones's sketch, which was made as a study rather than as a painting completed for exhibition.

Why so few famous Welsh artists?

Two things that Wilson and Jones had in common was the fact that they were Welsh and that they were artists. They are the only two Welsh artists whose work hangs in the National Gallery, London, although more examples can be found in the National Collection of British Painting at the Tate Gallery. Why aren't there more? One of the main reasons may have been the fact that there was no opportunity for those with an interest in art to study the subject in Wales. Only those from a reasonably wealthy background (such as Wilson and Jones) could afford to go to London to study. There were, of course, many untrained artists active in Wales during the same period, such as Hugh Hughes and Alfred Worthington, but their paintings are quite different. Compare their paintings with Wilson's and Jones's.

The Education Department

The Education Department can provide talks in the gallery (arranged at least two months in advance) for children of all ages on the subject of your choice. Talks, lasting approximately one hour, may also be available in Welsh. The aim is to encourage children to use their skills of observation by looking carefully at the paintings, and to discuss the stories represented and the way the pictures are painted. If you would like further information, please contact the Education Department on 0171 747 2424.

Mari Griffiths is Education Officer at the National Gallery, London.

Edrych ar gelfyddyd – agwedd hyfforddwr mewn oriel
Looking at art – a gallery educator's view

John Upton

'Dydw i ddim yn gwybod fawr am gelfyddyd, ond rwy'n gwybod be rwy'n ei hoffi.' Fel athrawon, pa mor aml a glywn ni rieni'n dweud hynny? Mae'n awgrymu mai'r unig linyn mesur i farnu gwaith o gelfyddyd yw a ydym yn ei hoffi neu beidio. Os nad ydym yn hoffi ei olwg, a ddylem ei wfftio heb feddwl ymhellach? Does bosibl nad yw ymdrech yr artist yn haeddu gwell. Pam y lluniodd yr artist y celfyddydwaith hwn? Pam y treuliodd ef neu hi amser ac arian arno? Mae defnyddiau'n ddigon drud, a phrin iawn yw'r artist cefnog. Weithiau yr ateb yw creu darn o gelfyddyd sy'n ddeniadol ac addurnol ac a fydd yn harddu'r amgylchfyd. Ond sut mae barnu pethau pan nad yw hynny'n wir?

Rwy'n ymateb i hyn trwy ddweud wrth y disgyblion mai iaith yw celfyddyd. Os meddyliwn am gelfyddyd fel dull o gyfathrebu, yna efallai mai'n hymateb cyntaf i waith artist fydd gofyn, 'Beth mae ef neu hi'n ceisio'i ddweud? Am beth mae'r gwaith?' yn hytrach na, 'Ydw i'n meddwl ei fod yn ddeniadol?' Mae'r syniad bod artist yn gallu mynegi ei hunan trwy ei waith yn un cyffrous i blant. O edrych ar waith Vincent Van Gogh gallant farnu ei gyflwr emosiynol. Gallant, er enghraifft, ddirnad a oedd hi'n ddiwrnod 'ar i fyny' neu 'ar i lawr' i Vincent pan beintiodd rhyw lun arbennig. Mae celfyddyd yn gallu cyfleu emosiwn.

Mae'r syniad hwn o allu darllen gwaith o gelfyddyd, er mwyn darganfod yr hyn y mae'r artist yn ceisio ei ddweud, yn medru bod yn ddefnyddiol i annog disgyblion i edrych yn fanwl ac ystyried delwedd nad ydyw, efallai, â fawr o apêl weledol iddynt. Neu un nad ydyw, ar yr wyneb, yn arddangos fawr o fedr technegol. Mae peintiadau Jack Jones (gweler Cerdyn 1 Llun 2) yn enghreifftiau gwych o ymdrech artist i ddal diniweidrwydd ac ymdeimlad cymunedol ei blentyndod ym mro ei febyd yn y de, wrth iddo edrych yn ôl yn hiraethus o'i gartref yn Llundain.

Gall plant gymharu sut y mae gwahanol artistiaid yn cyfleu'r un testunau. Er enghraifft, mae glowyr Josef Herman bob amser yn ymddangos yn gryf a balch a llawn dyngarwch, a hynny oherwydd iddo gael y fath groeso ganddynt pan fu raid iddo ffoi i gymuned lofaol Ystradgynlais o'i wlad enedigol, Pwyl, yn ystod y Rhyfel Mawr. Yn aml mae rhyw gynhesrwydd yn llewyrchu yn ei beintiadau, ac mae'n llwyddo i wneud hynny trwy danbeintio gyda lliwiau golau, llachar ac yna eu gorchuddio â haenau o donau tywyllach. (Gweler Cerdyn 12 Llun 3.) Mae peintiadau Nicholas

'I don't know much about art but I know what I like.' As teachers, how many times have we heard parents use this expression? It implies that the only criteria for judging a work of art is whether or not we like it. If we do not like the look of it, should we dismiss it without a second thought? Surely the artist's efforts deserve more than this. Why did the artist make this work of art? Why did he or she spend time and money on it? Materials are not cheap and very few artists are wealthy. Sometimes the answer may be to create an attractive and decorative piece to enhance the environment, but how do we judge it when this is not the case?

My approach is to tell pupils that art is a language. If we think of art as a form of communication, then our first response to an artist's work may be, 'What is he/she trying to say? What is the work about?' rather than, 'Do I find it attractive?' The idea that artists can express themselves through their work really excites children. By looking at the work of Vincent Van Gogh they can gauge his emotional state. They can tell you if, for Vincent, it was an 'up' day or a 'down' day when he painted a particular picture. Art can indicate emotions.

This concept of reading a work of art to discover what the artist is attempting to say can prove very useful in encouraging pupils to look carefully and think about an image which may have little visual appeal to them or which, on the surface, may appear to demonstrate little technical skill. Jack Jones's paintings (see Card 1 Picture 2) are wonderful examples of an artist's attempt to capture the innocence and sense of community of his childhood in his native south Wales as he looked back with a deep sense of nostalgia from his London home.

Children can contrast the way in which different artists depict the same subjects. For example, Josef Herman's miners always look strong, proud and full of humanity because, when Herman fled to this country from Poland during the First World War, he came to live in the mining community of Ystradgynlais where he was made to feel very welcome. His paintings often radiate warmth and this is achieved by underpainting with a light, bright colour then covering in layers of darker tones. (See Card 12 Picture 3.) Nicholas Evans's paintings of miners are usually in Dylan Thomas's

David Carpanini, *Wayward Wind*, olew ar gynfas, 1979, 122 x 122 cm, Cymdeithas Gelfyddyd Gyfoes Cymru/Oriel Gelf Glynn Vivian.

David Carpanini, *Wayward Wind*, oil on canvas, 1979, 122 x 122 cm, Contemporary Art Society for Wales/Glynn Vivian Art Gallery.

Evans o lowyr, ar y llaw arall, yn arfer bod yn ddu ar fyrddau gwynion, y math o ddu a ddisgrifiwyd gan Dylan Thomas fel *Bible-black*. Mae ei gymeriadau'n edrych yn oer, newynog ac wedi blino ar ôl eu gwaith. Dyna sut mae Evans yn cofio'r glowyr y bu'n gweithio gyda nhw dan ddaear pan oedd yn ifanc. Lladdwyd ei dad mewn damwain yn y pwll ac mae'n gwybod o brofiad personol fod bywyd dan ddaear yn galed. Ers iddo ymddeol mae wedi ymroi i beintio'i atgofion yn ei 'iaith' unigryw ei hun. (Gweler Cerdyn 18 Llun 2.)

Hyd yn oed pan fo gwaith o gelfyddyd yn hawdd ei ddarllen, oherwydd iddo gael ei gyflwyno'n dechnegol dda a'i fod yn cynrychioli ei destun mewn dull realistig, mae'n talu i fynd ati i'w astudio'n fanylach. O dreulio ychydig o funudau'n edrych ar beintiad gan David Carpanini gwelir pob math o ffeithiau, nid yn unig am y bobl a'r bensaernïaeth, ond hefyd sut mae golwg Cwm Afan yn newid, a hyd yn oed y tu hwnt i hynny ddirywiad economi diwydiannol Cymru. Ar ôl treulio rhai munudau'n holi grŵp o blant ysgol cynradd ynglŷn â'r hyn a welant ym mheintiad Carpanini *Wayward Wind*, llun sy'n dangos stryd yn Abergwynfi sy'n wag ond am bedwar dyn, cefais y pleser o glywed un ohonynt yn sylwi, 'Fe fwynheais i hwn'na. Roedd fel agor llyfr.' I hyfforddwr oriel, beth all fod yn fwy calonogol? Rydym i gyd yn gwybod na ellir barnu llyfr wrth ei glawr, ac rwy'n argyhoeddedig bod y cysyniad hwnnw'n berthnasol i gelfyddydwaith.

Gall disgyblion dderbyn y syniad fod celfyddyd yn iaith, ond bydd o gymorth os gallant sylweddoli hefyd sut y newidiodd celfyddyd ers y dyddiau pan mai cofnodi sut yr edrychai pethau oedd un o brif swyddogaethau'r artist. Bu dyfeisio'r camera yn y

'Bible-black' on white boards. His characters look cold, hungry and exhausted from their labours. This is how Evans remembers miners from his own experience underground when he was a young man. His father was killed in a mining accident and Evans knows from personal experience that life underground was hard and he has spent his retirement painting his memories in his own distinctive 'language'. (See Card 18 Picture 2.)

Even when a work of art is straightforward to read, because it is technically well-presented and is a realistic representation of its subject, it pays to encourage closer scrutiny. A few minutes looking at a David Carpanini painting will reveal all sorts of information, not only about the people and the architecture in the painting, but also about the changing face of life in the Afan Valley, and even the decline of Wales's industrial base. After spending several minutes questioning a group of primary school children about what they could see in a Carpanini painting entitled *Wayward Wind*, which depicts four men in an otherwise deserted Abergwynfi street, I was rewarded by one of the group who commented, 'I enjoyed that. It was like opening a book.' As a gallery educator, what more could I ask? We all know that you cannot judge a book by looking at its cover and I am convinced that this concept can easily be transferred to looking at a work of art.

Pupils will accept the idea that art is a language but it will prove helpful if they also understand how art has changed since the days when one of the main tasks of artists was to record how things looked.

105

1840au yn gymorth i ryddhau'r artistiaid o'r hual hwn, a'u galluogi i archwilio syniadau am hunanfynegiant, llurguniad a haniaethu. Rhaid i blant ddeall pam nad oes angen mwyach i gelfyddyd fod yn gynrychioladol neu mewn unrhyw arddull arbennig i fod yn 'dda'. Bydd ymweliad ag oriel sy'n arddangos croestoriad o waith gan artistiaid o wahanol gyfnodau a diwylliannau yn fwy o addysg yn hyn o beth na'r holl lyfrau hanes celfyddyd yn llyfrgell yr ysgol. Y neges y mae'n rhaid ei throsglwyddo yw y gallwn pob un fod yn artist os gallwn ni ddatblygu'r 'iaith' sy'n ein galluogi i ddweud yr hyn yr ydym am ei ddweud.

Mae John Upton yn Swyddog Addysg Celf yn Oriel Gelf Glynn Vivian, Abertawe.

Noder: Mae'r fideo sy'n rhan o'r pecyn hwn yn dangos John Upton yn gweithio gyda disgyblion yn Oriel Gelf Glynn Vivian ac yn trafod rhai o'r lluniau sydd ar y cardiau.

The invention of the camera in the 1840s helped free artists from this restriction and allowed them to explore ideas of self-expression, distortion and abstraction. Children need to understand why art no longer has to be representational or in a particular style to be 'good'. A visit to a gallery exhibiting a cross-section of work by artists from different periods and cultures will have more impact than all the art-history books in the school library. The message we need to get across is that we all have the ability to be artists if we can just develop the 'language' which enables us to say what we want to say.

John Upton is Art Education Officer at the Glynn Vivian Art Gallery, Swansea.

Note: The video accompanying this book includes film of John Upton working with pupils at the Glynn Vivian Art Gallery and discussing some of the pictures on the cards.

Amgueddfeydd ac Orielau Cenedlaethol Cymru a'r Cwricwlwm Cenedlaethol
The National Museums and Galleries of Wales and the National Curriculum

John Rowlands

Rhaid herio'r duedd i edrych ar gelfyddyd fel casgliad o arteffactau'n unig, a gellid gwneud hynny trwy ddysgu bod celfyddyd yn ymwneud â syniadau – cyfnewid syniadau a'r broses o ddysgu a mwynhau trwy ddehongli. Mae'n broses sydd wrth wraidd y Cwricwlwm Celf (Y Cwricwlwm Cymreig), ac yn swyddogaeth graidd Adran Addysgu a Dehongli Amgueddfeydd ac Orielau Cenedlaethol Cymru.

Gan fod maes celfyddyd yn y cwricwlwm yn cynnwys celf, crefft a dylunio, mae pob arddangosfa mewn amgueddfa'n berthnasol (hyd yn oed yr adeilad ei hun) o safbwynt dehongli. Mae gwythiennau cyfoethog o adnoddau i'w hastudio nid yn unig yn ysblander gweledol y ddeunaw oriel gelf, ond hefyd yn yr arddangosfeydd archeolegol, daearegol, botanegol a sŵolegol ym Mharc Cathays. Mae Amgueddfa Werin Cymru a changhennau eraill o Amgueddfeydd ac Orielau Cenedlaethol Cymru yn cynnig cyfleoedd ychwanegol ar gyfer astudio celf, crefft a dylunio mewn amryfal gyd-destunau.

Mae'r Gwasanaeth Addysg a leolir yn yr Amgueddfa ac Oriel Genedlaethol yng Nghaerdydd yn gallu rhoi cymorth fel a ganlyn:

The tendency to see art as merely a collection of artefacts must be challenged by the view that art is about ideas, the exchange of ideas and a process of learning and gaining enjoyment via interpretation. This process lies at the heart of the Art Curriculum (Curriculum Cymraeg) and is also the core function of the Education and Interpretation Division of the National Museums and Galleries of Wales.

As art in curriculum terms signifies art, craft and design, all Museum displays become relevant (even the building itself) in terms of interpretation. Not only the visual splendour of the eighteen art galleries, but also the displays relating to archaeology, geology, botany and zoology in Cathays Park, provide rich seams of study. The Museum of Welsh Life at St Fagans and other branches of the National Museums and Galleries of Wales provide further opportunities for the study of art, craft and design in a variety of contexts.

The Education Service based at the National Museum and Gallery in Cardiff can assist with the following:

Adnoddau cyffredinol

- Ymweliadau rhagolygu am ddim i athrawon a myfyrwyr
- Hyfforddi mewn swydd i athrawon
- Cyngor a gwybodaeth i ddisgyblion/myfyrwyr sy'n gwneud astudiaethau beirniadol
- Cyngor ar sut i gyrchu adnoddau llyfrgell yr Amgueddfa
- Darlithoedd i gyrff perthnasol ar ddefnyddio'r Amgueddfa fel canolfan adnoddau celfyddyd

Gweithgareddau ac adnoddau mewnol

- Teithiau tywysedig drwy'r orielau celf i grwpiau addysgol
- Gweithdai mewn perthynas ag arddangosfeydd dros dro
- Darlithoedd, gweithgareddau, a digwyddiadau yn ystod y gwyliau

Y Gwasanaeth Benthyca

Mae gan y Gwasanaeth Addysg gynllun benthyca o dan adrannau Celf, Bioleg, Gwyddorau'r Ddaear a Hanes. Ar gyfer dysgu celf, gall ysgolion fenthyca:
- Gweithiau gwreiddiol o gelfyddyd gain, cerameg a thecstilau
- Atgynyrchiadau a sleidiau o weithiau yng nghasgliad yr Amgueddfa
- Gwrthrychau o gasgliadau eraill (e.e. Bioleg) ar gyfer lluniadu

Deunydd ysgrifenedig

- Catalogau Gwasanaeth Benthyca'r Amgueddfa
- Cwisiau darluniedig
- Arweinlyfrau a rhestri o gynnwys yr arddangosfeydd, yn ddwyieithog
- Llyfrynnau i athrawon ar bynciau megis Argraffiadaeth
- Geirfa gelf Gymraeg/Saesneg
- Gwybodaeth lyfryddol am gelfyddyd Gymreig, celfyddyd Geltaidd a phynciau eraill

Ymweld â'r oriel

Mae'r Amgueddfa'n croesawu ymweliadau gan grwpiau ysgolion.
- Cynigir gwybodaeth a chyngor cyn yr ymweliad, a gellir trefnu ymweliad rhagarweiniol os bydd angen.
- Gellir trefnu teithiau yn ôl gofynion targedau a themâu gwahanol y cwricwlwm: e.e. ymateb artistiaid i amgylchedd a diwylliant Cymru; celf, crefft a dylunio mewn gwahanol ddiwylliannau.
- Gall athrawon gofrestru ar gyfer taith dywysedig neu arwain eu grŵp eu hunain; mae taflenni gweithgarwch a chlipfyrddau ar gael i'w defnyddio yn yr orielau.

General resources

- Free preview visits for teachers and students
- In-service training for teachers
- Advice and information for pupils/students undertaking critical studies projects
- Advice on access to library facilities at the Museum
- Lectures to interested bodies on the use of the Museum as a resource for art

In-house activities and resources

- Guided tours of the art galleries for educational groups
- Workshops linked to temporary exhibitions
- Lectures, activities and events during school holidays

The Loan Service

The Education Service operates a loan scheme under the headings of Art, Biology, Earth Sciences and History. For use in teaching art, schools may borrow:
- Original works of fine art, ceramics and textiles
- Reproductions and slides of work in the Museum's collections
- Objects from other subject collections (e.g. Biology) for drawing purposes.

Written material

- Catalogues for the Museum's Loan Service
- Illustrated quizzes
- Guides/lists of gallery displays available in Welsh and English
- Teachers' booklets on subjects such as Impressionism
- Welsh/English art vocabulary
- Bibliographical information on Welsh art, Celtic art and other subjects

Gallery visits

The Museum welcomes gallery visits by school groups.
- Information and advice is offered before the visit and a pilot visit is arranged if necessary.
- Tours can be arranged to suit different curriculum targets and themes: e.g., artists' responses to the Welsh environment and culture; art, craft and design in diverse cultures.
- Teachers can either book a guided tour, or arrange to guide a group themselves; activity sheets and clipboards are available for use in the galleries.

107

• Ar ôl yr ymweliad, gellir trefnu arddangosfa o waith y prosiect yn yr ysgol, neu yn yr Amgueddfa ei hun.
• Gellir manteisio ar y Casgliadau Benthyca Celfyddyd a Sleidiau cyn ac yn ystod yr ymweliad.

Gellir trefnu pob taith naill ai yn Gymraeg neu Saesneg yn Amgueddfa ac Oriel Genedlaethol Cymru. Eleri Evans yw Swyddog Addysg y Celfyddydau Gweledol.

Roedd John Rowlands yn Swyddog Addysg y Celfyddydau Gweledol yn Amgueddfeydd ac Orielau Cenedlaethol Cymru am chwe blynedd. Bellach, mae'n gweithio ar ei liwt ei hunan fel ymgynghorydd addysg celf.

Noder: Mae John Rowlands ac Eleri Evans yn ymddangos yn y fideo sy'n rhan o'r pecyn hwn. Dangosant sut y gall athrawon ddefnyddio'r lluniau sydd ar y cardiau a sut i fanteisio'n llawn ar ymweliadau ag orielau.

• The visit can be followed by a display of the project work in school, or in the Museum itself.
• The Art Loan and Slide collections can be made available for use before and during the visit.

All tours and advice can be provided in Welsh or English by the National Museum and Gallery, Cardiff. The Visual Arts Education Officer is Eleri Evans.

John Rowlands was Education Officer for Visual Arts at the National Museums and Galleries of Wales for six years. He is now a freelance art education consultant.

Note: John Rowlands and Eleri Evans feature in the video accompanying this book, demonstrating how teachers can use the pictures on the cards and how to get the best from gallery visits.

PROSIECTAU YN YR ORIEL
GALLERY-BASED PROJECTS

Mae'n hollbwysig cynorthwyo disgyblion i wneud penderfyniad ystyriol wrth iddynt ystyried a ddylent ddewis astudio celf yng Nghyfnod Allweddol 4. Mae *Opt for Art* yn brosiect arloesol sy'n cysylltu ysgolion uwchradd ag orielau celf Cymru. Daeth i fod yn 1993 yn sgil trafodaethau rhwng swyddogion addysg orielau Cymru, Cyngor Celfyddydau Cymru, athrawon celf, Cymdeithas Genedlaethol Addysg mewn Orielau, a'r artist ac athro, Nigel Meager. Nod y prosiect yw cyflwyno profiad ysbrydoledig o gelfyddyd Gymreig gyfoes cyn iddynt ddewis eu pynciau ar gyfer Blwyddyn 10. Mae'r prosiect wedi pennu nifer o amcanion mewn perthynas ag addysg oriel yng Nghyfnod Allweddol 3. Yn gyntaf ac yn bennaf, gobeithid y byddai ymweliad llwyddiannus ag oriel (gan gynnwys gweithgareddau perthnasol yn ôl yn yr ysgol) yn fodd i argyhoeddi disgyblion, rhieni ac athrawon eraill o'r gwerthoedd sydd ynghlwm wrth gelfyddyd. Gobeithid, hefyd, ddatrys rhai o'r problemau ymarferol sy'n wynebu orielau ac ysgolion uwchradd wrth iddynt geisio trefnu ymweliadau.

Cododd dau o'r prosiectau mwyaf llwyddiannus o waith y ffotograffydd Dave Daggers yn Ffotogallery a'r Amgueddfa ac Oriel Genedlaethol yng Nghaerdydd, a chan y crochenydd Morgen Hall yn Ysgol Gyfun y Betws yng Nghasnewydd, ac Amgueddfa ac Oriel Gelf y dref honno.

Helping pupils make a meaningful decision about whether to study art at Key Stage 4 is vital. Opt for Art, a pioneering project linking secondary schools with Welsh art galleries was conceived in 1993 as a result of discussions between gallery education officers in Wales, the Arts Council of Wales, art teachers, the National Association of Gallery Education and artist and teacher Nigel Meager. The idea behind the project is to provide pupils with an inspirational experience of contemporary Welsh art before they make their subject choices for Year 10. The Opt for Art project set out a number of aims in relation to gallery education at Key Stage 3. First and foremost was the hope that a successful gallery visit (including related work back at school) would help convey to pupils, parents and other teachers the values inherent in art. The project also sought to solve some of the practical problems that galleries and secondary schools face when trying to organize visits.

Two of the most successful projects to have taken place involved photographer Dave Daggers at the Ffotogallery and the National Museum and Gallery in Cardiff and potter Morgen Hall at Bettws Comprehensive School, Newport, and Newport Museum and Art Gallery.

Llestri bwrdd heddiw
Tableware for today

Morgen Hall

Roedd holl ddisgyblion Blwyddyn 9 yn cymryd rhan yn y prosiect *Opt for Art* sy'n cysylltu Ysgol Gyfun y Betws ag Amgueddfa ac Oriel Casnewydd. Y nod oedd ystyried y llestri a phetheuach a ddefnyddir ar ein byrddau bwyta heddiw ac yna archwilio syniadau newydd: megis llestri bwrdd o'r cyfnod neolithig hyd at oes y gofod; neu waith yn seiliedig ar yr ardd, y ddinas, y cefnfor, anifeiliaid gwyllt, gwyddoniaeth neu gelfyddyd. Gofynnwyd i'r disgyblion feddwl am eu themâu eu hunain ac yna i frasddylunio llestri a fyddai'n cyd-fynd â'u thema. Fel rhan o'r broses astudiodd y disgyblion rai o'm llestri

The Opt for Art project linking Bettws Comprehensive School and Newport Museum and Art Gallery involved all pupils from Year 9. The brief was to consider the tableware we use today and then to explore new ideas: such as tableware from neolithic times to the space age; or work based on the garden, the city, the ocean, wild animals, science or art. The pupils were asked to consider themes of their own and then sketch designs for tableware to suit their chosen theme. As part of this process they first studied some of my tableware,

bwrdd, cyn ymweld ag Amgueddfa ac Oriel Gelf Casnewydd er mwyn archwilio'r casgliad o debotau yno. Wedyn, yn ôl yn yr ysgol, aethant ati i gynhyrchu eu gweithiau ceramig eu hunain.

Y bwriad oedd annog trafodaeth ynglŷn â llestri, pethau a gymerir yn ganiataol gennym fel arfer, a mwynhau'r profiad uniongyrchol ac ymarferol o ddylunio a gwneud teils wedi'u haddurno â slip ac wedi'u llunio ar ffurf tebot. Cafodd y rhain eu mowntio fel mosäig ar fyrddau a dorrwyd ar ffurf bordydd, a'u gosod yn barhaol ar safle yn yr ysgol. Yn ogystal, rhoddais fwg gwyn plaen i bob disgybl a gofyn iddynt ei weddnewid â phaentiau enamel, er mwyn archwilio sut mae addurn arwyneb yn gallu gweddnewid llestri.

Dechreuwn y sesiynau yn Amgueddfa ac Oriel Gelf Casnewydd trwy gyflwyno amrywiaeth o gwpanau gwaith llaw a ffatri a chan gynnig diodydd ynddynt. Gofynnwn i bob disgybl ddewis un cwpan ceramig ac un plastig. Arweiniodd hyn at drafodaeth grŵp ar natur y gwahanol lestri a ddefnyddir gennym. Ar ôl dangos peth o'm gwaith fy hun i'r disgyblion, byddem ni'n siarad am agweddau ar gasgliad yr amgueddfa o lestri te, a chafodd y disgyblion gyfle i fraslunio'n sydyn rai manylion penodol i'w defnyddio'n gyfeiriadol ac mewn gwaith stensil yn yr ysgol.

Yn ôl yn y dosbarth, gofynnwyd i bob un rolio allan dalp o glai, torri siapiau ffurf tebot allan ohono a'u haddurno â slip, gan ddefnyddio'r stensilau a seiliwyd ar eu brasluniau yn yr amgueddfa. Aeth pob disgybl ati i addurno mwg tsieni-esgyrn gwyn ag enamel (gan sylwi

then visited Newport Museum and Art Gallery to investigate the collection of teapots. Later, back at school, they produced their own ceramics.

The aim was to encourage debate about tableware which we so often take for granted and to enjoy the hands-on experience of designing and making slip-decorated tiles shaped like teapots. These were then to be mounted as mosaics onto boards which had been cut to the shapes of tables and permanently sited within the school. In addition to this, I gave each pupil a plain white mug to transform with enamel paints in order to explore how surface decoration can transform tableware.

I would start sessions at Newport Museum and Art Gallery by presenting a variety of hand-made and industrially made cups in which we served drinks. I asked each pupil to choose one ceramic and one plastic cup. This led on to a group discussion on the nature of the different tableware we use. After I showed pupils some of my own work, we talked about aspects of the museum collection of teaware and the pupils had a chance to quickly sketch specific details for reference and stencil use back at school.

Back in the classroom, everyone rolled out slabs of clay, cut out teapot shapes and then slip-decorated them using the stencils based on their museum sketches. Each pupil took a plain white bone-china mug and decorated it with enamel (with reference to their sketches). The enamel-decorated mugs were

ar eu brasluniau wrth wneud hyn). Taniwyd y mygiau hyn wedyn a'u rhoi'n ôl i'r disgyblion drannoeth. Yna, aeth y prosiect yn ei flaen yn ystod oriau arferol ysgol, gyda'r disgyblion yn gwneud teils ychwanegol ar gyfer y murlun, gan gynnwys ffurfiau cwpan a soser.

Mae Morgen Hall yn gwneud llestri bwrdd mewn stiwdio yng Nghanolfan Celfyddydau Chapter yng Nghaerdydd. Gweler yr adran 'Yr Artistiaid a'u Gwaith', t.51. Gellir gweld ei gwaith ar Gardiau 19 a 22.

fired and returned to the pupils the next day. The project then continued in normal school time, with pupils making additional tiles for the mural, including cup and saucer shapes.

Morgen Hall makes tableware at a studio in Chapter Arts Centre in Cardiff. See the 'Artists and their Work' section, p.51. Work by Morgen Hall can be seen on Cards 19 and 22.

Prosiect portreadu gyda'r ffotograffydd Dave Daggers
A portrait project with photographer Dave Daggers

Nigel Meager

Cynhaliwyd prosiect *Opt for Art* arall yn Ysgol Merched Lewis, Ystradmynach, ac Ysgol Uwchradd Canton, Caerdydd. Dros gyfnod o bythefnos, ymwelodd holl aelodau Blwyddyn 9 y ddwy ysgol â'r Amgueddfa ac Oriel Genedlaethol a'r Ffotogallery yn y brifddinas. Bu pob grŵp yn trafod celfyddyd a ffotograffiaeth â swyddog addysg celf yr amgueddfa, swyddog addysg Ffotogallery a Dave Daggers, ffotograffydd proffesiynol, sy'n gweithio yng Nghaerdydd. Trafododd y disgyblion wahanol agweddau at bortreadaeth yn ystod yr ymweliadau â'r orielau, ac yn ôl yn yr ysgol yn ystod yr wythnosau wedyn aethant ati i wneud gweithiau celf cydweithredol amdanynt eu hunain, eu diddordebau a'u hoffterau. Tynnodd Dave Daggers ffotograffau o'r gweithiau hyn i'w dangos mewn arddangosfa yn Ffotogallery.

Another Opt for Art project involved Lewis Girls School, Ystradmynach and Cantonian High School, Cardiff. Over a period of two weeks, all the Year 9 pupils from both schools visited the National Museum and Gallery of Wales and Ffotogallery in Cardiff. Each group of pupils discussed art and photography with the art education officer at the museum, the education officer at the Ffotogallery and Dave Daggers, a professional photographer who works in Cardiff. The pupils discussed different approaches to portraiture during the gallery visits, and during subsequent weeks back at school they made collaborative art works about themselves, their interests and their tastes. These pieces were then photographed by Dave Daggers for an exhibition at the Ffotogallery.

Hunanbortreadau disgyblion mewn grwpiau, wedi'u ffotograffau gan Dave Daggers. Prosiect Opt for Art.

Pupils' self-portrait groups, photographed by Dave Daggers. An Opt for Art project.

111

Rhoddwyd y teitl 'Us' i'r prosiect. Canolbwyntiodd y prosiect ar sut y mae artistiaid, ffotograffwyr, ac yna'r disgyblion, yn eu cyflwyno eu hunain a'u bywydau. Yn oriel yr amgueddfa cafodd y disgyblion amser i archwilio gweithiau celf a ffurfio barn amdanynt. Cyflwynodd Dave Daggers sioe sleidiau yn dangos gwahanol ffyrdd o fynd ati i ffotograffu a phortreadu, gan gynnwys enghreifftiau o'i waith ei hunan. Roedd y pwyslais yn anffurfiol, ac yn anghyffredin, fel arfer. Mae Dave yn gymeriad sy'n cyfathrebu'n dda iawn â phobl ifainc. Roedd y disgyblion wedi'u cyfareddu gan y delweddau a ddangosodd iddynt, yn cynnwys ffotograffau lle roedd y ffotograffydd wedi creu gosodiadau ystyrlon a/neu ddoniol o wrthrychau a delweddau ar eu cyfer. Y syniad hwn, yn fwy na'r un arall, a ysbrydolodd y disgyblion i greu eu gosodiadau'u hunain i Dave eu ffotograffu.

Mae *Opt for Art* wedi ysgogi ymateb cadarnhaol iawn o du'r disgyblion. Mae bron pedwar o bob pump yn cytuno neu'n cytuno'n frwd â'r gosodiad, 'Fe fwynheais i f'ymweliad â'r oriel'. Roeddent yn sylweddoli gwerth y prosiect ac roedd mwyafrif pendant am ymweld ag oriel eto. Roedd eu hymatebion yn rhoi syniad inni pam y mae'r math hwn o weithgaredd yn ychwanegiad defnyddiol at y cynllun gwaith yng Nghyfnod Allweddol 3. Yn ei erthygl ar gyfer cylchgrawn *Opt for Art*, mae'r bardd Nigel Jenkins yn dyfynnu Kelly, o Ysgol Gyfun y Betws, Casnewydd, 'Cyn i hyn ddigwydd, feddyliais i erioed y gallwn i wneud unrhyw beth ym myd celfyddyd, ond os gallwch chi wneud tebot fe allwch chi wneud unrhyw beth mewn crochenwaith. Fe wnaethon ni anifeiliaid, ac wynebau doniol . . . Roeddwn i mor falch, wir ichi. Wow, medde fi wrth fy hun, rwy' wir wedi gwneud rhywbeth. Rwy' wedi gwneud rhywbeth [mwg] sydd werth ei ddefnyddio ac yn bleser i edrych arno.'

(Am fwy o wybodaeth am Dave Daggers, gweler yr adran 'Yr artistiaid a'u gwaith', t.37. Gwelir ei ffotograffau ar Gardiau 21 a 24.)

Mae Nigel Meager yn gweithio fel artist ac ym maes addysg celf.

Nodyn: Mae Nigel Meager yn ymddangos yn y fideo sy'n rhan o'r pecyn hwn.

The project took on the title 'Us'. There was a focus on how artists, photographers and then the pupils represented themselves and their lives. At the musuem gallery, pupils were allowed time to explore the artwork and form opinions about it. Dave Daggers, the photographer, presented a slide show of various approaches to photography and portraiture, including examples of his own work. The emphasis was definitely wacky and unusual. Dave is a larger-than-life character who communicates very well to young people. Pupils were fascinated by the images he showed which included photographs for which photographers had created meaningful and/or amusing installations of objects and images. It was this idea more than any other which inspired pupils to make their own installations for Dave to photograph.

Opt for Art has produced a very positive response from pupils. Almost four-fifths agreed or strongly agreed with the statement, 'I enjoyed my visit to the gallery'. They understood the value of the project and a clear majority hoped to visit a gallery again. Their responses give clues about why this kind of project is a useful addition to a scheme of work at Key Stage 3. In his article for the *Opt for Art* magazine, the Welsh poet Nigel Jenkins quotes Kelly from Bettws Comprehensive School, Newport: 'Before all this happened I never thought I could do anything in art at all, but if you can make a teapot you can make anything out of pottery. We did animals, we did funny faces . . . I felt such pride, honest. Wow, I thought, I have really done something. I have made something [a mug] that is good to use and good to look at.'

(For more information on Dave Daggers see the 'Artists and their work' section, p.37. His own photographs are on Cards 21 and 24.)

Nigel Meager works as an artist and in art education.

Note: Nigel Meager appears in the video accompanying this book.

ARTISTIAID MEWN YSGOLION
ARTISTS IN SCHOOLS

Erbyn hyn mae mwy a mwy o artistiaid yn gweithio mewn ysgolion. Isod, mae dau ohonynt yn sôn am eu profiadau fel artistiaid preswyl.

There are more and more artists working in schools these days. Below, two artists describe their experiences of residencies.

Trefnu cyfnod preswyl
Planning a residency

Anna Glanville-Smith

Beth yw cyfnod preswyl?

Mae cyfnod preswyl yn galluogi artist profiadol i weithio am gyfnod penodedig mewn awyrgylch sy'n cynnig cyfle i wneud gwaith arloesol; rhannu sgiliau a galluogi eraill i ddatblygu dulliau a dealltwriaeth newydd. Os trefnir pethau'n drwyadl a rheoli'r cyfnod yn effeithlon, gall y broses fod yn un greadigol i'r gwesteiwyr (yr ysgol, ysbyty, carchar ac ati) ac i'r artist, gan fod cwestiynau newydd yn cael eu codi gan y sefyllfa ac ymateb pawb sydd ynglŷn â'r peth.

Un o'r cyfraniadau mwyaf y gall yr artist ei gynnig i fywyd unrhyw gymuned arbennig yw golwg ar bethau o'r 'tu allan'. Os bydd yr ysgol yn agored i'r her o gael artist preswyl yno, caiff lawer profiad gwerthfawr a threiddgar; yn ei dro, rhaid i'r artist fod yn hyblyg, yn barod i ddysgu, ac i newid ei ffordd o feddwl. Os bydd y prosiect yn llwyddiannus, bydd wedi ysbrydoli pawb sydd ynghlwm wrth y peth, hyd yn oed y rhai ar ymylon y gweithgarwch.

Efallai y bydd ysgolion ac artistiaid, fel ei gilydd, yn ei chael hi'n ddefnyddiol i gadw mewn cof y pwyntiau canlynol, naill ai cyn dechrau'r cyfnod preswyl, neu yn ei ddyddiau cynnar:

  1. Am beth mae'r prosiect? Beth yw ei nod?
  2. Gall profiad rhyw asiantaeth allanol fod o werth i atal rhai problemau a chynnig syniadau.
  3. Cadwch at nod penodol, heb orlwytho amserlen yr artist. Byddwch yn glir eich meddwl am bwy sydd i gymryd rhan yn y prosiect.
  4. Efallai y bydd yr artist yn fodlon trefnu clwb celf tu allan i oriau'r ysgol – byddai hyn yn well na disgwyl gormod o fewn yr oriau arferol.
  5. Dewiswch adeilad lleol (ffatri, rhywle o ddiddordeb arbennig, eglwys), a nodwedd (llyn, mynydd), neu wasanaeth lleol (y bad achub, marchnad) yn ganolbwynt.

What is a residency?

A residency allows an experienced artist to work for a limited period in an environment which offers scope for innovative work; sharing skills and enabling others to develop new methods and insights. A well-planned and effectively managed residency can be a creative process both for the host (e.g., the school, hospital, prison etc.) and for the artist since new questions are posed by the particular setting and by the response of those involved.

One of the chief contributions an artist can bring to the life of a particular community is a view 'from outside'. If a school is open to the challenge of a residency many new insights will be forthcoming; in turn, the artist will need to be flexible, ready to learn, and be prepared to have his or her perceptions changed. If a residency is successful, it will have inspired all concerned, even those on the edge of the activity.

Both schools and artists may find it useful to consider the following points either before or in the early stages of a residency.

  1. What is this residency about? What is it meant to achieve?
  2. Using the experience of an outside agency can avoid unnecessary problems and provide a stimulating partner.
  3. Keep the focus narrow. Do not over-crowd the timetable for the artist. Be clear about who is involved.
  4. The artist might be prepared to organize an art club out of school hours – this would be better than expecting too much in school time.
  5. Select a local resource (a factory, a place of special interest, a church), a feature (a lake, a mountain) or a local service (the lifeboat, the market) as a focus.

113

6. Ymddiriedwch yn y disgyblion i ymateb yn bersonol; gall yr artist drefnu cyfle i'r disgyblion drafod a myfyrio fel grŵp fel eu bod yn dysgu oddi wrth ei gilydd.

7. Gall yr artist adael i'r disgyblion arbrofi gyda defnyddiau a thechnegau gwahanol: gadael 'i bethau ddigwydd', ond ymyrryd os bydd raid.

8. Gallai'r ysgol drefnu achlysur, cyngerdd, neu arddangosfa y gall y disgyblion anelu tuag ato – i ddangos yr hyn maen nhw wedi'i gyflawni.

9. Gwnewch yn sicr fod gan yr artist gyfle i arddangos ei ddawn arbennig ei hun – ac felly i gyfrannu at yr arddangosfa derfynol.

10. Mae trefnu cyfleoedd i'r artist a'r staff drafod sut mae pethau'n mynd yn fodd i ddatrys neu atal anawsterau, a galluogi'r naill a'r llall i elwa ar gyngor a sylwadau.

6. Trust the pupils to make their own reponses; the artist can invite opportunities for discussion and reflection in the group – so that one pupil can learn from another.

7. The artist can let pupils experiment with different materials, different techniques: 'let things happen', but intervene when necessary.

8. The school could hold an event, a concert, an exhibition which pupils can work towards – an event which will show what the pupils have achieved.

9. Include an opportunity for the artist to demonstrate his or her own speciality – and so contribute to the final display.

10. Making opportunities for artist and staff to discuss progress can help iron out difficulties and allow both sides to benefit from advice and comments.

Cyfnod preswyl yn Ysgol Gyfun Rhydfelen

Trefnwyd fy nghyfnod yn Rhydfelen gan Gyngor Celfyddydau Cymru, CADW a'r ysgol ei hun. Canolbwynt y prosiect oedd Castell Coch, castell rhyfeddol yn null yr Adferiad Gothig, ger Caerdydd ac o fewn dwy filltir i'r ysgol (gweler t.32 dan William Burges a hefyd Cerdyn 7). Yn fuan ar ôl dechrau ar y gwaith, cytunwyd y byddai'r arddangosfa ar y diwedd yn cynnwys sioe ffasiwn o ddillad a chyfwisgoedd a gâi eu dylunio, eu gwneud a'u modelu gan y plant. Y castell fyddai lleoliad y ddau ddigwyddiad. Cytunwyd hefyd y byddai comisiwn yn rhan o'r prosiect: i mi greu darn o waith gwreiddiol i'w arddangos yn yr ysgol. Wrth imi weithio ochr yn ochr â'r disgyblion a chanolbwyntio fy ngwaith innau ar yr un peth – Castell Coch – cefais fy mod yn gallu arddangos technegau mwy cymhleth a chyflwyno 'model' iddynt o sut y byddai artist mwy profiadol yn mynd ati i weithio ar yr un testun.

Trefnwyd i grwpiau bychain ymweld â Chastell Coch yn eu tro; roedd hyn yn rhoi cyfle i'r disgyblion ymateb yn uniongyrchol i'r castell, ac yn arbennig i'r addurniadau cymhleth. Paratowyd llyfrau astudio ar gyfer pob blwyddyn a gallu. Roedd y llyfrau'n cynnwys gwaith am safle a hanes y castell. Roeddwn yn annog y disgyblion i dynnu ffotograffau o

Arddangosfa o Waith a Sioe Ffasiwn Disgyblion
YSGOL GYFUN RHYDFELEN
13 Gorffennaf , 7 o'r gloch
Castell Coch
O Dan Arweiniad Anna Glanville-Smith , (Crefftwraig Breswyl)
gyda chymorth
Cyngor Celfyddydau Cymru
a CADW.
Mynediad drwy raglen.

Exhibition of Work
and
Fashion Show
By the pupils of
YSGOL GYFUN RHYDFELEN

Rhaglen sioe ffasiwn Ysgol Gyfun Rhydfelen yng Nghastell Coch. Artist preswyl: Anna Glanville-Smith.

The programme for Ysgol Gyfun Rhydfelen's fashion show at Castell Coch. Artist-in-residence: Anna Glanville-Smith.

A residency at Ysgol Gyfun Rhydfelen

My residency was set up by the Arts Council of Wales, CADW and the school. The focus for the work was to be Castell Coch, an extraordinary Gothic Revival castle, near Cardiff and within two miles of the school (see p.32 under William Burges and also Card 7). Soon after I started work at the school, it was agreed that the final exhibition should include a fashion show of clothes and accessories designed, made and modelled by the children. The castle would be the venue for the exhibition and fashion show. It was also agreed that the residency would include a commission: an original piece of work by me which the school would display. I found that in working alongside the pupils and using the same focus for my own work – Castell Coch – I was able to demonstrate more advanced techniques and 'model' how a more experienced artist might approach the same subject.

A series of small group visits were made to Castell Coch which allowed the pupils to respond directly to the features of the castle and, in particular, to its ornate decoration. Study books were compiled for each year and ability. They included work about the location and history of the castle. I encouraged the pupils to take photographs of design features,

114

unrhyw gynlluniau dylunio oedd yn apelio atynt y tu mewn a'r tu allan i'r castell. Datblygodd dialog cryf a chreadigol rhwng y disgyblion a minnau wrth imi ddod i 'ymddiried' ynddynt i lunio eu hymatebion eu hunain i'r castell ac i weithio gyda'u ffantasïau. Beth oedd eu hargraffiadau cyntaf o'r castell? Pam oedd yno? Beth oeddent yn ei hoffi am y castell? A oedd yn gastell mewn gwirionedd? A gawsant eu siomi? Un peth da o fynd ati fel hyn oedd bod pob disgybl, gan gynnwys y rhai sydd ag anghenion arbennig, yn gallu cymryd rhan a chyfrannu i'r un graddau. Gwelid gwreiddioldeb yn ymateb pawb.

Roedd pob blwyddyn yn canolbwyntio ar rywbeth gwahanol. Roedd Blwyddyn 7 wedi ymchwilio, dylunio, a phrintio crysau-T. Gwnaeth plant Blwyddyn 8 ymchwil i fatic a chynhyrchu eu citbagiau eu hunain. Gwnaeth disgyblion Blwyddyn 9 ymchwil i fatic a chynhyrchu gwasgodau. Ar y cyd ag Anona Harries o'r adran gelf datblygais gynllun yn canolbwyntio ar gynlluniau chwedlau Esop Burges a rhai elfennau o'r adeilad ei hunan. Cafwyd benthyg anifeiliaid stwffiedig ar gyfer y dosbarthiadau lluniadu. Cafodd motiffau'r chwedlau eu hail-lunio ar gyfer dyluniadau maint teilsen. Gyda phapur siwgr a chwyr gwnaethom collage o'r dyluniadau syml hyn, gan eu gwnïo gyda'i gilydd i wneud sgrin fawr a baner. Yn yr adran dechnoleg, gwnaeth plant Blwyddyn 7 luniadau a thorri allan stensilau ar gyfer sgrin brintio. Gyda Blwyddyn 8 roeddwn i'n awyddus bod y disgyblion yn hyderus wrth arfer technegau batic cyn iddynt ddylunio citbag. Roedd llawer o'r disgyblion yn ei chael hi'n anodd trosi eu lluniadau 'perffaith' drwy broses flêr fel hyn! Anogwyd y disgyblion i ddewis lliwiau'n ofalus ac ystyried cynllun lliw y castell. Datblygwyd ochr dechnegol gwneud y bagiau yn ystod gwaith arferol y flwyddyn. Gwnaeth plant Blwyddyn 9 gasgliad o batrymau batic cyn dechrau dylunio eu gwasgodau. Roedd gwneud y gwasgodau yn rhan o raglen dechnoleg eu blwyddyn.

inside and outside, which interested them. A strong, creative dialogue grew between the pupils and myself as I 'trusted' them to make their own response to the castle and to work with their fantasies. What was their first impression of the castle? Why was it there? What did they like about it? Was it a castle at all? Were they disappointed? One feature of this approach was that all pupils, including SEN, were able to participate and contribute equally and could express themselves with as much originality as anyone else.

Each year concentrated on something different. Year 7 researched, designed and printed T-shirts. Year 8 researched batik and made kit bags. Year 9 researched batik and made waistcoats. Together with Anona Harries of the art department I developed a brief focused on Burges's designs for Aesop's fables and elements of the structure of the castle. We borrowed stuffed animals for drawing classes. The fables motifs were reworked for tile-sized designs. Using sugar paper and wax we collaged these simple designs, sewing them together into a large screen and banner. In the technology department, Year 7 drew and cut out stencils for screen-printing. With Year 8 I was keen that the pupils should feel confident with batik before beginning a kit-bag design. Many pupils found it difficult translating their 'perfect' drawings by means of this messy process! Pupils were encouraged to choose colours carefully and to consider the colour scheme of the castle. The technical side of making the bags was developed in the normal course of the year's work. Year 9 made test swatches of batik prior to beginning their waistcoat designs. The making-up of the waistcoats was part of their year's technology programme.

The Pioneers

Nick Clements

Mae'r Pioneers yn grŵp o artistiaid sy'n helpu ysgolion a sefydliadau i ddylunio a chreu mosaigau, cerfliniau a pheintiadau. Mae'r Pioneers wedi gweithio gyda channoedd o ysgolion er 1981, yn ne Cymru a hefyd mewn rhannau eraill o Brydain a thramor. Un prosiect diweddar oedd gwneud cyfres o furluniau mosäig yn yr ysgol gyfun newydd yn Aberdâr.

The Pioneers are a group of artists who help schools and organizations to design and create their own mosaics, sculpture and paintings. They have worked with hundreds of schools since 1981, not just in south Wales but in other parts of Britain, and abroad. A recent project has been to make a series of mosaic murals at the new comprehensive school in Aberdare.

Ysgol Gyfun Rhydywaun, Aberdâr

Cynhyrchwyd cyfres o furluniau o deils gwydrog a'u gosod ym mhrif fynedfa'r ysgol hon, oedd newydd ei

Ysgol Gyfun Rhydywaun, Aberdare

A series of murals made from vitreous glass tiles were produced and sited in the front entrance to

Mosäig gan ddisgyblion Ysgol Gynradd Kitchener Road, Caerdydd, gyda pheth cymorth gan The Pioneers.

Mosaic made by pupils at Kitchener Road Primary School, Cardiff, with a little help from The Pioneers.

hadeiladu. Cafodd plant o'r ysgolion cynradd sy'n bwydo'r ysgol, yn Aberdâr, Mynwent y Crynwyr, Abercynon, Merthyr Tudful a Phenderyn, gyfle i greu rhai elfennau o'r gwaith, sy'n portreadu cymoedd Cynon a Thaf.

Ar y dechrau, cymerodd y plant ran mewn sesiwn gynllunio oedd yn cynnwys ymarfer a ddefnyddir gennym yn aml mewn ysgolion. Trafodaeth yw hon am beth sy'n gwneud cymuned. Mae'n drafodaeth sy'n arwain at greu pedwar lluniad gan bob plentyn, pob un yn adlewyrchu pedair elfen yn y gymuned:

1. Pobl – mae'r plant yn llunio hunanbortreadau neu bortreadau o'i gilydd.
2. Tai/adeiladau – maent yn lluniadu eu cartrefi neu ryw adeilad cyfarwydd.
3. Cyfundrefnau cludo – maent yn lluniadu trenau, awyrennau a cheir, ac ati.
4. Y dirwedd – maent yn lluniadu nodweddion yn y dirwedd neu ffermydd lleol neu anifeiliaid.

Yn deillio o'r cyfnod lluniadu rhagbaratoadol hwn yn Rhydywaun, cynhyrchwyd dyluniad a oedd yn cyfleu thema'r ddau gwm yn dod at ei gilydd. Mae'r ysgol wedi'i lleoli ar gymer y ddau, ac adlewyrchir hynny ym mathodyn yr ysgol. Yna, defnyddiodd y plant y lluniad yn sail i'w gwaith, gan wneud eu darnau eu hunain – tai, pobl, tirluniau, ac ati – o fosäig gwydrog, gan ludio pob rhan yn ei lle â phâst papur wal ar y papur cefnu. Trowyd y teils drosodd a'u gosod mewn adlyn teils ar fwrdd pren. Pan galedodd yr adlyn, defnyddiwyd dŵr i dynnu'r papur cefnu i ffwrdd cyn caboli'r arwyneb gyda growt.

Mae Nick Clements yn gyd-gyfarwyddwr the Pioneers.

this newly constructed school building. Children from the feeder schools in Aberdare, Quakers Yard, Abercynon, Merthyr and Penderyn were able to make elements of the work, which depicted the Cynon and Merthyr valleys.

The children were involved initially in a planning session which incorporated an exercise we use often with schools. It is a discussion about what makes a community. The discussion leads to four drawings from each child; these reflect four elements of the community:

1. People – children draw self-portraits or portraits of each other.
2. Houses/buildings – they draw their home or a well-known building.
3. Transportation systems – they draw trains, planes and cars, etc.
4. The landscape – they draw landscape features or local farms/animals.

From this initial drawing stage at Rhydywaun we put together a design which conveyed the theme of two valleys coming together. The school is at the head of two valleys, and this is reflected in the school badge. The drawing was then used by the children as a base. They made their own elements – houses, people, landscapes, etc. – from vitreous glass mosaics, and each part was secured in place by wallpaper paste onto the backing paper. We then turned the tiles over and secured the tiles into tile adhesive on a wooden board. Once the adhesive had set the backing paper was removed using water, and the surface completed with a grout.

Nick Clements is co-director of the Pioneers.

ORIELAU AC AMGUEDDFEYDD
GALLERIES AND MUSEUMS

Mae dwsinau o amgueddfeydd ac orielau yng Nghymru ac yn agos ati, lle y gellir gweld gweithiau celf, crefft a dylunio. Orielau cyhoeddus yw'r rhan fwyaf a restrir isod ac fe'u cynhwysir yma gan eu bod yn addas i dderbyn ymweliadau gan grwpiau ysgol. Ni restrir llawer o'r orielau preifat a gweithdai crefftau llai. Mae gofod arddangos yn y rhan fwyaf a restrir yma, er nad yw gwaith yn cael ei arddangos drwy'r amser. Dim ond gan y rhai mwyaf y mae casgliadau. Mae gan rai swyddogion addysg, ond ni chynhwysir enwau yma gan fod yr enwau'n dueddol o newid.

There are dozens of museums and galleries in and near Wales where works of art, craft and design can be seen. Most of those listed below are public galleries. They have been selected on the basis of suitability for visits by school parties. Many small private galleries and craft workshops are not listed. Most of those included have exhibition space although they do not always have shows of work on display. Only the largest have collections. Some have education officers but names have not been included as situations change.

Amgueddfa/oriel	Teleffon
Academi Frenhinol Gymreig, Conwy	01492 593413
Amgueddfa Aberdaugleddau	01646 692505
Amgueddfa Abertawe	01792 653763
Amgueddfa Brycheiniog	01874 624121
Amgueddfa Bwrdeistref Castell-nedd	01639 645741
Amgueddfa ac Oriel Gelf Casnewydd	01633 840064
Amgueddfa ac Oriel Gelf Castell Cyfarthfa, Merthyr Tudful	01685 723112
Amgueddfa ac Oriel Gelf Dinbych-y-Pysgod	01834 842809
Amgueddfa ac Oriel Genedlaethol, Caerdydd	01222 397951
Amgueddfa Bywyd Gwledig Gwent, Brynbuga	01633 420483
Amgueddfa Caerfyrddin	01267 231691
Amgueddfa Ceredigion, Aberystwyth	01970 634212
Amgueddfa Crochenwaith Nantgarw	01443 400322
Amgueddfa Dinbych	01745 816313
Amgueddfa Môr a Diwydiant Abertawe	01792 650351
Amgueddfa Diwydiant a Môr Cymru, Caerdydd	01222 481919
Amgueddfa Diwydiant Cydweli	01554 810395
Amgueddfa Diwydiant Gwlân Cymru, Dre-fach Felindre	01559 370029
Amgueddfa Eryri, Llanberis	01286 870636
Amgueddfa Glofa Cefn Coed, Crynant	01639 750556
Amgueddfa Maesyfed, Llandrindod	01597 824513
Amgueddfa Môr Porthmadog	01766 513736
Amgueddfa Powys a Chanolfan Camlas Trefaldwyn, Y Trallwng	01938 554656
Amgueddfa Scolton Manor, Hwlffordd	01437 731328
Amgueddfa Tecstilau Y Drenewydd	01938 554656
Amgueddfa Trefynwy	01600 713519
Amgueddfa Werin Cymru, Sain Ffagan	01222 569441
Amgueddfa Y Fenni	01873 854282
Canolfan Crefft a Dylunio y Tŷ Model, Llantrisant	01443 237758

Museum/gallery	Telephone
Abergavenny Museum	01873 854282
Aberystwyth Arts Centre	01970 622887
Bangor Museum Gallery	01248 353368
Bersham Industrial Heritage Centre, near Wrexham	01978 261529
Big Pit, Blaenavon	01495 790311
Bodelwyddan Castle (branch of National Portrait Gallery)	01745 583539
Brecknock Museum	01874 624121
Cardiff Castle	01222 822083
Carmarthen Museum	01267 231691
Cefn Coed Colliery Museum, Crynant	01639 750556
Ceramics Gallery, University of Wales, Aberystwyth	01970 622460
Ceredigion Museum, Aberystwyth	01970 634212
Chapter Arts Centre, Cardiff	01222 396061
Cyfarthfa Castle Museum & Art Gallery, Merthyr Tydfil	01685 723112
Denbigh Museum	01745 816313
Erddig, near Wrexham	01492 860123
European Centre for Traditional & Regional Cultures, Llangollen	01978 861514
Ffotogallery, Cardiff	01222 341667
Glynn Vivian Art Gallery, Swansea	01792 655006
Gwent Rural Life Museum, Usk	01633 420483
Kidwelly Industrial Museum	01554 810395
Lady Lever Art Gallery, Merseyside	01516 453623
Llantarnam Grange Arts Centre, Cwmbran	01633 483321
Llanover Hall Arts Centre, Cardiff	01222 342022
Margam Sculpture Park, Port Talbot	01639 881635
Milford Haven Museum	01646 692505
Model House Craft and Design Centre, Llantrisant	01443 237758
Monmouth Museum	01600 713519
Museum of Welsh Life, St. Fagans	01222 569441

117

Canolfan Crefftau Rhuthun	01824 704774
Canolfan Diwylliannau Traddodiadol a Rhanbarthol Ewrop, Llangollen	01978 861514
Canolfan Etifeddiaeth Ddiwydiannol Bersham, ger Wrecsam	01978 261529
Canolfan Hanesyddol a Diwylliannol Pontypridd	01443 409512
Canolfan y Celfyddydau, Aberystwyth	01970 622887
Canolfan y Celfyddydau, Chapter, Caerdydd	01222 396061
Canolfan y Celfyddydau, Gorllewin Cymru, Abergwaun	01348 873867
Canolfan y Celfyddydau, Llanover Hall, Caerdydd	01222 342022
Canolfan y Celfyddydau, Llantarnam Grange, Cwmbran	01633 483321
Canolfan Gelfyddydau Llyfrgell Wrecsam	01978 261932
Canolfan y Celfyddydau, St Donats, Llanilltud Fawr	01446 792151
Canolfan y Celfyddydau, Wyeside, Llanfair-ym-Muallt	01982 552555
Castell Bodelwyddan (cangen o'r National Portrait Gallery)	01745 583539
Castell Caerdydd	01222 822083
Castell Penrhyn, Bangor	01492 860123
Erddig, ger Wrecsam	01492 860123
Ffotogallery, Caerdydd	01222 341667
Llyfrgell, Amgueddfa a Chanolfan Gelfyddydau Y Rhyl	01745 353814
Llyfrgell Genedlaethol Cymru, Aberystwyth	01970 623816
Oriel 31, Galeri Goffa Davies, Y Drenewydd	01686 625041
Oriel 31, Y Trallwng	01938 552990
Oriel Bangor	01248 353368
Oriel, Caerdydd	01222 399477
Oriel Ceri Richards, Abertawe	01792 295526
Oriel Grochenwaith, Prifysgol Cymru, Aberystwyth	01970 622460
Oriel Gelf Glynn Vivian, Abertawe	01792 655006
Oriel Gelf Lady Lever, Glannau Mersi	01516 453623
Oriel Mostyn, Llandudno	01492 879201
Oriel Myrddin, Caerfyrddin	01267 222775
Oriel Plas Glyn y Weddw, Llanbedrog	01758 740763
Oriel Ynys Môn, Llangefni	01248 724444
Parc Cerfluniau Margam, Port Talbot	01639 881635
Parc Etifeddiaeth Rhondda, Trehafod	01443 682036
Parc Glynllifon, ger Caernarfon	01286 679088
Plas Newydd, Llanfairpwll, Ynys Môn	01248 714795
Plas Newydd, Llangollen	01691 773291
Pwll Mawr, Blaenafon	01495 790311
Tabernacl, Amgueddfa Celfyddyd Fodern (Gymreig), Machynlleth	01654 703355
Tate Gallery, Lerpwl	01517 093223
Tŷ Tredegar, Casnewydd	01633 815880
Tŷ Turner, Penarth	01222 708870
Walker Art Gallery, Lerpwl	01512 070001

Museum of Welsh Woollen Industry, Dre-fach Felindre	01559 370029
Nantgarw China Works Museum	01443 400322
National Library of Wales, Aberystwyth	01970 623816
National Museum & Gallery of Wales, Cardiff	01222 397951
Neath Borough Museum	01639 645741
Newport Museum & Art Gallery	01633 840064
Newtown Textile Museum	01938 554656
Oriel, Cardiff	01222 399477
Oriel 31, Davies Memorial Gallery, Newtown	01686 625041
Oriel 31, Welshpool	01938 552990
Oriel Mostyn, Llandudno	01492 879201
Oriel Myrddin, Carmarthen	01267 222775
Oriel Plas Glyn y Weddw, Llanbedrog	01758 740763
Oriel Ynys Môn, Llangefni	01248 724444
Parc Glynllifon, near Caernarfon	01286 679088
Penrhyn Castle, Bangor	01492 860123
Plas Newydd, Llanfairpwll, Anglesey	01248 714795
Plas Newydd, Llangollen	01691 773291
Pontypridd Historical & Cultural Centre	01443 409512
Porthmadog Maritime Museum	01766 513736
Powysland Museum & Montgomery Canal Centre, Welshpool	01938 554656
Radnorshire Museum, Llandrindod Wells	01597 824513
Rhondda Heritage Park, Trehafod	01443 682036
Rhyl Library, Museum & Art Centre	01745 353814
Royal Cambrian Academy, Conwy	01492 593413
Ruthin Crafts Centre	01824 704774
Scolton Manor Museum, Haverfordwest	01437 731328
Snowdonia Museum, Llanberis	01286 870636
St Donats Arts Centre, Llantwit Major	01446 792151
Swansea Maritime & Industrial Museum	01792 650351
Swansea Museum	01792 653763
Tabernacl, Museum of Modern Art (Wales), Machynlleth	01654 703355
Tate Gallery, Liverpool	01517 093223
Tenby Museum Art Gallery	01834 842809
Tredegar House, Newport	01633 815880
Turner House Gallery, Penarth	01222 708870
Walker Art Gallery, Liverpool	01512 070001
Welsh Industrial & Maritime Museum, Cardiff Bay	01222 481919
West Wales Arts Centre, Fishguard	01348 873867
Wrexham Library Arts Centre	01978 261932
Wyeside Arts Centre, Builth Wells	01982 552555

118

DARLLEN PELLACH
FURTHER READING

Llyfrau yn Gymraeg

Cerfluniau Mewn Parc Gwledig, (catalog arddangosfa) Ymddiriedolaeth Cerfluniau Cymru 1983 (dwyieithog).

CBAC, *Termau Celf*, CBAC, 1992 (dwyieithog).

Mark Evans ac Oliver Fairclough, *Amgueddfa Genedlaethol Cymru: Arweiniad i'r Oriel Gelf Genedlaethol*, Amgueddfa Genedlaethol Cymru, 1993.

Nicholas a Rhoda Evans, *Delwau Duon*, Y Lolfa, 1987 (dwyieithog).

Hywel Harries, *Cymru'r Cynfas, Pymtheg Artist Cyfoes*, Y Lolfa, 1988 (dwyieithog).

Peter Lord, *Y Chwaer Dduwies: Celf, Crefft a'r Eisteddfod*, Gwasg Gomer, 1992.

Peter Lord, *Arlunwyr Gwlad*, Llyfrgell Genedlaethol Cymru, 1993 (dwyieithog).

Peter Lord, *Hugh Hughes: Arlunydd Gwlad*, Gwasg Gomer, 1995.

Nigel Meager, *Dysgu Celf yng Nghyfnod Allweddol 1*, NSEAD/Visual Impact/CAA, 1995.

Robert M. Morris, *Gweled Gwlad: Cymru Trwy Lygaid Arlunwyr*, Canolfan Astudiaethau Addysg, Coleg Prifysgol Cymru, Aberystwyth, 1991.

O'r Canol: Cerfluniau Dethol: Lois Williams, (catalog arddangosfa) Oriel Mostyn/Canolfan Gelfyddydau Llyfrgell Wrecsam, 1995 (dwyieithog).

Tal Williams, *Salem: Y Llun a'r Llan*, Barddas, 1991 (dwyieithog).

Ffynonellau defnyddiol eraill:

Llawlyfrau arddangosfeydd blynyddol Celf a Chrefft: Eisteddfod Genedlaethol Cymru (dwyieithog).

Cylchgrawn *Uned Celf*: cylchgrawn chwarterol am y celfyddydau gweledol yng Nghymru (dwyieithog).

Books in English

David Bell, *The Artist in Wales*, Harrap, 1957.

John Berger, *Ways of Seeing*, BBC/Penguin Books, 1972.

James Bogle, *Artists in Snowdonia*, Y Lolfa, 1990.

Brenda Chamberlain, *Tide Race*, Seren Books, 1996.

The Christian Celts: Treasures of Late Celtic Wales, National Museum of Wales, 1991.

Mark Evans and Oliver Fairclough, *The National Museum of Wales: A Companion Guide to the National Art Gallery*, National Museum of Wales, 1993.

Nicholas and Rhoda Evans, *Symphonies in Black*, Y Lolfa, 1987 (bilingual).

From the Interior: Selected Sculptures: Lois Williams, (exhibition catalogue), Oriel Mostyn/Wrexham Library Arts Centre, 1995 (bilingual).

Emma Geliot and Paul Emmanuel, *Sculpture for Schools: A Resource Pack*, Sculpture at Margam, 1992.

Lawrence Gowing, *The Originality of Thomas Jones*, London Press, 1985.

Hywel Harries, *Wales on Canvas: Fifteen Contemporary Artists*, Y Lolfa, 1988 (bilingual).

Intimate Portraits: Contemporary Responses to the Theme of Portraiture by Writers and Artists, (exhibition catalogue) Seren/Glynn Vivian Art Gallery, 1995.

Merlin James, *David Jones: A Map of the Artist's Mind*, Lund Humphries/National Museums and Galleries of Wales, 1995.

Fraser Jenkins, *The Romantic Traveller in Wales*, National Museum of Wales, 1970.

Goscombe John at the National Museum of Wales, (exhibition catalogue), National Museum of Wales, 1979.

Peter Lord, *The Aesthetics of Relevance*, Gwasg Gomer, 1993.

Peter Lord, *Artisan Painters*, National Library of Wales, 1993 (bilingual).

Peter Lord, *Gwenllian: Essays on Visual Culture*, Gwasg Gomer, 1994.

Peter Lord, 'Words with Pictures: Welsh Images and Images of Wales in the Popular Press 1640–1860', *Planet*, 1995.

Edward Lucie-Smith, *Harry Holland: The Painter and Reality*, Art Books International, 1991.

Nigel Meager, *Teaching Art at Key Stage 1*, NSEAD/Visual Impact Publications, 1983.

Nigel Meager, *Teaching Art at Key Stage 2*, NSEAD/Visual Impact Publications, 1985.

Donald Moore, *Monuments of Early Christianity in Wales*, National Museum of Wales, 1972.

Peter and Linda Murray, *The Penguin Dictionary of Art and Artists*, Penguin Books, 1989.

Peter Prendergast: Paintings from Wales, (exhibition catalogue) Agnew's/National Museum of Wales, 1993.

Eric Rowan, *Art in Wales 2000 BC–AD 1850: An Illustrated History*, University of Wales Press/Welsh Arts Council, 1978.

Eric Rowan *Art in Wales 1850–1980: An Illustrated History*, University of Wales Press/Welsh Arts Council, 1985.

Sculpture in a Country Park, (exhibition catalogue), Welsh Sculpture Trust, 1983 (bilingual).

David H. Solkin, *Richard Wilson: The Landscape of Reaction*, Tate Gallery, 1982.

WJEC, *Termau Celf* (Art Terms), WJEC, 1992 (bilingual).

Watercolours from The National Library of Wales, (exhibition catalogue), Leger Galleries, 1985.

Welsh China: An Illustrated Handbook, (exhibition catalogue), National Museum of Wales, 1983.

Kyffin Williams, *A Wider Sky*, Gwasg Gomer, 1991.

Kyffin Williams, *Over the Straits*, Gwasg Gomer, 1993.

Tal Williams, *Salem: The Painting and Chapel*, Barddas, 1991 (bilingual).

John Wilson, *Art and Society in Newport: J. F. Mullock and the Victorian Achievement*, Newport Museum and Art Gallery, 1993.

Andrew Wilton, *Turner in Wales*, Oriel Mostyn, 1984.

Other useful sources:

Catalogues from the annual Art and Crafts exhibitions at the National Eisteddfod of Wales (bilingual).

The Art Unit/Uned Celf: a quarterly magazine on the visual arts in Wales (bilingual).

Crefft: quarterly newsletter on the crafts published by the Arts Council of Wales.

Ystafell Sulien yn eglwys plwyf Llanbadarn Fawr, gyda llythrennu gan Ieuan Rees (gweler tt.67 a 78). Trwy ganiatâd Cyngor Cymdeithas ac eglwys plwyf Llanbadarn Fawr.
The Sulien room at Llanbadarn Fawr parish church, with lettering by Ieuan Rees (see pp.67 and 78). By permission of Llanbadarn Fawr Community Council and parish church.